FRANCOPHONIES
D'AMÉRIQUE

FRANCOPHONIES
D'AMÉRIQUE

1991   Numéro 1

Les Presses de l'Université d'Ottawa

FRANCOPHONIES
D'AMÉRIQUE

1991   Numéro 1

Directeur :
JULES TESSIER
Université d'Ottawa

Conseil d'administration :
GEORGES BÉLANGER
Université Laurentienne, Sudbury
PAUL DUBÉ
Université de l'Alberta, Edmonton
RAYMOND HUEL
Université de Lethbridge
RONALD LABELLE
Université de Moncton

Comité de lecture :
GEORGES BÉLANGER
Université Laurentienne, Sudbury
ARMAND CHARTIER
Université du Rhode Island, Kingston
PAUL DUBÉ
Université de l'Alberta, Edmonton
RAYMOND HUEL
Université de Lethbridge
PIERRE PAUL KARCH
Université York, Toronto
RONALD LABELLE
Université de Moncton

Secrétaire de rédaction :
JEAN-MARC BARRETTE

Préposée aux publications :
LORRAINE ALBERT

Assistante en informatique :
MARIE-HÉLÈNE BRAULT

Les Presses de l'Université d'Ottawa :
THÉRÈSE DURDIN, *éditrice*
PAULA KOUNDAKJIAN, *chef de production*
JACQUES CYR, *chef de marketing*

Cette revue a été publiée
grâce à la contribution financière
des universités suivantes :

    L'UNIVERSITÉ D'OTTAWA,
    L'UNIVERSITÉ LAURENTIENNE DE SUDBURY,
    L'UNIVERSITÉ DE MONCTON,
    L'UNIVERSITÉ DE L'ALBERTA À EDMONTON,
    L'UNIVERSITÉ DE LETHBRIDGE.

Pour tout renseignement
concernant l'abonnement
veuillez consulter la page 193,
en fin d'ouvrage.

 UNIVERSITÉ D'OTTAWA
UNIVERSITY OF OTTAWA

TABLE DES MATIÈRES

LES ÉTATS-UNIS

COMPTES RENDUS

PUBLICATIONS RÉCENTES ET THÈSES SOUTENUES

CALENDRIER DES ÉVÉNEMENTS UNIVERSITAIRES   **191**

FRANCOPHONIES
D'AMÉRIQUE

UN LIEU DE RENCONTRE POUR LES UNIVERSITAIRES DU CONTINENT.

Nous sommes fiers de vous présenter un nouveau périodique qui vient combler une lacune. En effet, pour la première fois, les universitaires qui œvrent en milieu minoritaire francophone nord-américain ou qui s'intéressent aux isolats de langue française disposent d'une publication annuelle destinée à servir de lieu de rencontre pour mettre en commun le résultat des études et des travaux portant sur différents aspects de la vie française à l'extérieur du Québec envisagée à partir des perspectives multiples offertes par les disciplines groupées sous la double appellation des sciences humaines et sociales. La revue servira aussi à relayer l'information concernant les projets de recherche et d'édition, sans négliger les nouvelles parutions et les événements liés à la vie universitaire.

Les conditions difficiles dans lesquelles vivent les francophones hors-Québec et le sentiment d'isolement ressenti par les chercheurs qui s'intéressent aux différentes manifestations de la vie française en milieu majoritairement anglophone rendaient d'autant plus impérative la création d'un organe d'information apte à fournir une vue d'ensemble continentale, comparable à une carte-satellite, des activités intellectuelles et culturelles perçues comme des cas d'exception quand on les considère sans le recul suffisant, à l'intérieur même de son département souvent répertorié sans mention particulière sous l'appellation générale de « langues romanes » ou de « modern languages ». Il suffira de consulter la table des matières du présent numéro pour découvrir un panorama saisissant, celui de nombreuses recherches faites dans des domaines divers, littéraires, historiques, linguistiques, sociologiques, selon des modalités variées, allant de la radioscopie fine et pénétrante d'un fait de littérature, ou de la page d'histoire réinterprétée, jusqu'aux vastes projets de recherche ou d'édition et ce, à l'échelle de l'Amérique française.

Bien sûr que tout est relatif et la liste des ouvrages parus en français en Acadie, en Ontario ou dans l'Ouest pourront faire sourire le Québécois riche des quelque 5000 titres publiés sur son territoire en 1989 (*La Presse*, 1er novembre 1990, p. D 1), mais à eux seuls, ces quelques dizaines de livres suffisent amplement à montrer l'incongruité de la comparaison du « cadavre encore chaud » utilisée récemment par un auteur de roman à succès qui s'est fait fort de diagnostiquer la mort des francophones hors-Québec, en ayant recours à une formulation outrageusement réductrice, en niant avec crânerie, « matouoisement », une réalité susceptible de compromettre son analyse manichéenne, commode mais non conforme à la réalité. Et quand on sait dans quelles conditions ces valeureuses maisons d'édition sont forcées de fonctionner, cette liste ne peut qu'impressionner et provoquer l'admiration, même chez les esprits chagrins ou enclins aux sophismes les plus gros.

Cette publication, tout en permettant aux « minorités » d'avoir une image plus juste d'elles-mêmes, s'inscrit également dans une démarche visant à favoriser un véritable dialogue avec le Québec, fondé sur un authentique partenariat plutôt que sur une filiation oblique, source des lamentations du type « ne nous abandonnez pas ! », lesquelles engendrent chez l'autre un sentiment de culpabilité qu'on tente d'exorciser par une imagerie puisée à même le manuel du parfait petit thanatologue, ce qui a l'heur d'empoisonner l'atmosphère.

Dans la situation actuelle, si, d'aventure, on s'intéresse à la culture des « minorités », on voit souvent ces collectivités comme des espèces d'appendices dérangeants, comme d'insolites excroissances de la société québécoise. Les relations entre ces communautés francophones et le Québec dans le domaine de la littérature, par exemple, sont trop souvent à l'image de cette petite roulotte piteuse et encombrante qu'on se résigne à accrocher à la grosse cylindrée, une ou deux fois par année, pour promener la parenté éloignée. Ce type d'arrimage ne satisfait personne et il est grand temps de troquer la remorque pour un véhicule motorisé autonome, même de petite dimension. En d'autres termes, il convient de repenser les relations entre les francophones de la diaspora et le Québec sur la base d'une… *association*. Les Québécois seront certes les derniers à refuser ce type de rapport sous prétexte que les populations concernées sont disproportionnées en nombre…

Cette redéfinition des relations entre les isolats francophones et le Québec, si elle postule la reconnaissance de partenaires distincts, en conséquence, doit déboucher sur une forme de réciprocité. Du côté des minorités, il ne fait aucun doute que toutes les manifestations culturelles en provenance du Québec continueront d'être suivies et analysées avec le plus grand intérêt, tant il est vrai que la survie du français sur le continent est liée à la vitalité de la société québécoise traditionnellement considérée comme le foyer francophone par excellence en Amérique du Nord. En contrepartie, et c'est là où le changement des mentalités s'impose, le Québec devra accepter et même stimuler la remontée du produit culturel francophone minoritaire sur son propre territoire. Qu'on prenne les mesures nécessaires pour faire circuler l'imprimé de langue française produit à l'extérieur, de la même manière qu'on a réussi à instaurer un véritable programme d'échanges entre les télévisions éducatives du Québec et de l'Ontario, à une certaine époque en tout cas. Indifférence des uns, mais aussi sans doute inertie des autres, les livres de langue française publiés à l'est ou à l'ouest de ses frontières n'atteignent qu'exceptionnellement le marché québécois. Il faut, de toute urgence, remédier à cette situation aussi injuste qu'embarrassante. Mais au chapitre de l'ignorance et du désintéressement, c'est à la Bibliothèque nationale du Canada que revient sans conteste le plus gros trophée. Et pour cause : dans cette institution, des nihilistes cataloguent comme œvres de langue anglaise ce qui se publie en français à l'ouest de la rivière des Outaouais jusqu'aux Rocheuses (*La Presse*, 20 novembre 1990, p. E7).

Par ailleurs, rien ne sert de se lamenter sur l'abandon de l'étiquette « canadienne-française » par les Québécois puisqu'il faut des vocables différents pour désigner des *sociétés distinctes*. « Feu l'homogénéité ! », la formule, à peine retouchée, vaut d'être reprise ici, et l'utilisation d'une langue commune ne doit pas occulter le phénomène. Les Canadiens français, c'est-à-dire les francophones vivant à l'extérieur du Québec, auxquels il faut ajouter les Franco-Américains et les Cadiens de la Louisiane partagent un sort commun, faut-il le rappeler, celui d'appartenir à des communautés linguistiques plus ou moins minoritaires, sur un territoire où l'anglais domine. Cette donnée fondamentale, à elle seule, au fil des générations, n'a pas peu contribué à accentuer d'inéluctables divergences entre le Québec et le reste de la francophonie nord-américaine. En effet, la « déterritorialisation » du français a affecté la production littéraire minoritaire tant sur le plan de la thématique que de l'écriture. À titre d'exemple, pendant la période qui va du tournant du siècle à la Deuxième Guerre mondiale, alors que des écrivains québécois magnifiaient les beautés du français dans un lyrisme considéré aujourd'hui comme excessif, ailleurs sur le continent, on se portait à la défense du français avec une ferveur de Croisés et la littérature de cette époque porte la marque d'un militantisme encore d'actualité, hélas ! si l'on songe aux hordes qui continuent à rôder autour des enclaves francophones avec le but avoué de resserrer l'étau jusqu'à l'asphyxie totale. Pareille conjoncture influence la production contemporaine jusque dans sa forme infiltrée occasionnellement par l'anglais, une conséquence de cette dynamique particulière. Et les quelques coups de sonde donnés parmi les ouvrages de langue française publiés récemment à l'extérieur du Québec laissent entrevoir une esthétique originale, dans les domaines de la poésie et du roman historique notamment.

En accumulant les numéros, notre revue devrait permettre de mieux cerner les points de convergence dans le discours minoritaire et sa spécificité par rapport au langage québécois. Certaines tendances sont d'ores et déjà discernables, ainsi que nous venons d'en donner un très bref échantillonnage. Il faudra multiplier, approfondir et raffiner ces études comparatives et nous espérons jouer un rôle utile dans cette démarche essentielle, en fournissant des éléments de documentation, des pistes de recherche et un lieu pour communiquer le résultat de ces travaux.

Aprés avoir précisé nos objectifs et délimité le créneau que nous entendons occuper, jetons un coup d'œil sur le fonctionnement et le contenu de notre revue.

À une époque où le registre obituaire des revues universitaires ne cesse de s'allonger, il eut été pour le moins téméraire de lancer un autre périodique sans se doter d'un filet de sécurité, et nous l'avons trouvé dans « l'incroyable force de la coopération ». En un premier temps, nous avons fait part de notre projet à douze universités du continent en sollicitant leur adhésion. Cinq d'entre elles ont répondu favorablement à notre invitation et ont accepté d'unir leurs ressources humaines et financières pour fonder la revue proposée, soit :

> l'Université d'Ottawa,
> l'Université Laurentienne de Sudbury,
> l'Université de Moncton,
> l'Université de l'Alberta à Edmonton,
> l'Université de Lethbridge.

Ces cinq universités, en assurant à la revue son financement, en sont les propriétaires et les gestionnaires. Elles ont délégué des représentants pour former le Conseil d'administration et le Comité de lecture. Les Presses de l'Université d'Ottawa se sont engagées, par un protocole d'entente, à publier la revue annuellement, et à en assurer la promotion et la diffusion. L'administration s'effectue à l'Université d'Ottawa, qui constitue un milieu naturel pour un périodique destiné aux « minorités », puisque cette institution vit jusque dans ses murs les incontournables tensions inhérentes au bilinguisme.

Le Libre-Échange ne semble pas avoir touché les universités américaines approchées puisqu'elles n'ont pu se joindre à nous à cause de complications administratives insurmontables. Qu'à cela ne tienne, elles ont un représentant au sein du Comité de lecture et nos pages seront toujours ouvertes à ceux des leurs qui s'intéressent à la vie française aux États-Unis. Il va de soi que nous ne fermons pas la porte à une association avec l'une ou l'autre de ces universités américaines qui seraient intéressées à se joindre à nous.

Les articles de fond sont groupés dans quatre sections identifiant les grandes régions de la francophonie nord-américaine hors-Québec : l'Ontario, l'Acadie, l'Ouest et les États-Unis.

Les articles de fond sont de deux types : des textes documentés visant à communiquer les résultats d'une étude approfondie et des articles de type informatif portant sur de grands projets de recherche ou d'édition. Dans un cas comme dans l'autre, le dénominateur commun est la vie française en milieu minoritaire considérée sous l'angle des disciplines relevant des sciences humaines et sociales. Pourvu qu'on respecte ces paramètres, toute collaboration est la bienvenue, qu'elle provienne du Québec, du reste du Canada, des États-Unis, de l'Europe ou d'ailleurs.

Chaque numéro comportera un « Portrait d'auteur » qui servira à présenter une personne ayant à son actif des publications en français assez nombreuses et de qualité, provenant de l'une ou l'autre des quatre régions mentionnées plus haut. La partie entrevue est complétée par des données bibliographiques. Nous avons pensé inaugurer la série avec Marguerite Primeau, originaire de l'Ouest, parce que cette dernière représente bien le genre de personnage que nous entendons faire connaître : une écrivaine qui a produit des œuvres remarquables mais dont la célébrité n'est pas à l'avenant, pour la simple raison qu'elle a résisté au chant des sirènes qui lui recommandaient d'écrire en anglais et aussi parce que sa modestie et sa discrétion lui ont fait fuir les courants d'air médiatiques.

À ces articles, nous ajoutons des renseignements concernant les publications faites en français en milieu minoritaire ou portant sur les isolats francophones, quel que soit le lieu de publication dans ce dernier cas. Les données bibliographiques comportent le maximum de détails, dans la mesure où on nous les a communiqués, afin de faciliter la tâche tant des chercheurs que des bibliothécaires et des libraires.

Les comptes rendus constituent un complément essentiel à ces bibliographies. Les titres retenus sont recensés par des experts dans le genre mais pas nécessairement de la même région que l'auteur, ce qui permet d'obtenir un point de vue renouvelé par le dépaysement.

S'il est un domaine où la collecte des données est ardue, c'est bien celui des thèses de doctorat et de maîtrise, surtout pour les universités canadiennes qui ne publient pas de répertoire comparable à celui des universités américaines. Nous avons tâché de dresser une liste, forcément incomplète, des thèses soutenues récemment et portant sur la vie française hors-Québec. Cette rubrique, si imparfaite soit-elle, apparaîtra dans chaque numéro, car il nous semble important de vérifier dans quelles voies s'oriente la recherche au niveau de la relève.

Enfin, toujours dans le but d'informer une population desservie par l'isolement et les distances, nous publions un calendrier des événements universitaires, qu'il s'agisse de colloques, de conférences ou d'expositions touchant au moins partiellement à la vie française en milieu minoritaire.

La coopération, voilà la pierre de touche de la Revue. La formule, si elle comporte quelques complications administratives, en revanche, grâce aux universités associées, confère au périodique une plus grande stabilité et met à notre disposition un véritable réseau de correspondants aptes à canaliser une information pertinente et variée. Mais ce système et cet état d'esprit doivent s'étendre au public lecteur et prendre la forme de suggestions d'article, de transmissions d'information concernant les activités universitaires, sans oublier... l'encouragement d'un abonnement. On consultera les pages qui précèdent sur la façon de communiquer avec nous pour l'une ou l'autre de ces démarches.

En terminant, nous tenons à remercier tous ces collaborateurs de la première heure qui nous ont fait confiance et nous ont appuyés pour lancer le projet. Nous disons d'avance merci à tous ceux et celles qui participeront aux prochains numéros pour que se réalise plus sûrement l'objectif énoncé jadis par Georges Bugnet, l'auteur de *La Forêt* : « Rester nous-mêmes pour être quelque chose ».

Au nom des universités-membres,
Jules Tessier, directeur
Francophonies d'Amérique

LA POÉSIE FRANCO-ONTARIENNE :
LES LIEUX DE LA DÉPOSSESSION

ROBERT YERGEAU
Université d'Ottawa

En Ontario français, les Éditions du Vermillon (Ottawa), Prise de Parole (Sudbury) et le Nordir (Hearst) publient bon an mal an quelques recueils de poèmes. C'est peu : à peine cinq ou six titres par année. De plus, mal distribuée, peu ou prou commentée, la poésie franco-ontarienne parvient rarement à franchir les limites du champ de production restreinte. Mais puisqu'il n'entre pas dans notre propos de circonscrire les apories institutionnelles auxquelles est confrontée cette littérature, délaissons ces considérations et tentons de mettre en relief certaines lignes de force de la poésie franco-ontarienne des dernières années.

À lire cette poésie, une figure s'impose : celle de la dépossession et de ses multiples avatars, l'errance, l'éclatement, la mort. Dépossession de la langue, de l'espace, de la réalité et de l'identité. Cette dépossession apparaît comme la condition « naturelle » d'une poésie qui entretient (qui ne peut qu'entretenir) des rapports conflictuels avec son lieu d'émergence et d'inscription, l'Ontario français. En ce sens, la poésie franco-ontarienne est une « terre des songes » (Jocelyne Villeneuve), un « espace éclaté » (Pierre Albert), un « cinéma muet » (Michel Dallaire), un « mirage » (Jacques Flamand) où « un homme invisible / the invisible man » (Patrice Desbiens) écrit des « poèmes anglais » (Patrice Desbiens), métaphore saisissante de l'altérité linguistique.

Le détournement sémantique auquel nous nous livrons à l'endroit des titres de certains recueils ne doit pas conduire à une lecture fâcheusement réductrice de cette poésie. Tout simplement, nous rappelons une évidence : la dépossession inhérente à toute condition humaine acquiert, mesurée à l'aune des réalités linguistiques, culturelles et sociales de l'Ontario français, un poids, une gravité particulière. Et la poésie franco-ontarienne en porte trace, sans toutefois s'assujettir à une idéologie de la création en milieu minoritaire. Avant tout, cette poésie explore le territoire langagier que façonnent des pratiques d'écriture diversifiées. Ces dernières forment un corps poétique où plusieurs tendances coexistent. S'il fallait décrire la plus féconde, nous dirions qu'elle se caractérise par un déferlement de métaphores, qu'elle délaisse la litote et l'ellipse et qu'elle ne fait pas ses choux gras des jeux formels. Il en résulte une poésie raboteuse où les chants sont des cris prolongés, et la beauté, une plainte.

Quoi qu'il en soit, arrêtons-nous à quelques recueils représentatifs de certains courants de la poésie franco-ontarienne.

Le héraut, l'ange déchu de cette poésie, a nom Patrice Desbiens. Celui-ci a publié, depuis 1974, neuf recueils qui tous, à des degrés fort divers, proposent un portrait d'« une certaine condition franco-ontarienne de déchirement, d'altérité linguistique et culturelle, de dépossession qui trouve son expression la plus frappante dans l'image d'invisibilité [1] ». Et ne nous y trompons pas : c'est en assumant (jusqu'à la caricature) sa propre condition de poète désillusionné, de dandy de la plate réalité, de chantre de la dérisoire légèreté d'aimer, que Desbiens parvient à ce résultat. Dans *Poèmes anglais* (Prise de Parole, 1988, 61 p.), l'auteur cultive l'ironie, le désespoir, l'insolence, mais aussi les tics langagiers et l'insignifiance verbale. Rien de neuf, en somme, puisque nous retrouvons là le Desbiens tel qu'en lui-même l'éternité... Peu de poètes pourraient proposer pareil cocktail sans sombrer dans le ridicule le plus probant. Desbiens, pourtant, y arrive, tant bien que mal. Même que sa poésie accède à une certaine grandeur par une combinatoire déconcertante de poncifs et de prosaïsme, seule réponse valable à la banalité de l'existence.

De Sudbury à Montréal, de Timmins à nulle part, Desbiens erre, écrivant sa vie dans ce « no man's land » appelé poème, seul lieu où il semble encore possible de survivre. Desbiens, en effet, est hanté par le poème à écrire comme si seule la poésie pouvait donner sens à son errance, pouvait rassembler les fragments d'une identité sans cesse menacée d'éclatement par une réalité où l'Autre impose, en particulier par sa langue, sa loi. Ne reprenons pas les poncifs relatifs à la dualité linguistique qui aliène l'être en situation minoritaire ; mais force est de constater que cette problématique constitue la substantifique moelle du recueil. Qu'il écrive : « Je veux parler de/ Jean Marc Dalpé et/ Patrice Desbiens assis à/ une table de taverne,/ écrivant des poèmes/ avec seulement un/ dictionnaire anglais/ français entre/ eux » (p. 59), ou : « Un jour/ ce poème sera/ traduit en/ anglais/ et/ un jour/ je me réveillerai/ avec/ l'incroyable faculté/ de ne plus comprendre/ l'anglais » (p. 39), Desbiens devient (si l'on me permet cette métaphore animalière) le rat qui se mord la queue dans le labyrinthe du bilinguisme. Il est piégé ; cependant qu'il riposte, non pas avec l'habituel prêchi-prêcha nationaliste, mais avec des armes redoutables : la désinvolture et l'autodérision.

Avec *Amour ambulance* (1989, 85 p.), son plus récent titre, Desbiens délaisse son éditeur habituel, Prise de Parole, et publie aux Écrits des Forges, maison d'édition de Trois-Rivières. Dans ce recueil, le poète ne s'acharne plus sur les défauts de la cuirasse du bilinguisme, mais n'en continue pas moins d'exhiber sur l'étal de l'existence les carcasses d'une vie qui suit son long cours tranquille et que seul l'amour parvient à perturber, avant que tout ne retombe dans une indifférence endémique. L'exercice toutefois tourne court. Ainsi, l'équilibre très précaire que le poète parvenait vaille que vaille à maintenir entre la simplicité et le simplisme est rompu, sous les coups répétés de vers d'une navrante facilité auxquels certains trouveront sans doute des vertus iconoclastes. Ressurgit, à la lecture de ce recueil, la question que nous nous posions à la parution de *Dans l'après-midi cardiaque* (Prise de Parole, 1985) : Desbiens n'aurait-il pas épuisé sa propre poétique ?

À la lecture des deux derniers recueils d'André Leduc (*De nulle part*, Prise de Parole, 1987, 95 p. ; *Une barque sur la lune*, Écrits des Forges, 1989, 92 p.), nulle crainte qu'il n'épuise sa poétique tant la forme diffère de l'un à l'autre. Ainsi, dans *De nulle part*, les mots prennent possession de la page non pour déconstruire le sens, ni pour perpétrer des attentats ludiques contre les signifiants, mais pour radioscoper notre époque, pour autopsier notre civilisation à coups massifs d'images qui, parfois, flirtent avec le surréalisme. Flamboyante tentative de relecture du monde, *De nulle part* se révèle tout ensemble un réquisitoire contre la barbarie à visage humain, une insoumission à la bêtise régnante, un appel à la conscience d'être. André Leduc mène sa poésie métaphore battante, dresse une table où les mots s'offrent d'abondance, où nous pouvons nous rassasier à souhait, tant nous y trouvons réunis les grands thèmes : vie et mort, temps et espace, espace du dedans et du dehors. Les mots pour le dire se télescopent sans cesse dans un fracas de sens vertigineux. Deux termes délimitent l'entreprise de l'auteur : dénonciation et illumination. Leduc « croit à la résolution de ces deux états, en apparence si contradictoires... ». Ils sont les deux extrêmes d'une quête dont le point nodal est cet ultime « allô », mot qui clôt le recueil mais qui constitue une ouverture, un cri qui se répercute à travers le temps et l'espace. Si je devais arracher une seule motte à cette terre riche et fertile, je choisirais celle-ci :

> venez
> descendez avec moi
> aux confins de l'illumination
> nous allumerons des lampes noires
> comme celles que boivent les villes
> lampes qui hantent
> le corridor de chutes
> vertigineuses (p. 18)

De nulle part est un livre audacieux, provocant, baroque, comme il ne s'en écrit pas assez en Ontario français.

Changement de registre complet avec *Une barque sur la lune* où Leduc, cette fois, privilégie la parataxe, dans une suite de poèmes au rythme haletant, aux vers généralement brefs qui lacèrent la réalité, mais qui, surtout, en appellent à l'être aimé. De fait, le désir, l'amour, le rapport exacerbé à l'autre acquièrent des accents graves, voire tragiques, que certaines facilités d'expression altèrent parfois mais ne compromettent jamais. « Comme un enfant/ je m'accroche/ à ton/ âme pour traverser/ le cauchemar » (p. 82), « accroché/ à tes lèvres/ en panne d'étoiles/ je/ dérive » (p. 74). Voilà l'enjeu qu'accueille la poésie de Leduc : le mouvement ; ou, plutôt, ce qui, malgré la fatigue et les désillusions, malgré le désespoir, permet d'avancer, de se projeter en avant — corps et âme. Parfois, Leduc provoque ces élans ; parfois, il se voit entraîné à leur suite sous la force des circonstances ; que celles-ci aient noms cauchemar, rêve, amour ou désir, elles sont brûlées vives par les plaintes, les appels, les lamentos que sont les poèmes. Et si le feu n'éblouit pas toujours, il n'en demeure pas moins qu'*Une barque sur la lune*, avec sa poésie heurtée, profératoire, provoque un certain envoûtement.

L'Espace éclaté (Prise de Parole, 1988, 87 p.), qui nous révèle un poète prometteur, Pierre Albert, met en scène un je, vecteur des poèmes autour duquel se greffent la parole, l'errance et le Nord. Rien de léger, d'aérien, d'éthéré dans cette poésie ; granitique, celle-ci se nourrit de mémoire, de sang, de larmes, fait corps avec l'espace du poète, qui doit être compris dans le sens du tellurisme nord-ontarien. Des trois suites qui jalonnent le recueil, la première, intitulée « Un itinéraire », s'avère la plus convaincante. De « la terre jadis d'un certain Riel » (p. 19) jusqu'à Smooth Rock Falls, lieu de naissance de l'auteur, Albert part, avec lucidité, émotion, rage, désespoir et tendresse, à la recherche de ses origines, de son imaginaire, de sa réalité ; en fait, de tout ce qui a conditionné et conditionne son être « historique ». Parcours initiatique, cet itinéraire acquiert parfois un poids ontologique :

> je voulais me nourrir
> d'une parole aussi forte
> que l'eau des torrents
> et
> à même l'encre de mon être
> signer l'alliance
> du langage des montagnes
> et de celui du silence (p. 25)

Les deux autres suites, « L'espace éclaté » et « La faillite du Nord », ne possèdent pas la même densité, ni le même souffle ; quelques maladresses langagières et certaines métaphores éculées ressortent alors davantage. Persiste, toutefois, la même volonté farouche de vivre ; Albert demeure donc fidèle au pari sur l'avenir qu'il prenait au début de « L'Espace éclaté » : « m'aurait-on dit/ que l'avenir ne s'inscrivait point sur le rocher/ que je l'aurais écrit de mes mains sales » (p. 29).

Il est aussi question du Nord et d'espace dans *Que personne ne bouge !* (le Nordir, 1988, 56 p.) de Jacques Poirier, mais ce qui est en jeu dans ce recueil, c'est l'inscription dans le poème de la dépossession : de la réalité, du temps, de la nature, des sentiments. Seul l'amour semble y échapper, encore qu'il faille noter que celui-ci porte blessures, cicatrices, sang et mort.

De tous les poètes franco-ontariens, Poirier reste le seul à pratiquer une poésie où fureur et mystère, violence et mort se déploient dans des vers courts et des poèmes brefs, où l'emphase et le sentimentalisme sont constamment retenus, niés. Ce parti pris donne un livre dur, accablant, à l'air désespérément rare, sans fuite possible (Que personne ne bouge!), où la cruauté répond à la mièvrerie, aux illusions et aux fausses certitudes : « les âmes/ mourront de faim/ et j'attendrai le retour des oiseaux// j'en tuerai cent/ juste pour les voir souffrir » (p. 21).

Passons de la retenue à la dépense. Avec *Cinéma muet* (Prise de Parole, 1989, 62 p.), Michel Dallaire mitraille l'écran du poème d'images qui cherchent à montrer un monde aux prises avec ses chimères et ses doutes, ses grandeurs et ses misères. De Sudbury à Tanger, de New York au Pérou, de « l'Amérique paranoïaque » à l'Afrique, l'on se cherche et l'on cherche à donner sens à ce « siècle [qui n'en] finit pas de finir » (p. 56). Errance, pays, poèmes : Dallaire questionne ces trois grandes figures, les enchevêtre et les superpose. Il le fait par l'entremise de poèmes qui pétaradent tous azimuts, qui respirent à pleins vers, qui saisissent à bras-le-corps la colère, le silence, la parole et l'espoir. Nous sommes sensible au décryptage que propose le poète de l'époque actuelle, à sa volonté tenace de ne pas se laisser abattre, qui constitue sa réponse à une certaine mollesse ambiante. Parfois les poèmes ne sont pas toujours à la hauteur, il faut même noter l'embrouillamini sémantique consécutif à l'utilisation immodérée de métaphores inopérantes. Mais il s'agit peut-être du tribut à payer pour ne pas mourir à soi et à son époque : « j'ai en moi/ un dernier poème/ qui proteste/ comme le cri/ d'un nouveau-né » (p. 62).

La protestation : Jacques Flamand s'en nourrit dans *Mirage* (les Éditions du Vermillon, 1986, 58 p.). Flamand prend le parti des exploités, comme certains poèmes aux titres révélateurs (« Tchernobyl », « Soweto ») l'indiquent. Mais puisque le sujet, aussi percutant soit-il, ne fonde jamais la poésie, notre attention porte, avant tout, sur la scansion rythmique qu'impose Flamand ; il déchire le poème de vers d'où émerge une plainte qui, peu à peu, devient chant ; en d'autres occasions, il recourt à l'anaphore pour marteler le poème, pour lui extirper tout son venin. *Mirage* contient aussi des poèmes plus « intimes ». Là aussi la lucidité douloureuse du poète éclate à chaque texte. On ne sort pas indemne d'un tel livre.

Parmi les recueils de poèmes parus ces dernières années en Ontario français, peu ont été écrits par des femmes. Nous en avons retenu deux : *Le Châtiment d'Orphée* (les Éditions du Vermillon, 1990, 120 p.) d'Andrée Christensen et *Terre des songes* (les Éditions du Vermillon, 1986, 66 p.) de Jocelyne Villeneuve.

Je le dis d'emblée : Andrée Christensen a écrit un livre d'une très grande qualité. Orphée et Eurydice servent de prétexte à une méditation sur la vie, l'amour, la mort — canevas banal mais que magnifie une poésie souveraine, hiératique qui progresse vers l'affirmation sans cesse menacée mais toujours reprise du désir (de vivre, d'aimer). Voilà le maître mot : le désir, et son corollaire, la mort. La mise en vers, dans *Le Châtiment d'Orphée*, s'avère une mise en forme du désir et de sa représentation figurative et rêvée, le jardin. La poésie de Christensen oscille constamment entre l'éclatement et le re-membrement : de la réalité, du temps, mais surtout du corps auquel elle essaie de donner une nouvelle densité, une nouvelle gravité. Le pari est prométhéen : « J'ai accepté de payer le prix/ De ceux qui confrontent le néant » (p. 50). Ou « Je ne retirerai jamais ma main du feu/ Je n'ouvrirai jamais le poing/ Tant qu'il y aura un doute/ Je demeurerai fidèle au ver-tige » (p. 51). Ou encore :

> Tu éteins tous les feux
> Puis tu saignes à blanc la mémoire
> L'odeur de ton sang
> Pour seul appât
> Tu invites les fauves
> À dévorer la peur
> Farouche
> Tu te mets à nu
> Pour lutter contre le froid
> Mandragore arrachée de son mythe
> Tu es le cri que la pierre n'entend pas (p. 64)

Prenant appui sur les forces vives de la « mémoire amoureuse », Andrée Christensen avance en elle, sachant que tout peut se rompre à chaque ins-tant. Cette menée libératrice, tantôt euphorique, tantôt émouvante, est tou-jours dense et belle — de cette beauté qui ne se conçoit pas sans une conscience aiguë de la tragédie, avatar de la lucidité insoutenable.

Changement de manière et de matière avec *Terre des songes* de Jocelyne Villeneuve. Une lecture rapide de ce « récit poétique » pourrait nous convaincre que l'auteur cultive résolument une conception passéiste de la poésie ; elle ne nous épargne aucun « effet poétique » : « la nuit aux cheveux indolents » voisine avec la « matinée d'ivresse », « l'obscurité de mes songes » côtoie l'« Étoile vagabonde du matin ». Cependant, ce recueil échappe à la « poésie poétique », se dégage d'un traditionalisme qui se vou-drait la répétition mécanique de procédés désuets.

Villeneuve rassemble une suite de poèmes en prose qui, débarrassés d'un lyrisme trop appuyé et d'un stock de mots à la coefficience poétique suran-née, déploient leur faste syntaxique, leurs chatoiements langagiers. Im-pressions, émois, sensations se succèdent pour dévoiler la venue au monde « d'une autre femme qui vit ailleurs cachée en moi » (p. 15), la présence et l'absence de l'amour, l'éblouissement et la fragilité de la vie. Poésie au souffle généreux, ample, qui ne masque pas les frayeurs de l'existence, qui bruit de toutes les rumeurs d'une nature à la fois généreuse et menaçante, où le dis-cours amoureux s'énonce avec légèreté et gravité ; parole qui se révèle tout entière au seuil de l'être, en cette terre des songes où « Chaque jour est jour de soleils noirs dans le temps désaccordé » (p. 48), mais aussi « Mot sur-multiplié en long poème vécu, enfant d'un seul amour étalé en bouquet de sereines paroles, il porte à son front le signe de ta présence » (p. 66).

Moderne, la poésie franco-ontarienne contemporaine l'est[2], « parce qu'agissante sur les conditions d'existence de notre TEMPS[3] », selon la définition que donnait René Char de la modernité. Certes, cette poésie ne pratique pas l'autotélisme langagier, et le grand frisson textuel ne la secoue pas. Mais « nous contemplons/ le miroir brisé des êtres » (p. 85), écrit Pierre Albert dans *L'Espace éclaté*. La poésie franco-ontarienne offre sa version du miroir brisé de notre époque. Et les images qu'il nous renvoie nous atteignent au cœur même de notre identité personnelle et collective.

NOTES

1. Robert Dickson, « Autre, ailleurs et dépossédé. L'œuvre poétique de Patrice Desbiens », dans « Les Autres Littératures d'expression française en Amérique du Nord », *Revue de l'Université d'Ottawa*, vol. 56, n° 3, juillet-septembre 1986, p. 19.

2. Comment ne pas relever ce commentaire d'une extrême condescendance, d'un « parisianisme » version québécoise : « Du Manitoba à la Nouvelle-Écosse en passant par l'Ontario, ces maisons [d'édition] démontrent la vitalité du fait français en milieu anglophone. Certes on ne s'attendra pas ici à faire des découvertes étonnantes, puisque la poésie publiée par ces maisons repose souvent sur des valeurs poétiques reconnues et ne s'aventure guère sur les sentiers de la modernité. Mais un vrai lecteur ne peut résister à l'envie de croquer tous les livres, if you know what I mean! »? (André Marquis, « À l'ère des dinosaures », *Lettres québécoises*, n° 51, automne 1988, p. 30.)

3. René Char, « Y a-t-il des incompatibilités? », *Recherche de la base et du sommet*, Paris, Gallimard, coll. « Poésie », n° 77, 1971, p. 41.

L'EFFET DE LA DISTANCIATION DANS LE DOCUDRAME
LA PAROLE ET LA LOI

MARIEL O'NEILL-KARCH
Université de Toronto

> « Une reproduction qui distancie est une
> reproduction qui, certes, fait reconnaître
> l'objet, mais qui le fait en même temps
> paraître étranger. »
> BERTOLT BRECHT,
> *Écrits sur le théâtre* II, p. 27.

DANS LE *DICTIONNAIRE DU THÉÂTRE* de Patrice Pavis, on affirme que « [d]ans la mesure où la dramaturgie ne crée jamais rien *ex nihilo*, mais recourt à des sources (mythes, faits divers, événements historiques), toute composition dramatique comporte une part de documentaire[1] ». Cette part n'est cependant pas toujours facilement repérable par le spectateur/lecteur qui peut fort bien ignorer, par exemple, que *Lavalléville* (1974) d'André Paiement est en partie inspirée par la fondation de la ville de Dubreuilville, près de Chapleau, d'autant plus que ce n'est pas *dit* explicitement dans le texte. *Lavalléville* est sans doute un cas à part, mais non pas la seule pièce du répertoire franco-ontarien à avoir un intérêt documentaire.

La Parole et la loi[2], qui se présente comme « l'histoire de notre histoire » (p. 10), appartient aussi à cette catégorie de spectacles qui s'appuient sur des faits historiques, revus, remaniés et corrigés par la fiction, puisqu'il résulte d'une condensation, d'un grossissement, d'un choix personnel parmi les données mises à la disposition des auteurs qui parlent du présent en se référant au passé.

L'espace temporel retenu par les membres de la troupe La Corvée, soit les années juste avant et après 1912, date de l'entrée en vigueur du Règlement 17 dont le but était de réduire, sinon d'éliminer, l'utilisation du français dans les écoles de la province, est particulièrement significatif pour la communauté franco-ontarienne. Il est évident que les auteurs de *La Parole et la loi* y ont vu « un passé qui préfigure, explique le présent ou lui ressemble[3] », puisqu'ils ont complété le tableau en y ajoutant des détails sur le prolongement de la lutte pour les écoles françaises en Ontario, mettant ainsi en pratique la théorie d'Anne Ubersfeld voulant que « le théâtre historique, c'est-à-dire la représentation qui fait intervenir le temps de l'histoire suppose que le même type de causalité régi[sse] les éléments de la fiction passée et ceux de l'expérience présente du praticien / spectateur[4] ». En d'autres mots, le choix fait par La Corvée montre que la troupe voyait, dans cette période historique précise, un rapport dialectique certain avec la sienne, comme le souligne la metteure en scène Brigitte Haentjens : « [T]out ce qui s'est passé à cette époque et depuis, jusqu'à l'actualité la plus récente, sert à prouver que rien n'est jamais acquis pour une minorité au niveau de ses droits fondamentaux, et pas davantage quand cette minorité a été cofondatrice d'un pays » (p. 6). Voilà la « thèse » que veulent défendre les comédiens de La Corvée, et voici comment ils se proposent d'y parvenir :

> Rappeler quelques souvenirs à ceux qui ont vécu ou entendu parler de ces quinze années de batailles, mais surtout toucher un public plus jeune, peu concerné par l'histoire des luttes scolaires, aborder aussi la situation et les attitudes actuelles des Franco-Ontariens de manière critique ou auto-critique, tels étaient quelques-uns des objectifs de La Corvée en montant *La Parole et la loi*. (p. 6)

Précisons, avant de procéder, que les « attitudes actuelles » dont il est question plus haut sont celles de 1979. Il y a donc une distance temporelle supplémentaire à prendre en considération dans notre analyse de *La Parole et la loi*, docudrame à mi-chemin entre le documentaire, qui renvoie à des faits ancrés dans le temps, et « la manifestation théâtrale [qui] ne renvoie jamais à un réel, mais à un discours sur le réel, non pas à l'histoire, mais à une idée sur l'histoire[5] ».

On a beau réduire l'histoire à une idée sur l'histoire, le temps théâtral n'en demeure pas moins un préconstruit, dans ce sens qu'il est déjà inscrit en toutes lettres dans le texte écrit/dit. Rappelons toutefois qu'il s'agit d'une lecture nouvelle des faits et que La Corvée, comme l'explique Brigitte Haentjens, a dû travailler à rendre son message facilement décodable, le public qui va au théâtre n'ayant pas nécessairement l'érudition de celui qui lit des thèses d'histoire :

> Bien sûr, nous avons pris des libertés avec l'histoire, en la schématisant, condensant, raccourcissant. Avec les événements, en les transposant souvent. Avec les personnages historiques, en ne respectant ni psychologie, ni réalisme. Bien sûr, *La Parole et la loi* n'est pas un document objectif, dans la mesure où il reflète les positions et les attitudes du groupe qui l'a créé. Ces libertés nous étaient nécessaires, parce que nous faisions du théâtre et non pas une thèse de doctorat, et aussi parce que nous voulions regarder passé et présent sans mélodrame, sans complaisance, et avec humour... de préférence ![6] (p. 7)

Les faits, comme les beaux sentiments, ne font pas toujours de la bonne littérature, ni de la propagande efficace. Aussi faut-il, pour réussir le spectacle et manipuler les spectateurs, savoir en faire un bon usage.

Pour transmettre son message avec douceur mais aussi avec force, La Corvée utilise plusieurs techniques qui visent à se mériter la sympathie des spectateurs pour pouvoir mieux compter, par la suite, sur leur connivence. La première me paraît être la chanson du début où les comédiens, après avoir annoncé qu'ils vont raconter *leur* « histoire des temps présents, des temps passés, des faits connus, p'is des choses cachées » (p. 9), nomment expressément la ville où ils se trouvent, associant ainsi leur histoire à celle de leur auditoire qu'ils impliquent directement dans ce qui va se passer sur la scène.

Ce premier point gagné, Monsieur Loyal, dont le nom, qui renvoie au titre, est synonyme d'honnêteté, de probité, de droiture et d'intégrité, se détache du groupe des comédiens, comme s'il sortait de son personnage, pour inviter les spectateurs, qui n'ont aucune raison de mettre sa parole en doute, « à voir ces jolies demoiselles et ces beaux jeunes hommes jouer et recréer, par la magie de l'illusion théâtrale, l'histoire de notre histoire » (p. 10). Ludisme et magie se conjugueront donc au plus-que-parfait (« jolies » et « beaux ») pour faire réapparaître le passé.

Ce Monsieur Loyal, qui est décidément un magicien à surveiller de près, manipule honteusement son public, à la façon des démagogues, en lui résumant le conflit qu'il expose et tranche d'autant plus facilement que tous les torts, comme on peut voir, sont d'un seul côté : « Pendant les prochaines 75 minutes, l'infâme Règlement 17 renaîtra devant vos yeux, des cendres du passé et vous serez les témoins du combat épique qu'ont livré nos valeureux et héroïques ancêtres » (p. 10). « Infâme », d'une part, « valeureux et héroïques » d'autre part, épithètes chargées d'émotion[7] qui condamnent les uns et glorifient les autres, les deux côtés de l'histoire n'ayant pas le même poids dans la balance de La Corvée dont le jugement est sans recours sur le passé qui se révèle dans une série d'indices, de noms de personnages connus, mais surtout de récits statiques, faits par un narrateur, par un groupe de personnages, ou par un seul, comme l'Orangiste :

> Nous, les Orangistes, les détenteurs de l'héritage britannique, nous étions ici les premiers, LES PREMIERS! Et nous serions très heureux de voir les étrangers, comme par exemple les Canadiens français, retourner d'où ils viennent, c'est-à-dire au Québec! Oui, il y a une centaine d'années, quand les bonnes terres ont commencé à manquer au Québec, une masse de fanatiques s'est mise à immigrer chez nous, en ONTARIO. Oh, il y en avait déjà bien sûr quelques-uns, mais jusque-là, ce n'était rien d'inquiétant. Ces énervés se sont dirigés dans le Sud, puis dans l'Est, et en fin de compte, ils se sont rendus jusque dans le Nord. Et ça se multiplie vite, ces catholiques-là, ça devient dangereux. (p. 11)

Ce micro-récit fondé sur des préjugés qui occultent les faits, renvoie à un hors-scène temporel, dans ce sens que le spectateur *entend* le récit mais ne voit ni l'arrivée des Orangistes en Ontario, ni les vagues d'immigration québécoise.

Pour nous permettre ensuite de voir les conflits implicites dans le discours de l'Orangiste conscient des dangers du biculturalisme dans la province, les comédiens se divisent, le temps de la micro-séquence suivante, « *en deux groupes hostiles* » :

> *De chacun des deux groupes, sort un comédien pour aller en avant-scène. L'un joue un Canadien français, l'autre un Irlandais. Ils coupent du bois ensemble, se lancent des injures sans se comprendre, chacun dans sa langue. Une dispute éclate sur la manière de couper, et finalement le Canadien français décide de couper l'arbre lui-même. L'Irlandais lui donne des conseils, puis des ordres, et peu à peu se transforme en gros patron du bois.* (p. 13)

C'est donc une alternance, raffinée au cours d'improvisations, entre le *dire* de certains personnages qui *racontent* l'histoire, et le *faire* des autres qui *jouent*, qui donne son rythme au spectacle :

> Devant la multiplicité et la complexité des événements historiques, sur le plan juridique, politique et religieux, il fallait trouver des moyens théâtraux pour transmettre sans ennuyer et éviter le piège de l'exposé didactique, pesant et savant... Nous avons donc < improvisé >, à partir de chaque événement, chaque aspect qui nous paraissait important, afin d'inventer des scènes, d'en cerner contenu et forme. Après avoir ainsi élaboré un certain nombre de tableaux, il a fallu chercher leur enchaînement, trouver cohérence ou contraste, ligne dramatique et fil conducteur. Il restait alors à improviser encore, pour repréciser chaque scène, et être finalement capables de la transcrire sur papier. (p. 6)

Le côté didactique de ce docudrame est aussi allégé par des demi-masques, style *commedia dell'arte*, qui neutralisent certains visages, interdisent le jeu naturel en déréalisant les personnages qui les portent et rendent impossible le rapport direct entre le spectateur et les comédiens, entre le spectateur et les personnages, ce qui permet au spectateur, qui ne peut s'identifier à eux, de les analyser de façon critique et de les juger plus froidement. Encore plus que le masque complet, le demi-masque, « effaçant l'individualité du comédien, finalement l'exhibe dans son jeu, tandis que le personnage est, lui, *figuré et isolé dans le masque*[8] ». C'est ce qui se produit quand l'évêque, Mgr Michael Fallon, entre en scène, précédé d'un prêtre qui fait tinter des clochettes, et qui le présente : « Seigneur, daignez accueillir votre serviteur, Monseigneur Michael Fallon, évêque du diocèse de London » (p. 19), alors qu'il monte en chaire pour prononcer un sermon. Une fois terminé son prêche sur les « agitateurs français », au cours duquel il déclare que ce sera lui qui « [rivera] le dernier clou au couvercle du cercueil du nationalisme canadien-français » (p. 19), Mgr Fallon rencontre un Whitney masqué également, qu'il identifie pour nous : « Ah, Monsieur le Premier Ministre, je vous attendais. Comment va la politique, Monsieur Whitney ? » (p. 21)

Un autre Premier Ministre, William Davis, que l'on caricature à gros traits, porte, en plus du masque, « *un sweater de boxe sur lequel est écrit son nom* » (p. 25) et, ce qui le distancie davantage du public, c'est qu'il le provoque en tournant le dos aux spectateurs dont il fait peu de cas, sûr qu'il est de sa force, comme on peut voir en juxtaposant le Règlement 17, qui date de 1912, et les réflexions que le Premier Ministre de la province, à la fin des années 1970, s'est permises sur la situation des francophones en Ontario : « The francophones in this province are a minority just like the Ukranians, the Germans and the Indians. Therefore, they do not have the right to special demands » (p. 26). Notons, au passage, que Davis s'exprime en anglais, preuve s'il en faut que, dans la pratique, sa politique ne se distinguait pas essentiellement de celle qui a dicté le Règlement 17, ce qui fait de lui l'incarnation de l'Infâme[9]. C'est aussi une façon habile et économique de discréditer le personnage qui parle une langue autre que celle des spectateurs qu'il s'aliène doublement : par le médium retenu et par le message qu'il contient.

Parmi les autres personnages à porter des masques, citons l'Orangiste, dont il a déjà été question, et un comédien qui, dans la scène du « Non! » (p. 50), joue le rôle d'un ministre provincial qui dit non à toutes les revendications des Franco-Ontariens. Il y a aussi le comité électoral du parti conservateur de l'Ontario dont tous les membres, y compris le Premier Ministre Whitney, portent, dans « la secte » (p. 23), une cagoule noire. Ce dernier détail a son importance. On se souviendra, en effet, qu'on avait appelé « La Cagoule » le Comité secret d'action révolutionnaire, groupe d'extrême droite, actif en France de 1932 à 1940. C'est dire que les membres de La Corvée ont voulu faire le lien entre le parti conservateur de l'Ontario et la montée du fascisme. La cagoule noire est aussi un masque particulièrement sinistre qui fait partie de l'uniforme du bourreau auquel Monsieur Loyal fait allusion quand, dans la dernière scène, il évoque le « spectre de l'assimilation qui hante toutes nos nuits » (p. 59), ce que la didascalie traduit par : « *Un comédien montre une cagoule* ».

Les derniers à porter des masques, ce sont deux Anglais et leurs « chevaux », deux Franco-Ontariens qui trouvent que leurs compatriotes unilingues sont des « fanatiques » qui n'ont pas leur place dans la province : « Moé, là, j'plains assez le pauv' monde qui connaissent rien qu' le français, i' s'coupent d'un monde! P'is, si i' sont pas contents, i' ont qu'à aller au Québec. » (p. 57) Ceux qui pensent ainsi sont bêtes, aux yeux de La Corvée, et méritent d'être métamorphosés en chevaux de selle au service des Anglais qui montent sur leur dos, en criant comme des cow-boys d'Hollywood : « Come here boy! » « Come on! Giddy ap ». C'est ainsi qu'on peut dire que ceux qui « s'coupent du monde » sont les Franco-Ontariens qui ne partagent pas les aspirations des leurs, préférant s'assimiler aux plus nombreux et aux plus forts. Car, plutôt que de s'assimiler véritablement, ils dégénèrent et passent du statut d'homme de race noble, à celui, inférieur, de cheval.

N'est-il pas significatif que ceux qui portent le masque, dans *La Parole et la loi*, sont les « méchants » anglophones qui détiennent le pouvoir et les francophones qui tentent de s'assimiler? Et puisque les « bons » francophones ne sont pas masqués, doit-on comprendre qu'ils n'ont rien à cacher[10]?

En plus de ce puissant instrument de théâtralisation que sont les masques, le metteur en scène dispose d'autres techniques pour sensibiliser le spectateur aux aspects théâtraux du docudrame. Pour rompre l'illusion réaliste et souligner, par le fait même, la présence du code théâtral, par exemple, il fait entrer en scène les comédiens « avec des valises contenant les accessoires nécessaires aux changements de personnages[11] » (p. 9). Mais pour maintenir la distance entre la scène et le spectateur qu'il a établie ainsi, dès le départ, distance que Brecht croyait nécessaire, il doit avoir surtout recours aux fonctions ludique et métalinguistique du jeu théâtral.

La fonction ludique est, de fait, inhérente au spectaculaire, car qui dit théâtre, dit jeu. Le théâtre réaliste cherche cependant à masquer, si j'ose dire, cet aspect, tandis que le théâtre anti-réaliste ou épique le met en évidence, en grande partie à travers le comportement des comédiens. C'est donc à cette deuxième catégorie qu'appartient *La Parole et la loi*, car la présentation des « documents » historiques se fait dans le cadre de jeux dont les règles sont visibles au spectateur/lecteur.

Le jeu, c'est connu, a une origine sacrée. Il « tend à substituer un certain ordre à l'anarchie des rapports et fait passer de l'état de nature à l'état de culture, du spontané au voulu [12] ». C'est dans cet esprit et pour leur donner une forme savante que La Corvée structure certaines situations sociales et politiques selon diverses formes de jeu, comme celui des échecs : « Les pions sont sur l'échiquier » (p. 11), chantent trois comédiens en chœur, pour préparer l'arrivée sur scène de l'Orangiste.

Toujours au début du spectacle, lors d'une scène qui se passe dans une usine, les comédiens font « *un geste mécanique de travailleur à la chaîne* » (p. 13) qui crée l'atmosphère et montre ce que la parole ne dit pas. Ce genre de mouvement stylisé dit l'appartenance des comédiens à l'univers spectaculaire, celui du mime, et exerce par conséquent une fonction ludique, puisqu'il force le spectateur à ajuster son code perceptif et à accepter l'image de l'usine qui est projetée uniquement par des mouvements corporels.

À d'autres moments, c'est le son qui remplit seul la fonction ludique. Dans la scène de la messe, par exemple, les deux partis, le Pouvoir et les Français, s'affrontent en chantant, ce qui fait d'un conflit historique un concours vocal où antiennes et répons sont, à la fin, interrompus par un coup de cymbales. Puis les cymbales se font de nouveau entendre pour scander, cette fois-ci, le récit de UN, personnage-héraut, qui présente une vision idéalisée de la situation des Franco-Ontariens. Par leurs résonances, elles amplifient ces paroles qui commentent, sur le mode ironique, la naissance d'un peuple libre, uni et sans péché :

> Les Franco-Ontariens sont un peuple ayant une langue commune et vivante, une identité culturelle très forte. C'est un peuple qui ne se contente pas d'un passé glorieux, mais qui continue à marquer l'histoire de ses combats incessants. C'est un peuple majoritaire, en voie d'expansion. Un peuple bien intégré dans le système nord-américain; ouvert, libéré et à l'avant-garde. C'est un peuple groupé et dominé par un sentiment d'union et de cohésion sociale, économique, politique, et culturelle! (p. 32-33)

Pendant ce discours, les comédiens entrent sur scène et « [*forment*] *un cercle, dos à dos, en se tenant par les bras* » (p. 33), symbole d'harmonie, de plénitude, de bonheur et rappel d'innombrables jeux d'enfants qui partent de cette position. Mais, « *à la dernière réplique, ils commencent à tirer chacun de leur côté* ». La ronde n'a pas duré; l'éclatement de la figure géométrique est imminent. « Le Salut, c'est vers l'Est! », s'exclame un personnage. « Non, non, j'vous dis, c'est vers le Sud! », insiste un deuxième. D'autres optent pour le Nouvel-Ontario ou pour le Nord. Toutes ces pressions désarticulent le cercle, qui se brise, rompant le charme dont il faut croire qu'il n'était que de l'enfantillage, et désabusent les personnages qui se dispersent.

Mais le goût de jouer les reprend aussitôt que le héraut, remarquant qu'il est seul sur scène, cite des statistiques sur la baisse du nombre de Franco-Ontariens : « L'année passée, y'en a 15 % qui sont disparus. Cette année, 15 % de plus. Si ça continue d'même, i' en aura p'us. L'pire, c'est qu'on ne sait pas c'qu'i' d'viennent. On a beau faire des enquêtes, des études, des rapports, on n'a pas encore résolu le mystère! » S'il y a un mystère, c'est qu'il y a un secret, et, au fond du secret, un jeu. Pendant qu'il parle, « *les comédiens entrent et vont se placer en file indienne derrière UN, en suivant chacun de ses déplacements. UN ne les < voit > pas.* » Le spectateur comprend vite, à cause des mouvements scéniques, qu'il s'agit d'une mystification plutôt que d'un véritable mystère.

La fonction ludique qu'on vient de voir est étroitement liée à la fonction métalinguistique, car quand le comédien, qui utilise des moyens artificiels, propres au théâtre, pour communiquer sa vision personnelle du passé, s'affiche comme interprète, s'éloigne de son personnage, souligne ce qu'il y a de ludique et d'artificiel sur scène, s'adresse au spectateur en son propre nom, il dit le théâtre, en révèle les rouages. Ceci est particulièrement important pour une pièce comme *La Parole et la loi* où les auteurs doivent rendre les spectateurs conscients de la présence physique des comédiens et de leur attitude actuelle à l'égard du passé, afin de les impliquer dans le jeu.

On commence par attirer l'attention du spectateur sur les objets et les costumes qui vont servir à changer l'identité des comédiens qui « *entrent en scène avec des valises contenant les accessoires nécessaires aux changements de personnages* » (p. 9). Dans la chanson qui suit, le premier rôle qu'ils assument est celui d'auteurs-interprètes : « C'est nous La Corvée on s'en vient vous jouer/ Un show qu'on a monté à Vanier. » Le spectacle qui sera présenté l'a donc été ailleurs, ce qui veut dire qu'il est déjà écrit, rodé même, et que la troupe va maintenant tout simplement le monter de nouveau, la gorge sèche toutefois, les conditions de travail et le niveau de vie des comédiens ne faisant l'envie d'aucun : « On a pris la route, à travers l'Ontario/ On mange d'la poussière pour vous montrer not' show. » (p. 9) Mais qui chante ici : les comédiens ou les personnages? Quand le Prologue les nomme, c'est bien en tant que personnages, mais puisque « [*l*]*es* […] *comédiens* […] *se présentent en saluant avec masque ou élément de costume* », il est impossible d'oublier, derrière le masque, « ces jolies demoiselles et ces beaux jeunes hommes » qui vont « jouer », précise encore Monsieur Loyal, des rôles dans l'histoire du « combat épique » livré par leurs ancêtres contre « l'infâme Règlement 17 » (p. 10).

Plusieurs techniques servent à maintenir et l'équivoque et la distanciation[13] créées par ce discours métalinguistique, les plus frappantes étant le recours au chœur (p. 11, 21, 49-50) et la multiplication des narrateurs (p. 10, 11-12, 15, 24, 32-33, 36-42, 58) dont le rôle principal est de rappeler les faits. Mais la plus intéressante me paraît être celle qui permet aux comédiens de sortir de leur personnage et de donner l'impression qu'ils parlent en leur propre nom.

Quand SIX, un Québécois qui essaie d'attirer les Franco-Ontariens dans sa province même si à ses yeux ils n'ont pas de culture, s'oublie et ajoute des phrases qui semblent de son cru, les autres comédiens lui chuchotent : « Psst... Psst... O.K. c'est fini... c'est l'épique... r'garde ton texte... arrête... c'est l'épique » (p. 35), transgressant ainsi le principe de la division réalité/ illusion.

Repris et corrigé, SIX adopte alors le rôle de narrateur pour la scène suivante, « l'épique », dont le titre nous plonge dans le monde de Brecht pour qui le théâtre traditionnel n'était pas en mesure de rendre compte de la société moderne où l'individu ne s'oppose plus à un autre individu, mais à un système politique et social. Dans le théâtre épique de Brecht, on se souviendra que la scène affiche sa matérialité pour tenir l'action à distance, une action qu'un narrateur, qui n'y est pas pris, commente, conservant ainsi sa liberté, tout comme le comédien qui n'incarne pas son personnage visiblement distinct de lui. Toutes ces techniques, en empêchant les spectateurs de s'identifier à ce qu'ils voient, visent à stimuler leurs facultés critiques et à les mener à percevoir la société de façon politique [14].

Dans « l'épique » de *La Parole et la loi*, la distanciation est entretenue grâce aux rapports dialogiques entre le narrateur, qui se démarque des autres comédiens pour commenter le spectacle, et les interprètes qui « jouent » « la bataille de l'école Guigues » :

> NARRATEUR : Malgré l'odieux Règlement 17, [les sœurs Desloges] persévéraient à enseigner à leurs 81 élèves. Ah, malheur! Ni elles, ni leurs étudiants ne se doutaient du désastre qui planait au-dessus d'eux.
>
> DESLOGES : Nous ne nous doutons pas du désastre qui plane au-dessus de nous! N'est-ce pas, les enfants? (p. 36)

Ce genre de dialogue, entre le passé auquel appartiennent les personnages de 1915 et le présent du narrateur, empêche le spectateur de s'identifier tout à fait aux héros du temps jadis ou de retrouver le temps perdu, expérience d'autant plus difficile à vivre que le style héroï-comique pratiqué par La Corvée sert aussi à rompre pareille illusion.

Même procédé dans l'exemple suivant, tiré de la même scène, où le narrateur dit une chose que démentissent les didascalies, correction que commente, cette fois-ci, le comédien-narrateur pour justifier la présence sur le plateau d'un seul personnage alors qu'on en avait annoncé douze :

> NARRATEUR : [...] Le 5 janvier 1916, le destin avait choisi ce jour pour l'immortelle bataille de l'école Guigues. Le matin du jour fatidique, le traître Arthur Charbonneau et douze policiers attendaient de pied ferme devant l'école. *Arthur Charbonneau entre en scène avec un policier.* Oui, oui, j'sais, y'en a rien qu'un. Mais essayez d'emporter douze polices en tournée avec not' budget! Donc, comme je disais... (p. 41)

Ce qui est particulièrement significatif ici, c'est que le comédien-narrateur change de niveau de langue dans son aparté, passant du style ampoulé, celui de l'épopée, à la langue populaire qu'il présume être celle de son auditoire. « Le personnage de théâtre n'échappe pas à cette caractéristique du sujet parlant : il s'imagine faire des discours, alors que ce sont les discours qui le font[15]. »

Là où le spectateur peut se laisser prendre au jeu, et croire que le comédien sort « vraiment » de son personnage pour lui adresser la parole, comme au cours de la scène du congrès de l'ACFEO où « *les comédiens sont dans la salle, comme si tout le public faisait partie de l'assemblée* » (p. 26), le lecteur, qui voit le texte de l'indication scénique, comprend, lui, qu'il s'agit tout simplement d'une autre illusion qu'entretiennent les didascalies, celle, par exemple, où nous lisons que « *pendant la fin du discours un des comédiens commence à pleurer* » (p. 42), ou celle encore du début de la scène du « Non! », où on nous dit que « *les comédiens jouent leur propre rôle* » (p. 43) :

> DANIEL : Non! Non! Non! J'en peux p'us, j'en peux p'us... [...]
>
> BOB : Envoye, assis-toé là, repose-toé, j'comprends que t'es fatigué...
>
> DANIEL : C'est plus que ça. Ah, j'déprime, c'te maudite scène-là, a'm'déprime assez, j'en peux p'us.
>
> BOB : Envoyez vous aut'là, partez. *Ils sortent.* Mon pauv' Daniel, qu'est-ce qu'i' s'passe?
>
> DANIEL : WAAAAAAHHHH!!!! J'en peux p'us. *Il va s'accrocher à un spectateur.*
>
> BOB : Oui, oui, dis-moé ça-là. Raconter ses problèmes à quelqu'un, ça l'aide toujours. Envoye, qu'est-ce qu'alle a, cette scène-là?
>
> DANIEL : Ben, c'est jusse que... que... on fait toujours des scènes du passé, p'is dans l'passé, ça s'passait assez ben. Tu savais toujours à qui t'avais affaire, tu savais la différence entre EUX et NOUS. C'tait tellement simple. Mais là... là, on sait p'us contre qui on s'bat! (p. 43)

Voilà une façon fort habile de faire basculer la scène dans le présent du spectateur, forcé lui aussi de voir comment les luttes du passé peuvent s'intégrer dans son vécu, question épineuse qui le devient davantage encore à partir du moment où le public prend conscience, comme Daniel, qu'« on lutte contre le pouvoir, mais [que] c'est lui qui nous... nous... nous subventionne! » (p. 44)

La question des luttes du passé, à laquelle se mêle celle des subventions d'aujourd'hui, revient dans la scène des « femmes », où les auteurs réunissent des représentantes de trois générations : Desneiges (13 enfants), qui a vécu la bataille de l'école Guigues, Noëlla (5 enfants), qui a occupé, de nombreuses années plus tard, l'école de Sturgeon Falls, et enfin Marianne, la femme moderne, qui n'a pas d'enfant, ne va pas à la messe, vit accotée et est subventionnée par le gouvernement pour lutter contre lui. Ce sont ces femmes du peuple qui transmettent de nouveaux renseignements sur la lutte engagée en 1912 et prolongée, par elles, jusqu'au présent du spectateur que le mélange des temps garde à une distance assez éloignée de l'action, pour ne pas lui permettre de s'identifier aux personnages.

Quand on a l'impression que tout a été dit sur le sujet, on fait revenir Monsieur Loyal pour boucler le spectacle. La scène finale à laquelle il officie se passe alors au « présent » et « *doit se dérouler comme un rituel* » pendant lequel les comédiens s'expriment en leur propre nom :

> Mesdames et messieurs, *La Corvée* s'excuse de devoir interrompre le spectacle, mais c'est l'heure. C'est l'heure à laquelle, tous les jours, nous devons accomplir une tâche, une corvée si vous voulez, qui nous est chère. C'est l'heure à laquelle, tous les jours, nous tentons d'éliminer notre complexe minoritaire de Franco-Ontarien, si farouchement accroché à nos pas. (p. 58)

Suit un dépouillement rituel des symboles les plus réducteurs du peuple franco-ontarien : la grenouille, le petit pain, la soupe aux pois, la chemise à carreaux, la ceinture fléchée. Libres, enfin ! de tout le poids d'un passé gênant comme des entraves, les comédiens, l'âme légère, se mettent à rire alors qu'ils s'affranchissent, en tout dernier, de leurs obsessions :

> LOYAL : La crainte des fanatiques...
> L'idée qu'on est né sur terre pour souffrir...
> La censure et surtout l'autocensure
> La peur de déranger les Anglais
> L'espoir dans le passé...
> La crainte de pas parler correctement
> Les rapports sur la situation franco-ontarienne
> [...]
>
> LOYAL : On jette le Franco...
>
> TROUPE : ...on garde l'Ontarien !
>
> LOYAL : On jette la survie...
>
> TROUPE : On garde la vie ! (p. 59-61)

Cet appel à la vie s'adresse d'abord aux membres de la troupe, le « on » du texte, puis aux spectateurs qui ont assisté à l'une ou l'autre des représentations tenues « à travers l'Ontario » (p. 9), et rejoint enfin les lecteurs de la pièce, éditée en 1980 et rééditée en 1984 par Prise de Parole dont le nom fait écho au message dynamique véhiculé par ce docudrame.

Comme son titre l'indique, — « et » marquant ici l'opposition — il y a, dans *La Parole et la loi*, un conflit entre deux formes du discours : le dire (la parole, la langue française) et le faire (la loi, le pouvoir), qui correspond au conflit entre deux idéologies, celle des Franco-Ontariens minoritaires et celle, dominante, du gouvernement et des Irlandais. Le but de ce docudrame n'est pas de résoudre cette opposition irréductible de deux langues et de deux cultures, car elle est figée par l'histoire, mais d'alimenter la mémoire collective franco-ontarienne qui conserve les traces des événements marquants du passé (« des faits connus, p'is des choses cachées », p. 9), sans la lourdeur de l'appareil historique officiel. « Seul compte, en effet, le sens à donner au passé. De là, ce goût pour les symboles, les allégories de la mémoire collective, gardienne à sa façon des traditions et de l'interprétation qu'un groupe donne à son passé[16]. » Faite de souvenirs, de témoignages écrits et oraux, de traditions familiales, de phrases chocs, de coupures de presse, c'est une « mémoire identitaire, close sur elle même [*sic*], menacée et jalouse de sa singularité[17] ». Ces réflexions, je les relève d'une étude sur le roman mémoriel dont la définition s'applique à la lettre au docudrame :

> ... ensemble de textes, de rites, de codes symboliques, d'images et de représentations où se mêlent dans une intrication serrée l'analyse des réalités sociales du passé, des commentaires, des jugements stéréotypés ou non, des souvenirs réels ou racontés, des souvenirs écrans, du mythe, de l'idéologie et de l'activation d'images culturelles ou de syntagmes lus, entendus, qui viennent s'agglutiner à l'analyse[18].

Le mémoriel est donc un tissu très riche, puisqu'il comprend quatre niveaux : la mémoire nationale (les grandes dates, les jours fériés), la mémoire savante (l'histoire officielle), la mémoire collective (les souvenirs, les témoignages) et la mémoire culturelle (les icônes, les citations). Dans *La Parole et la loi*, la plus importante est la mémoire collective qui se traduit souvent en épopée :

> L'épopée, genre précis, comporte trois traits constitutifs : 1° Elle cherche son objet dans le passé épique national [...]. 2° La source de l'épopée c'est la légende nationale (et non une expérience individuelle et la libre invention qui en découle). 3° Le monde épique est coupé par la distance épique absolue du temps présent : celui de l'aède, de l'auteur et de ses auditeurs[19].

Pour le Franco-Ontarien, le premier événement qui a marqué le « passé épique national » est, sans conteste, l'imposition de « l'infâme » Règlement 17 qui a donné lieu à un « combat épique, acharné, ensanglanté, une lutte sans merci qui a ravagé l'Ontario pendant 13 ans » pour alimenter la « légende nationale » mettant « Anglais contre Français, catholiques contre protestants, catholiques contre catholiques ». Mgr Fallon est présenté comme un « fanatique » auquel s'oppose « notre grand héros » (p. 10), Samuel Genest. Tous ces souvenirs, ceux qui sont fondés sur les faits et les autres, non moins « vrais », qui relèvent de l'intuition, forment un dense tissu mémoriel qui alimente l'imaginaire du spectateur/lecteur franco-ontarien tout en maintenant une distanciation voulue par les créateurs de la pièce entre lui et le spectacle qui se joue sur scène.

Car un spectacle épique comme *La Parole et la loi* « dit [...] non pas comment est le monde, mais comment est le monde qu'[il] montre. Au spectateur de construire—et personne ne le fera pour lui—la relation avec le réel de son expérience à lui[20]. »

> L'histoire, c'est à chacun d'la faire,
> On est tanné d'être des minoritaires,
> Des temps passés, des temps présents,
> On a le goût de regarder devant ! (p. 61)

S'il est vrai, comme l'affirme Pavis, que toute pièce « comporte une part de documentaire », c'est *La Parole et la loi*, dans le corpus ontarien, qui le montre le mieux, en proposant un examen lucide des racines du présent réévaluées principalement grâce à la technique de la distanciation.

NOTES

1. Patrice Pavis, *Dictionnaire du théâtre. Termes et concepts de l'analyse théâtrale*. Paris, Messidor/Éditions Sociales, 1987 (édition augmentée), p. 408.

2. Création collective en vingt-sept tableaux de la troupe La Corvée, la pièce a été créée le 14 mars 1979 sur la scène du *Théâtre Penguin*, à Ottawa, par les comédiens Catherine Caron, Daniel Chartrand, Robert Colin, Francine Côté, Madeleine Leguerrier et Marc O'Sullivan, par la metteure en scène Brigitte Haentjens, et par le musicien Normand Thériault. L'année suivante paraissait le texte du spectacle, accompagné de quelques photos, phénomène que commente avec beaucoup de pertinence Josette Féral dans un compte rendu paru dans *Livres et auteurs québécois 1980* (p. 153-154), où elle se demande si publier le texte de cette création « qui chercha[i]t à redonner sur scène priorité au spectacle sur le texte dramatique » ne « perturb[e] pas les règles que l'on s'est d'abord données? » *La Parole et la loi*, Sudbury, Prise de Parole, (première édition : 1980), 1984. C'est à la deuxième édition que renvoient les chiffres entre parenthèses qui suivent les citations de la pièce.

3. Anne Ubersfeld, *L'École du spectateur*, Paris, Éditions Sociales, 1981, p. 252.

4. *Ibid*.

5. *Ibid*.

6. Il est évident que la metteure en scène se place dans la lignée de Bertolt Brecht pour qui le théâtre doit s'engager dans la réalité par tous les moyens, mais surtout à travers la fonction ludique : « Aux constructeurs de la société [le théâtre] expose les expériences vécues par la société, celles du passé comme celles du présent, et cela de manière à faire une *jouissance* des sensations, aperçus et impulsions que les plus passionnés, les plus sages et actifs d'entre nous tirent des événements du jour et du siècle » (Bertolt Brecht, *Écrits sur le théâtre*, vol. II, 1979, p. 19).

7. Depuis que l'on parle du Règlement 17 et de ses conséquences, on retrouve ces mêmes expressions et d'autres de tonalité semblable dans des œuvres littéraires comme *Le Petit Maître d'école* (Montréal, Édouard Garand, 1929), pièce de théâtre d'Armand Leclaire, et deux romans, *L'Appel de la race* (Montréal, L'Action française, 1922) de Lionel Groulx et *Obéissance ou Résistance* (Montréal, Bellarmin, 1986) de Paul-François Sylvestre.

8. Anne Ubersfeld, *op. cit.*, p. 232.

9. On s'étonne, cependant, d'entendre l'Orangiste, Mgr Fallon et le Premier Ministre Whitney s'exprimer dans la langue de Molière. Serait-ce parce qu'ils représentent le passé, et qu'ils n'ont pas pu arrêter la montée du nationalisme franco-ontarien? Il est évident que Davis représente le présent, et ses répliques en anglais serviraient à montrer que la victoire n'est jamais définitive et qu'il faut donc continuer à être vigilants.

10. Une technique très semblable a été utilisée dans *The Legend of the Avro Arrow* de Clinton Bomphray (créé à Ottawa au CNA en 1990), où politiciens du passé et du présent comme John Diefenbaker et Brian Mulroney sont caricaturés et paraissent masqués, tandis que les travailleurs qui peinent à construire l'avion légendaire sont présentés de façon réaliste.

11. Jean-Claude Germain a fait la même chose dans sa pièce *Un pays dont la devise est je m'oublie* (Montréal, VLB, 1976) où trône sur la scène « une immense malle armoire » (p. 10) d'où sortent accessoires et vêtements tout au long du spectacle qui servent à transformer les comédiens ambulants Petitboire et Surprenant en une ribambelle de personnages sortis du passé.

12. Jean Chevalier et Alain Gheerbrant, *Dictionnaire des symboles*, t. 3, Paris, Seghers, 1974, p. 78.

13. C'est dans son *Petit Organon*

pour le théâtre que Bertolt Brecht, en précisant son opposition au théâtre bourgeois qui donne l'impression que rien ne peut changer, souligne l'importance de la distanciation : « Un emploi authentique, profond, intervenant, des effets de distanciation implique que la société considère son état comme historique et améliorable. Les effets de distanciation authentiques ont un ca-

ractère combatif » (Bertolt Brecht, *op. cit.*, p. 51).

14. Brecht, Bertolt, *op. cit.*, p. 328-329.

15. Patrice Pavis, *Voix et images de la scène. Vers une sémiologie de la réception*, Lille, Presses universitaires de Lille, 1985, p. 40.

16. Régine Robin, *Le Roman mémoriel. De l'histoire à l'écriture du*

hors-lieu, Montréal, Le Préambule, 1989, p. 55.

17. *Ibid.*, p. 52.

18. *Ibid.*, p. 48.

19. Mikhaïl Bakhtine, *Esthétique et théorie du roman*, Paris, Gallimard, 1978, p. 449.

20. Anne Ubersfeld, *op. cit.*, p. 259.

« LA BIBLIOTHÈQUE DU NOUVEAU MONDE », UN MUSÉE SANS MURS

Jean-Louis Major[1]
Université d'Ottawa

Toutes proportions gardées, c'est sans doute le Musée des beaux-arts du Canada qui constitue le terme de comparaison le plus juste.

Il n'y a pas si longtemps le circuit des grandes collections itinérantes évitait Ottawa, car on craignait que les œuvres n'y soient endommagées. Ce n'était pas de la paranoïa de compagnies d'assurances : chaque hiver le toit de la « Galerie nationale » coulait et les dégâts étaient considérables. Une grande partie de la collection permanente demeurait dans les entrepôts, sans compter ce qui aboutissait dans les sous-sols. Les tableaux qu'on parvenait à exposer souffraient souvent d'un mauvais éclairage et d'un espace ou d'un voisinage qui convenaient mal à leurs proportions, leurs couleurs ou leur manière. Aujourd'hui, il y a foule au musée. On peut même espérer que ces foules, attirées par le nouvel édifice, s'intéresseront aux œuvres.

J'aurais aimé établir la même comparaison avec les Archives nationales du Canada, mais il faudra attendre encore un peu, semble-t-il. D'ici là, le toit continuera de couler, la tuyauterie de crever et les documents de se détériorer.

En littérature aussi le toit s'effondrait depuis longtemps, et il coule encore en bien des endroits. En réalité, on ne s'était jamais préoccupé d'en construire un. Aussi plusieurs œuvres importantes n'étaient-elles disponibles (et plusieurs ne le sont encore) que chez des collectionneurs ou dans quelques bibliothèques spécialisées. Il y avait en outre toutes ces œuvres (il y en a encore) qu'on devait éviter de lire de trop près : on risquait d'y contracter des doutes sur l'authenticité des textes. Quant à celles qu'on éditait, une longue tradition de négligence et de sans-gêne autorisait à les « moderniser » ou à les accommoder aux sauces du jour, c'est-à-dire à « corriger » n'importe quoi n'importe comment. Le souci de préserver les documents s'étendait rarement au-delà du prix qu'on pouvait en tirer, et encore. Je sais, par exemple, tel manuscrit d'un ouvrage bien connu du XIXe siècle qui servit à allumer le poêle un matin d'hiver que les éclisses étaient venues à manquer. Ailleurs, des familles se demandaient ce qu'on pourrait bien faire de tous ces papiers dans le grenier de la grand-mère qui cesserait bientôt de tenir maison. Ou encore (factuel, juré!) on conservait les papiers de famille depuis des générations, mais à présent on commençait à manquer de place dans le sous-sol de la maison de campagne, où s'entassaient les caisses de vieilles lettres et de manuscrits de l'ancêtre qui avait publié des livres autrefois. D'ailleurs, tout cela moisissait depuis longtemps...

Le Musée des beaux-arts a son édifice. La littérature aura le sien. Depuis bientôt dix ans qu'on y travaille. Il n'y a pas foule (l'édifice est moins spectaculaire que celui du Musée, les moyens sont autrement plus modestes) mais, une à une, les éditions critiques préparées dans le cadre du Corpus d'éditions critiques paraissent dans la « Bibliothèque du Nouveau Monde », créée à cette fin aux Presses de l'Université de Montréal. Quinze volumes depuis 1986. La mise en œuvre est longue, exigeante. Mais l'élan est donné, la recherche se poursuit, le rythme de publication est soutenu. En fait, la première phase n'est pas terminée, que déjà on en amorce une deuxième.

Le Corpus d'éditions critiques est un projet interuniversitaire et pluridisciplinaire qui entend constituer un ensemble d'éditions critiques des textes fondamentaux de la littérature québécoise. Il tire son origine d'un inventaire des besoins de la recherche au Canada français, établi entre 1976 et 1978 par l'Association des littératures canadiennes et québécoise. L'ALCQ confia alors à un comité autonome (l'actuel comité de direction du Corpus) la tâche de mettre en œuvre ce projet collectif d'envergure nationale. L'Université d'Ottawa parraina le projet dès ses débuts et en assura la préparation, de 1979 à 1981. Les travaux proprement dits commencèrent en septembre 1981, grâce à une subvention du Conseil de recherches en sciences humaines du Canada, renouvelée en 1985.

Réparties sur près de quatre siècles et demi, les œuvres du Corpus d'éditions critiques ressortissent à des formes et à des genres aussi divers que le récit de voyage et la poésie, le roman et le journal intime, le conte et la chronique, le manifeste, l'apologie, la correspondance et la satire. L'entreprise, de longue durée, s'échelonne en plusieurs phases. La première (1981-1990) comporte l'édition critique de dix-huit œuvres réparties sur trois périodes (Nouvelle-France, XIXe et XXe siècles) et correspondant aux divers genres pratiqués à chaque époque. La deuxième, qui a commencé en septembre 1990, grâce à une nouvelle subvention du Conseil de recherches en sciences humaines du Canada pour les cinq prochaines années, comprend seize œuvres s'inscrivant dans les mêmes paramètres.

Ont été publiés depuis 1986 : Jacques Cartier, *Relations* (Michel Bideaux, Montpellier); Arthur Buies, *Chroniques I* (Francis Parmentier, UQTR); Claude-Henri Grignon, *Un homme et son péché* (Antoine Sirois et Yvette Francoli, Sherbrooke); Albert Laberge, *La Scouine* (Paul Wyczynski, Ottawa); Joseph Lenoir, *Oeuvres* (John Hare, Ottawa, et Jeanne d'Arc Lortie, Laval); Paul-Émile Borduas, *Écrits I* (André-G. Bourassa, Jean Fisette et Gilles Lapointe, UQAM); Jean-Charles Harvey, *Les Demi-Civilisés* (Guildo Rousseau, UQTR); Henriette Dessaulles, *Journal* (Jean-Louis Major, Ottawa); Germaine Guèvremont, *Le Survenant* (Yvan-G. Lepage, Ottawa); Honoré Beaugrand, *La Chasse-Galerie* (François Ricard, McGill); Alain Grandbois, *Visages du monde* (Jean Cléo Godin, Montréal) et *Poésie I, II* (Marielle Saint-Amour et Jo-Ann Stanton, Montréal); Lahontan, *Oeuvres I, II* (Réal Ouellet et Alain Beaulieu, Laval).

Les autres ouvrages de la première phase paraîtront au rythme de trois ou quatre volumes par année. Soit, dans l'ordre probable de leur publication : Ringuet, *Trente Arpents* (Jean Panneton, Roméo Arbour et Jean-Louis Major, Ottawa) ; Alain Grandbois, *Avant le Chaos* (Nicole Deschamps, Montréal, et Chantal Bouchard, McGill) ; Arthur Buies, *Chroniques II* (Francis Parmentier, UQTR) ; Alfred DesRochers, *À l'ombre de l'Orford* (Richard Giguère, Sherbrooke) ; Louis Fréchette, *Satires et polémiques* (Jacques Blais, Guy Champagne et Luc Bouvier, Laval) ; Pamphile Le May, *Contes vrais* (Jeanne Demers et Lise Maisonneuve, Montréal) ; Paul-Émile Borduas, *Écrits II* (André-G. Bourassa et Gilles Lapointe, UQAM) ; Charlevoix, *Journal d'un voyage fait par ordre du roi en Amérique septentrionale* (Pierre Berthiaume, Ottawa) ; Alain Grandbois, *Proses diverses* (Jean Cléo Godin, Montréal), *Né à Québec* (Estelle Côté, Montréal) et *Marco Polo* (Louise Lacroix, Montréal) ; Lafitau, *Mœurs des sauvages amériquains* (Robert Mélançon, Montréal, et Georges Tissot, Ottawa).

Le contenu de la première phase avait été établi par le comité de recherche de l'Association des littératures canadiennes et québécoise. Il fut restreint et modifié par le comité de direction du Corpus en fonction des possibilités de documentation et de la disponibilité des chercheurs. Pour assurer un large consensus quant au choix des œuvres de la deuxième phase, on procéda à une vaste consultation auprès de tous les départements d'études québécoises. Y figurent : 1° des écrits de la Nouvelle- France : Bougainville, *Journal et Mémoires sur le Canada* (Benoît Melançon et José-Michel Moureaux, Montréal) ; Dièreville, *Relation du voyage de Port-Royal* (Normand Doiron, McGill) ; Hennepin, *Oeuvres* (Réal Ouellet et Alain Beaulieu, Laval) ; Leclercq, *Nouvelle Relation de la Gaspésie* (Réal Ouellet et Alain Beaulieu, Laval) ; Sagard, *Le Grand Voyage du pays des Hurons* (Jack Warwick, York) ; 2° du XIXᵉ siècle : P.-J.-O. Chauveau, *Charles Guérin* (Lucie Robert, UQAM) ; Laure Conan, *Angéline de Montbrun* (Nicole Bourbonnais, Ottawa) ; Louis-Antoine Dessaulles, *Écrits* (Yvan Lamonde, McGill) ; Étienne Parent, *Conférences* (Claude Couture, Alberta) ; 3° du XXᵉ siècle : Marcel Dugas, *Poèmes en prose* (Marc Pelletier, Ottawa) ; Jacques Ferron, *Contes* (Jean-Marcel Paquette, Laval) et *Les Grands Soleils* (Pierre L'Hérault, Concordia) ; Germaine Guèvremont, *Marie-Didace* (Yvan-G. Lepage, Ottawa) ; Albert Lozeau, *Poésies* (Michel Lemaire, Ottawa) ; Paul Morin, *Le Paon d'émail* (Jacques Michon, Sherbrooke) ; Yves Thériault, *Agaguk* (Robert Major, Ottawa). D'autres œuvres, dont l'édition critique s'impose, ont dû néanmoins être reportées à une troisième phase.

Unique par son ampleur et par la collaboration interuniversitaire qu'il a suscitée, le projet groupe dans sa première phase vingt-quatre chercheurs rattachés à huit universités participantes ; dans sa deuxième phase, il compte vingt chercheurs rattachés à neuf universités. Le comité de direction se compose de Roméo Arbour et de moi-même, de l'Université d'Ottawa, ainsi que de Laurent Mailhot, de l'Université de Montréal. C'est à ce comité qu'incombent l'orientation et l'organisation de l'ensemble du projet et, à mesure que l'édition critique prend forme, la préparation finale des textes en vue de la publication. Le secrétariat et le bureau de direction sont situés à l'Université d'Ottawa.

Le Corpus d'éditions critiques vise à assurer tout ensemble l'authenticité des textes et leur lisibilité. Pour parvenir à un texte sûr, on l'établit au plus près de la forme définitive qu'a pu ou qu'a voulu lui donner son auteur. Le relevé des variantes permet d'en retracer les transformations à travers tous les états antérieurs, manuscrits et imprimés. L'édition critique puise à de multiples sources documentaires les renseignements susceptibles d'enrichir la compréhension littérale des textes. Aux diverses disciplines littéraires s'ajoutent de nombreux champs de connaissance, comme l'histoire, la géographie, la zoologie, la biologie, la linguistique, la lexicographie, l'ethnologie. Ces renseignements figurent dans des notes explicatives plus ou moins nombreuses et plus ou moins développées selon la nature de l'œuvre éditée. Le texte s'accompagne en outre d'une chronologie, d'un glossaire, d'appendices documentaires et d'index. Une introduction situe le texte et son auteur, retrace la genèse de l'œuvre et décrit les circonstances de sa diffusion.

De concert avec les chercheurs du projet et à la suite de nombreuses consultations, le comité de direction a établi en 1981 un protocole qui contient les règles à suivre pour l'établissement et la présentation des textes à éditer. Pour rendre compte des solutions adoptées en cours de route, on en a précisé ou modifié certains articles et on a procédé à diverses rééditions, dont la plus récente date de 1989.

Le principe général de ce code des lois éditoriales correspond à la méthodologie des grandes éditions nationales : fidélité au texte de base, documentation de première main, rigueur scientifique. Pour tous les aspects de l'édition critique, tels l'établissement du texte et sa présentation, le relevé des variantes, l'annotation, la bibliographie, on vise à établir un système cohérent, d'une application relativement simple et d'une souplesse suffisante, tout en maintenant le niveau scientifique requis. À l'expérience, ce protocole s'est révélé utile et pertinent ; il est un guide pratique, un lieu de référence et une norme, même pour d'autres projets qui l'ont adopté ou s'en sont inspirés.

À l'origine, le Corpus d'éditions critiques fut conçu comme une opération de sauvegarde et, en certains cas, de sauvetage. L'inventaire établi par le comité de recherche de l'ALCQ avait permis de constater qu'un grand nombre de textes importants avaient été ou étaient transmis dans des conditions incertaines. Avant tout, il importait d'assurer la validité littérale des textes de notre littérature. On pourrait ensuite mener dans des conditions beaucoup plus sûres les travaux et les études en tous genres.

Il s'est trouvé cependant que le projet a pris aussi, très tôt, une valeur de consécration. Le seul fait d'entreprendre l'édition critique d'un texte manifeste un jugement de valeur à son égard : c'est déjà signifier que le texte vaut qu'on s'y attache. Cet aspect s'est accentué, du fait que l'on dut d'emblée délimiter un corpus. La valeur de consécration devint plus nette encore après la publication des premiers volumes de la « Bibliothèque du Nouveau Monde ». Les ouvrages y sont avant tout des instruments de recherche, mais on a aussi voulu qu'ils soient agréables à lire et qu'ils soient beaux.

L'objectif est de rassembler dans la collection l'ensemble des textes fondamentaux ou, si l'on veut, l'ensemble des « classiques » de notre littérature. D'autre part, on entend maintenir une approche active, en suscitant l'édition critique d'œuvres peu ou mal connues à cause des conditions de leur diffusion, ou encore d'œuvres importantes en leur temps, mais actuellement méconnues.

Je me prends parfois à rêver de ce qu'on pourrait accomplir pendant les cinquante prochaines années avec les seuls honoraires d'architecte du Musée. Ou avec le salaire d'une année d'une équipe de hockey. Les humanités se contentent toujours de peu, de trop peu : le béton rapporte plus de votes, les gadgets de l'espace sont plus photogéniques. Mais trêve de songeries. Des critiques — des universitaires, des littéraires comme de juste — continuent de nous reprocher nos subventions, bien modiques si l'on se donne la peine de faire le calcul par chercheur, par année. On trouve les livres trop beaux, trop dispendieux, trop documentés. Comme l'âne de la fable. Et pourtant. Chaque édition critique est tout ensemble la restauration d'une œuvre en péril, une exposition ouverte au grand public, le catalogue le plus exhaustif qui soit et un certificat d'authenticité. Quant à la « Bibliothèque du Nouveau Monde », filons la métaphore, ne serait-elle pas, à plus d'un titre, le musée imaginaire d'un peuple et d'une culture ? Un musée sans murs.

NOTE

1. Coordonnateur du Corpus d'éditions critiques et professeur titulaire au Département des lettres françaises de l'Université d'Ottawa.

LA COLLECTION « LES VIEUX M'ONT CONTÉ »
DU PÈRE GERMAIN LEMIEUX, S.J.

GEORGES BÉLANGER
Université Laurentienne

C'EST ESSENTIELLEMENT GRÂCE au travail d'anthropologue, de folkloriste et d'ethnologue comme Marius Barbeau, Luc Lacourcière et Mgr Félix-Antoine Savard, que nous connaissons aujourd'hui la richesse et la diversité de la tradition orale des francophonies d'Amérique. Mais il est également un autre personnage connu, le Père Germain Lemieux, à qui l'on attribue un rôle significatif dans la découverte, l'avancement et la promotion de la tradition orale au Canada français. Si, à l'instar de ses prédécesseurs, Germain Lemieux a sillonné de multiples régions un peu partout au Canada, en Amérique et même en Europe, l'Ontario français, et plus particulièrement le Nouvel-Ontario, fut sa terre de prédilection pour effectuer ses enquêtes.

En effet, pendant plus d'une quarantaine d'années, il s'est rendu dans les moindres parties de ce coin de pays à la rencontre de nombreux informateurs qui lui ont transmis une foule de témoignages.

Après avoir accumulé un imposant fonds d'archives mais sans pour autant interrompre son travail d'enquêteur, le Père Germain Lemieux imagine, dès le début des années 1970, l'audacieux projet de créer une collection qui lui permettra de publier une partie de ces collectes. Ainsi naquit, on s'en souviendra, la collection *Les vieux m'ont conté*[1] dont le premier numéro parut en 1973 aux Éditions Bellarmin de Montréal. Mgr Félix-Antoine Savard signe la préface du deuxième volume, et après avoir évoqué des souvenirs d'enquêtes réalisées en compagnie de Marius Barbeau et de Luc Lacourcière, il marque la grande valeur de la tradition orale : « De cette tradition orale nous ne saurions nous passer. Elle est, dans l'inoubliable pays du merveilleux, cette fontaine de jouvence qui pourrait nous rajeunir, fontaine où les arts même les plus exigeants comme le théâtre, par exemple, trouveraient d'innombrables et vivifiantes sources d'inspiration[2]. »

Si ce n'est déjà fait, le 32e et dernier volume de cette imposante collection paraîtra sous peu. La publication d'un index (deux autres volumes) est à prévoir un peu plus tard. Après vingt ans de travail et d'acharnement, Germain Lemieux aura réussi, contre vents et marées, à tenir son pari et à mener à terme cette entreprise d'envergure.

Un pari dont les objectifs tiennent en quelques phrases : d'abord, redonner aux jeunes la notion du conte traditionnel ; exploiter leur surplus d'imagination et leur sens poétique plus aiguisé ; puis combler un besoin d'évasion, créer une atmosphère plus humanisée et suggérer une source d'inspiration pour les artistes ; enfin, proposer tout simplement une détente, un passe-temps au lecteur[3].

Le présent article ne vise pas à retracer l'itinéraire de cette longue aventure, il propose plutôt, en vue de souligner la fin de cet important projet, de présenter dans les grandes lignes un aperçu général de cette collection, entre autres de jeter un coup d'œil sur l'ensemble du corpus, de souligner et d'identifier la présence des nombreux informateurs. Mais auparavant, il convient de situer le Centre franco-ontarien de folklore et son principal animateur.

Le Centre franco-ontarien de folklore[4]

Qui est le Père Germain Lemieux ? Ethnologue, il est d'abord chargé du Centre de recherche folklorique de la Société historique du Nouvel-Ontario en 1948 ; puis il est le directeur fondateur de l'Institut de folklore de l'Université de Sudbury en 1960, qui deviendra le Centre franco-ontarien de folklore en 1972. À titre de professeur, il a enseigné l'histoire et l'ethnologie, et fut chargé du programme d'enseignement du folklore en 1975. À l'occasion, il offre encore des cours d'ethnologie.

Aujourd'hui il demeure très actif et agit toujours comme directeur du Centre franco-ontarien de folklore de Sudbury. Après avoir occupé pendant quelques années des locaux au Centre des Jeunes de Sudbury, fondé par le Père Albert Regimbal au début des années 1950, le Centre loge depuis cinq ans maintenant à la Maison d'Youville au cœur de Sudbury. Il s'agit d'un édifice quasi centenaire. Identifié depuis peu comme site patrimonial, il date de 1894 et a jadis abrité une école et un orphelinat.

Fidèle et ponctuel aux heures de bureau du Centre, il vaque à des occupations quotidiennes multiples : tantôt il révise les épreuves des manuscrits de la collection *Les vieux m'ont conté*, ou répond aux innombrables questions qu'on lui adresse de toutes parts ; tantôt il accueille avec autant de ferveur et d'enthousiasme l'éventuel visiteur, quel qu'il soit, éminent chercheur universitaire ou représentant du public en général. Il s'adonne à l'occasion à un passe-temps favori : la sculpture sur bois.

À proprement parler, le Centre franco-ontarien de folklore est un foyer de documentation sur les connaissances traditionnelles enregistrées sur des rubans magnétiques et magnétoscopiques depuis plus de trente ans dans le Nouvel-Ontario. Il essaie de répondre aux objectifs de son mandat qui sont d'assurer la sauvegarde et la transmission de la tradition orale française en Ontario par la cueillette, la conservation et la diffusion.

Un fonds d'archives

L'inventaire des archives du Centre franco-ontarien de folklore de Sudbury s'avère très riche. Suite au travail d'enquêtes du Père Germain Lemieux effectué entre 1948 et 1980, les enregistrements, par exemple, totalisent 456 heures ainsi réparties : 3118 chansons, 555 contes, 120 légendes et 13 récits divers (souvenirs, techniques, remèdes populaires et devinettes).

Ces collectes ont été réalisées et recueillies auprès de 800 informateurs du Canada : en Ontario, au Québec, au Manitoba et au Nouveau-Brunswick ; et de la France : en Bretagne, en Normandie et au Poitou-Charente. Le Nouvel-Ontario fut le lieu privilégié des enquêtes du Père Germain Lemieux. « C'est le chemin de fer du Canadien Pacifique, en longeant l'Outaouais, puis en traversant l'Ontario d'est en ouest, de Mattawa à Thunder Bay, en passant par North Bay, Sudbury et Sault-Sainte-Marie, qui ouvre l'accès au Nord ontarien durant les deux dernières décennies du XIXe siècle[5] », et qui délimite les frontières de cet immense territoire.

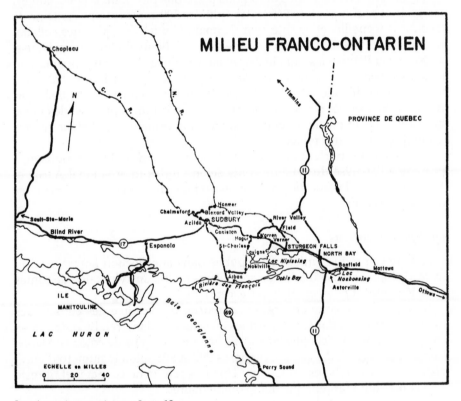

Les vieux m'ont conté, tome I, p. 13.

Dès le début des années 1970, et c'est une première dans le domaine de l'enquête, Germain Lemieux procède à l'enregistrement d'informateurs sur ruban magnétoscopique.

En plus des enregistrements, l'inventaire fait état de plusieurs cahiers d'enquêtes, de transcription des paroles, de relevés musicaux préliminaires et définitifs, de résumés de contes, et de listes (contes, légendes et chansons). Il inclut enfin des manuscrits : 31 spicilèges (d'une cinquantaine de pages chacun) contenant des coupures de presse consacrées à la carrière de

Germain Lemieux et à des sujets d'intérêt folklorique (contes, légendes, chansons, musique, coutumes de Noël, art, artisanat, musées, antiquités) ainsi qu'à l'histoire internationale, nationale et régionale, aux loisirs, à la langue et à la littérature[6].

Les archives de folklore du Centre franco-ontarien et celles de l'Université Laval contiennent le dépôt de cette documentation.

Le corpus de la collection « Les vieux m'ont conté »

À l'exception de 26 contes dont nous parlerons plus loin, la collection est intégrale et se compose de 646 textes (plus de 500 contes et une centaine de légendes) recueillis et annotés par Germain Lemieux et quelques collaborateurs entre 1948 et 1980 principalement dans le Nouvel-Ontario, mais aussi au Nouveau-Brunswick, au Québec et au Manitoba ; les textes apparaissent en deux versions : la version remaniée à laquelle renvoie un index analytique et la version originale, avec la fiche technique du document, à laquelle correspond un lexique. S'ajoutent aussi au fil des volumes publiés, des notes biographiques et plusieurs photographies d'informateurs ; quelques cartes géographiques et des relevés musicaux.

Tous les textes portent un numéro de classification. Et Luc Lacourcière a procédé à l'analyse du type de conte selon l'Index international Aarne et Thompson[7]. La classification des contes est reproduite à la table des matières de chaque volume.

Quelques exceptions

Le Père Germain Lemieux aura publié dans la collection *Les vieux m'ont conté*, disions-nous, la totalité de son corpus moins une vingtaine de contes et de légendes. Qu'en est-il de ces exceptions ?

Tout corpus de cette envergure comporte, par la force des choses, des informations redondantes, superflues ou sans grand intérêt. En outre, deux contes transmis et recueillis en anglais ont aussi été mis de côté : *La Maison hantée* et *La Légende des guérêts*, numéros 997 et 998 selon le numéro d'enregistrement des archives du Centre. Une fois retranché ce matériel, il reste cinq contes qui méritent quelques commentaires.

Un premier informateur, par exemple, a interdit la publication de deux contes, *Un naufrage* et *Vieux pêcheur acadien* (nᵒˢ 415 et 416), parce que des noms de proches parents y apparaissent. Et pour une question de censure, trois autres versions sont restées sur les tablettes. La première (une historiette), *Le Bégayeux* (nᵒ 1324), pourrait sembler pourtant bien inoffensive aujourd'hui, mais elle est quand même irrévérencieuse. En voici le résumé : Un bégayeux va voir son curé au presbytère pour aller payer sa dîme. Il demande un reçu. Le curé lui demande son nom. Monsieur Crotté ! répond le paroissien en bégayant. Le curé veut se moquer du bégayeux en disant que ça prend plusieurs crottes pour faire un Crotté. Le paroissien rétorque : « Pas plus de crottes pour faire un Crotté que de culs pour faire un curé ! »[8] On ne trouvera pas matière à scandale dans cette répartie, mais par ailleurs, cette omission n'enlève rien à la valeur du corpus.

Nous dirions que la deuxième version censurée (un conte), *Trou-de-jaquette* (n° 842), surprend un peu plus. Elle est scatologique. Après en avoir pris connaissance, ainsi qu'il l'a fait pour la majeure partie du matériel recueilli par le Père Lemieux, Mgr Savard lui aurait déclaré qu'il s'agissait là « d'un conte affreusement merdique mais savoureusement rabelaisien ». Qu'il suffise de transcrire le nom des personnages de la famille de Trou-de-Jaquette et le premier couplet du refrain de la chanson chantée par la veuve pour pleurer la mort de son mari, pour évoquer la cause de la censure :

> Trou-de-jaquette était pauvre... il avait une nombreuse famille : 97 enfants. Ils étaient 99 avec le père et la mère... Les principaux membres de cette famille s'appelaient : Queue-fiche, Queue-liche, Bois-dans-mon-cul-sans-tasse (fille) seule fille de la famille, Bec-étron, Sens-y-sour-la-queue, Bois-dans-mon-cul-tout-chaud [...]

> Qui veut ouïr une complaint'
> Triste, dolente et lamentable,
> Fait' sur la mort d'enn'pauvre étron
> Tué d'enn' mort épouvantable?
> Car, ma foi, le cœur me saigne encore!
> Quand j'ai vu c' te bel étron mort![9]

L'informateur, soit par manque de mémoire, soit par crainte de scandaliser les jeunes, aurait réduit son conte à une dizaine de minutes, mais aurait affirmé qu'autrefois ce conte durait des heures, plus de quatre heures dans un cas. Il aurait affirmé également qu'autrefois il savait les 98 chansons que comportait ce récit scabreux.

Enfin une troisième version, un conte, n'a pas paru : *Le Petit Devineur*[10] ; c'est l'histoire de Ti-Jean et de son oiseau devineur, le corbeau qui dévoile toutes les vérités et qui confond la femme de son patron.

Toutes ces informations sont enregistrées sur ruban sonore et conservées aux archives du Centre franco-ontarien de folklore de Sudbury.

De nombreux informateurs

Ce sont les témoignages de plus de 139 informateurs qui constituent la collection : 101 conteurs et 38 conteuses. Avant de nous pencher sur leur répertoire, soulignons que 95 d'entre eux (dont 29 femmes) sont de l'Ontario, 34 (dont 8 femmes) du Québec, 7 du Manitoba et 3 (dont 1 femme) du Nouveau-Brunswick.

Les informateurs de l'Ontario occupent une place prépondérante dans la collection. De fait, le lecteur retrouvera essentiellement leur présence dans les 16 premiers volumes, ainsi que dans quelques passages des volumes 20 et 32. Auteur de la préface du premier volume, Luc Lacourcière insiste sur le rapport très particulier que Germain Lemieux a entretenu avec ses collaborateurs :

> Ce qui nous touche peut-être davantage dans sa démarche intellectuelle, c'est l'attention soutenue qu'il a prêtée à ses conteurs franco-ontariens, les Jongleurs du billochet, comme il les appelle, selon une expression employée par l'un d'entre eux. Il nous les présente tantôt dans un chantier trônant à tour de rôle sur un court billot au centre d'un auditoire attentif de bûcherons, tantôt réunis dans une cuisine — avec les conteuses qu'il ne faut pas oublier — autour d'un appareil magnétique qui capte leurs paroles et parfois leur image[11].

Toutes proportions gardées, la performance des conteurs et des conteuses de l'Ontario demeure cependant inégale ; ces dernières représentent 28 % seulement des informateurs de la collection. La remarque vaut également pour les représentants des autres provinces. Certains d'entre eux cependant se détachent du peloton pour former en quelque sorte une classe privilégiée d'informateurs.

Ainsi, par exemple, l'Ontario français présente de remarquables conteurs au répertoire impressionnant : c'est le cas des Prud'homme : Georges (Cache Bay), Joseph (Warren) et Maurice (Sturgeon Falls) qui, à eux seuls, ont transmis plus de soixante-dix contes ; de Gédéon Savarie de Hagar. Du Québec, citons l'exemple de Gustave Saint-Louis et d'Antoine Landry de Cap-Chat.

Plusieurs personnalités religieuses ont contribué à enrichir les collectes de Germain Lemieux : Mgr Stéphane Côté, l'abbé Victor Vachon, et les religieuses Eugénie Miville, Laura Pilon, Rose Rozon et Gilberte Watier.

Même si elles composent un petit nombre d'informateurs et qu'elles présentent un répertoire beaucoup plus modeste, les conteuses jouent un rôle certain dans la collection. Qu'ils s'agissent de Claire Jolliat (Chelmsford), Béatrice Campeau (Hanmer), Marie-Ange Roberge (North Bay), Éva Gagnon (Verner), Reina Savarie (Hagar) et d'Alice Perron (Sudbury) de l'Ontario ; d'Eugénie Miville (Rimouski) du Québec ; ou d'Esther Laliberté (Campbelton) du Nouveau-Brunswick.

À qui se demande pourquoi il n'y a pas plus de conteuses, Germain Lemieux s'empresse de préciser qu'au cours de ces enquêtes, le « billochet » a appartenu avant tout à l'homme ; que jamais une femme, sauf les veuves et les célibataires, n'a pris la parole avant un homme, et que, dans la plupart des cas, il s'agissait du mari ; seules exceptions à cette règle : Mmes Gustave Saint-Louis et Louis Lévesque, respectivement de Cap-Chat et de Saint-François d'Assise de Matapédia, qui pouvaient donner la réplique à leur époux au cours d'une séance de contage. Sans oublier qu'elles s'autocensuraient devant un auditoire composé d'adultes. Pour parler d'une belle femme, un homme pouvait fort bien déclarer qu'elle avait été « taillée au couteau croche » ; une femme, non.

Document d'une exceptionnelle richesse, la collection *Les vieux m'ont conté*, par la transcription de ses témoignages oraux, permet d'ouvrir un vaste éventail sur la tradition orale, et elle interpelle tous les lecteurs. L'imposant corpus offre des pistes de recherche nombreuses aux spécialistes, chercheurs de disciplines variées, tout en offrant au public une occasion de se détendre.

La Société historique du Nouvel-Ontario, premier organisme à encourager et à promouvoir les travaux du Père Germain Lemieux au début des années 1950, lui rendait hommage en novembre 1979, et demandait à Luc Lacourcière de présider cette rencontre. Se faisant le porte-parole de tous et chacun, il résume ainsi dans son discours le projet de Germain Lemieux :

> Enfin, son grand œuvre de *Les vieux m'ont conté* — car, sans oublier ses immenses collections et publications de chansons dont nous avons eu de si éloquentes illustrations, sa mise en œuvre d'un musée folklorique, son rôle d'animateur de toutes sortes dans le domaine des traditions que je ne puis évoquer qu'en passant, — son grand œuvre [...] n'a guère d'équivalent au Nouveau Monde [...] fait et fera dans les siècles à venir, que le nom de Germain Lemieux sera associé aux plus grands folkloristes de cette discipline, aux Perreault, aux Grimm, aux Andersen, aux Delarue, aux Thompson, et je pourrais prolonger l'énumération, comme source primaire, génératrice d'études multiples à venir. Bref, une collection accessible qui fait et fera rayonner toujours davantage le nom de Germain Lemieux, associé à son terroir nord-ontarien dont il est le vivant représentant dans un domaine fondamental de la pensée et de la mémoire populaire[12].

NOTES

1. Germain Lemieux, *Les vieux m'ont conté* [Publications du Centre franco-ontarien de folklore de Sudbury, sous la direction de], Montréal, Les Éditions Bellarmin; Paris, Maisonneuve et Larose, 1973-1991, 32 volumes. Le Centre mène à l'heure actuelle une campagne de souscription et offre jusqu'à 25% de remise à l'achat de cette collection; pour obtenir de plus amples informations, s'adresser au Centre franco-ontarien de folklore, Maison d'Youville, 38, rue Xavier, Sudbury (Ontario), P3C 2B9; téléphone, (705) 675-8986.

2. *Ibid.*, tome 2, 1974, préface de Mgr Félix-Antoine Savard, p. 11.

3. *Ibid.*, tome 1, 1973, introduction du Père Germain Lemieux, p. 15.

4. Une pochette d'information sur le Centre a été spécialement préparée à l'intention du public. Vous pouvez l'obtenir sans frais à l'adresse susmentionnée.

5. Le Conseil des Affaires franco-ontariennes, *Les Franco-Ontariens 1979*, p. 6.

6. Nous tenons à remercier M. Jean-Pierre Pichette qui a mis à notre disposition le manuscrit d'un ouvrage à paraître sous peu : *Guide bibliographique et inventaire des archives du folklore franco-ontarien.*

7. Antti Aarne et Stith Thompson, *The Types of the Folk-Tale, a Classification and Bibliography*, Second Revision, Helsinki, Academia Scientarum Fennica, 1961, 588 p. [FFC, n° 184].

8. Enregistrement n° 1324 : historiette racontée le 11 octobre 1959, à Sturgeon Falls, Ontario, par Maurice Prud'homme (72 ans), apprise vers 1945. Archives de folklore du Centre franco-ontarien de Sudbury.

9. Enregistrement n° 842 : raconté le 27 juillet à Cap-Chat, Gaspésie, par M. Antoine Landry, âgé de 86 ans; appris, il y a 68 ans, d'un M. Bond (45-50 ans) de Saint-Joachim-de-Tourelle,

Gaspésie. Archives de folklore du Centre franco-ontarien de Sudbury.

10. Enregistrement n° 3389 (durée : 26 minutes) : raconté le 18 novembre 1967, à Timmins, par Oscar Lavallée, âgé de 95 ans, qui l'avait appris de bûcherons, à Timmins, vers 1912. Archives de folklore du Centre franco-ontarien de Sudbury.

11. Germain Lemieux, *op. cit.*, tome 1, 1973, préface de Luc Lacourcière, p. 12.

12. Luc Lacourcière, « La Société historique du Nouvel-Ontario fête le P. Germain Lemieux », dans *Le Voyageur*, mercredi 14 novembre 1979, p. 11.

LE JOURNAL *L'ÉVANGÉLINE* ET L'ÉMERGENCE DE L'INSTITUTION LITTÉRAIRE ACADIENNE

JAMES DE FINNEY
Université de Moncton

DÈS SA FONDATION EN 1887, le journal acadien *L'Évangéline*[1] publie chaque année, sur 208 pages, environ 75 textes littéraires (poèmes, courts récits, etc.) et 40 pages de romans-feuilletons. De plus, il est truffé chaque année de quelque 160 références littéraires, sous forme de citations, de pensées et d'allusions à des auteurs aussi divers que Zola et Caton. Le tout mêlé à des propos sur l'agriculture, la politique, les activités des régions acadiennes, etc. C'est dire que *L'Évangéline*, en plus de jouer le rôle de journal national des Acadiens, participe activement à la vie littéraire, comme bon nombre de journaux de l'époque. Devant l'absence d'infrastructures, le journal est même amené à remplir des fonctions qui, au Québec, sont confiées à diverses institutions[2] : publication et diffusion des textes, régulation de la vie littéraire, etc. À tel point que le journal fait figure de laboratoire et de microcosme de la vie littéraire en Acadie.

Mais paradoxalement, il faudra attendre la disparition du journal en 1981 pour constater l'étendue de ce rôle. Du jour au lendemain, le public sera privé du rituel quotidien des critiques et des nouvelles littéraires, des annonces de lancements et des lettres au rédacteur. On s'apercevra alors que l'institution littéraire a été amputée d'un membre dont on avait mal compris l'impact et le fonctionnement.

C'est d'ailleurs vers cette époque que la littérature acadienne commence à affirmer son autonomie par rapport au système de valeurs que véhiculait le journal depuis près d'un siècle[3]. Il faut donc remonter aux débuts du journal pour en saisir les fondements et en comprendre le fonctionnement en tant qu'institution. Notre but est cependant moins de trancher le débat sur l'autonomisation (comme le suggère d'ailleurs Cambron[4], il s'agit peut-être d'une question mal posée ou d'un débat mal formulé) que de comprendre l'institution à ses débuts, au moment où, comme le suggère Robert au sujet de l'institution littéraire québécoise[5], elle participe à l'élan créateur, avant d'adopter une attitude plus coercitive. D'ailleurs le contexte dans lequel se développe *L'Évangéline* semble devoir favoriser cette thèse plutôt que le point de vue plus critique de Lemire[6]. En effet, la situation de l'Acadie, bien que colonisée comme le Québec, est particulière : elle n'a pas connu 1837 ni le retour de flamme ultramontain qui suivit. Le Québec n'a pas connu le type de renaissance nationale que connaissent les Acadiens à l'époque des Conventions nationales[7]. Et du point de vue littéraire, les Acadiens, ayant vécu collectivement la dispersion et le retour au pays, ont à leur disposition une thématique héroïque sans commune mesure avec les « mœurs et coutumes du peuple canadien » que Lemire envisage comme principale ressource des auteurs canadiens-français d'alors[8].

Comment s'y prendre ? Ce corpus journalistique étant peu connu, nous avons adopté une démarche assez directe et pragmatique qui consiste à laisser parler le journal le plus possible, dans l'espoir de ne rien négliger de ce qui touche le littéraire, au sens que ce mot pouvait avoir dans le contexte de *L'Évangéline* du XIXe siècle. Nous limiterons notre propos à quelques aspects clés, soit le statut du texte, des auteurs et des lecteurs, l'effet du médium journalistique et quelques processus de valorisation qui agissent comme facteurs motivationnels du système.

Le statut du texte

Lorsqu'on interroge *L'Évangéline* sur la production littéraire acadienne de cette époque, on constate d'emblée qu'il n'existe pas d'*œuvres* acadiennes au sens traditionnel du terme. Pour constituer le corpus fort important de *L'Évangéline*, on procède d'abord par l'annexion de textes non acadiens mais ayant un thème acadien, notamment *Évangéline* de Longfellow et *Jacques et Marie* de Napoléon Bourassa, qu'on publiera à diverses reprises dans *L'Évangéline* et dans *Le Moniteur acadien*. La production locale de textes, même courts, étant limitée, on s'adonne systématiquement à la reprise de textes venus de France et du Canada français. Par ce travail constant d'*ajustement*, on adapte le corpus des textes étrangers aux attentes des lecteurs et aux objectifs du journal ; on développe aussi un corpus de référence qui fonctionnera comme horizon normatif pour les auteurs du milieu.

La production proprement acadienne que diffuse le journal comprend des discours et des sermons, mais surtout des poèmes, des contes, de courts récits, écrits tantôt en français tantôt en anglais. Mais à ce corpus de textes identifiés comme tels par les indicateurs paratextuels d'usage (titres, rubriques, commentaires éditoriaux, etc.) il faut ajouter de nombreux fragments narratifs (le récit de la dispersion de 1755 en particulier) qu'on insère dans les textes à caractère historique ou religieux. Sans compter des productions comme les mémoires de François-Lambert Bourneuf (1891-1892), les lettres signées « Marichette »[9] et les mini-récits que contiennent souvent les entrefilets relatant noyades en mer, accidents en forêt et autres incidents dont les procédés narratifs doivent beaucoup aux traditions du roman populaire.

En somme, avec *L'Évangéline*, on est loin de la « parole individualisée » qui fonde, selon Lucie Robert, la notion de texte[10]. Il faut accepter le fait que les limites entre le littéraire et le non littéraire ne sont pas celles d'aujourd'hui :

> La littérature est l'expression par la parole écrite ou parlée du Vrai, du Bien et du Beau dans les idées et les sentiments, et c'est à ce titre que la Philosophie, l'Histoire, le Droit, l'Économie Sociale, l'Esthétique et l'Apologétique chrétienne en font partie. [...] L'avenir de notre Littérature, le salut de nos institutions civiles et religieuses, notre nationalité, tout est là[11].

Cette conception, souvent formulée à l'époque, a pour effet, entre autres, de souligner l'importance de l'intertexte et de la réécriture, tant du point de vue de la production que de la réception.

L'intertexte religieux

Les directives au sujet de cet intertexte, constamment reprises à l'intention des écrivains aussi bien que du public lecteur, sont on ne peut plus explicites :

> Le culte de la littérature n'exclut point l'amour de Dieu. Le poète doit rêver sur le tombeau du Sauveur, gravir le Golgotha, soupirer avec le chantre sacré, pleurer avec Moïse et se réjouir avec les anges. Et sa renommée, même parmi les ennemis de l'Église de Jésus-Christ, n'éclate qu'en autant qu'il est inspiré des livres saints [...] L'écrivain et l'orateur s'écartent bien loin de leur noble destinée quand ils oublient que l'aimant qui seul peut rendre leur larmes invulnérables se trouvent dans les saintes écritures[12].

Les textes religieux, en plus de constituer une réserve de thèmes et de citations, fournissent jusqu'aux modèles d'interprétation, et donc de réécriture, de l'histoire collective :

> « *Surgite postquam sederitis, qui manducatis panem doloris.* » (Ps. 126) « Oui, levez-vous, Acadiens, vous qui êtes écrasés ; vous qui mangez (depuis si longtemps) le pain de la douleur. » Ne semble-t-il pas en effet que cet ordre du psalmiste s'applique spécialement à la nation acadienne ; à cette héroïque race de martyrs ? (23 janvier 1887, p. 2)

L'histoire des Acadiens étant conforme à certains modèles bibliques, et les Acadiens atteignant par là une dimension mythique-religieuse indéniable, le développement et l'expression de cette vision du monde cohérente fait l'objet d'un consensus dont témoignent par ailleurs les discours des *Conventions nationales*[13].

L'omniprésence de ces modèles fait en sorte qu'écrire, c'est d'abord participer au processus sans cesse repris de citation et d'adaptation de textes religieux. Comme en témoigne une série de paraboles rimées (ré)écrites par un auteur qui signe « Acadien » (17 octobre 1888, p. 3 ; 7 novembre 1888, p. 3 ; 13 février 1889, p. 2 ; 3 avril 1889, p. 2 ; 5 juin 1889, p. 2), mais aussi les innombrables poèmes de circonstances, vies de saints et reprises de lieux communs religieux.

L'(inter)texte national

Écrire, c'est aussi répéter, sous des formes diverses, le mythe fondateur de l'Acadie — la dispersion et le retour, la mort et la résurrection, la perte et la reconquête du paradis terrestre. Alors que les Casgrain canadiens-français sont obsédés par le rêve messianique de remplacer un jour la civilisation pragmatique et mercantiliste de l'Amérique du Nord, les Acadiens se tournent plus volontiers vers un passé qui leur permet d'édifier un nouveau moi national héroïque. Un moi dont les bases en seront tout à la fois historiques, religieuses et mythiques. Discours, poèmes, feuilletons, analyses historiques, toute reprise du thème de la déportation contribue au « texte unique », qu'il s'agisse de ce qu'on appelle tantôt le « texte national [14] », tantôt le « récit commun [15] ». Une lectrice s'adresse ainsi à *L'Évangéline*, qu'elle personnifie : « [...] tu nous rappelleras le souvenir des malheurs dont les premières pages de notre histoire racontent le néfaste récit » (30 novembre 1887, p. 2). L'histoire nationale, comme les traditions religieuses, est un vaste réservoir de récits qu'il s'agit simplement de transcrire et de redire. Les variantes du récit de la dispersion et du retour au pays sont d'ailleurs innombrables : la plus connue, celle de Longfellow (qu'on donne en vers et en prose, qu'on cite à tout propos), une version louisianaise (14 janvier 1892, p. 2), une version française (7 mars 1888, p. 3); on la raconte même en anglais, à l'intention des lecteurs anglophones du journal (8 août 1895, p. 1). Et dans cette démarche, on confond bien entendu modèles narratifs et modèles historiques, de sorte que le sujet l'emporte sur les questions d'ordre formel ou générique.

Les textes à caractère religieux, les « Pensées » et les petits entrefilets moralisateurs qui parsèment le journal sont souvent choisis pour faire écho, de façon concise et pragmatique, à ces modèles historiques et littéraires : on y privilégie donc les références à la souffrance, au martyre et à la persévérance dans l'adversité. Les « échos » religieux servent à donner au texte national une coloration sacrée alors que les petits récits moralisateurs ancrent ces grandes leçons dans un quotidien concret et émotif.

Le mode de diffusion

Si on parcourt *L'Évangéline* en tenant compte de son rythme de production hebdomadaire et du mode de lecture qu'il impose, on comprend à quel point le médium journalistique, par la fragmentation et la répétition des textes, a pu favoriser le développement de la vision du monde dont on vient de donner un aperçu. Les nombreux textes de circonstance sont les plus caractéristiques à cet égard puisqu'ils manifestent une intention certaine d'insertion du littéraire dans le quotidien : « Dans ce saint temps [fin du carême] que l'Église nous rappelle chaque année par ses cérémonies, par ses ornements et par ses chants on ne peut plus touchants, les lecteurs de *L'Évangéline* verraient avec plaisir quelques entretiens familiers qui auraient rapport à ce temps de pénitence » (6 mars 1890, p. 2). Écriture et lecture suivent ainsi le rythme des fêtes et des cycles religieux, participant ainsi étroitement au travail d'ordonnancement de la vie par l'Église. Et la rubrique des « Pensées » compose, semaine après semaine, un mélange attendu de sagesse populaire, de citations d'auteurs reconnus et autorisés, de conseils moraux ponctuels, etc., le tout coulé dans une forme brève et rassurante qui en accentue la fonction pédagogique et moralisatrice.

Mais au-delà de ce mode de fonctionnement par lequel le journal mime, reproduit et renforce un mode de vie ponctué de prières, de célébrations rituelles et de fréquents rappels à l'ordre, le rythme hebdomadaire du journal favorise aussi la présence constante, et par là la vitalité, des mythes fondamentaux. Certains feuilletons, notamment *Évangéline* (diffusé du 23 novembre 1887 au 4 janvier 1888) et *Jacques et Marie* (diffusé du 19 septembre 1888 au 17 avril 1889), ainsi que les variantes du récit de la déportation qu'on glisse dans les discours, les éditoriaux et les textes historiques, participent aussi à ce processus. La technique du feuilleton permet de fragmenter et d'étaler dans le temps le « texte national » et, suspense narratif à l'appui, de le garder en permanence devant les yeux et dans la mémoire des lecteurs.

Texte et métatexte

La forme du journal permet aussi de poursuivre ce travail en limitant l'autonomie des textes par l'adjonction de métatextes explicatifs, normatifs et interprétatifs. Comme le soulignent Bourdieu et Chartier, le journal doit, pour réaliser son objectif de façon efficace, ajouter aux textes qu'il diffuse le code qui permettra de les reconnaître en tant que textes et d'en tirer ce qu'il convient d'en tirer. « […] le propre des productions culturelles, est qu'il faut produire la croyance dans la valeur du produit, et que cette production de la croyance, un producteur ne peut jamais, par définition, en venir à bout tout seul ; il faut que tous les producteurs y collaborent... [16] » Ainsi l'auteur anonyme qui signe « Acadien » fait-il souvent précéder ses paraboles de commentaires sur l'actualité, lesquels servent de point de départ et d'ancrage pragmatique à ses textes (17 octobre 1888, p. 3 ; 7 novembre 1888, p. 3 ; 13 février 1889, p. 2 ; 3 avril 1889, p. 2 ; 5 juin 1889, p. 2). Et cette association du texte et du métatexte est parfois inscrite dans la structure même du récit : dans « Le proscrit acadien et l'ange d'espérance » (19 novembre 1896, p. 2), la première partie (le proscrit) est d'ordre historique et explicatif, la deuxième (l'ange), métaphorique et symbolique.

On prend toujours la précaution de signaler au public dans quel esprit les feuilletons, trop souvent suspects, sont publiés et doivent être lus. La direction du journal ira même jusqu'à s'autocensurer en cessant la publication des *Intrigues de Sabine* : comme ce roman « prêch[e] contre la morale, surtout dans la partie du livre qui n'a pas été publiée dans *L'Évangéline*, nous avons coupé court avec cette histoire. Pardon à nos lecteurs de l'avoir commencée ». On s'empresse de le remplacer par *Les Étapes d'une conversion*, un roman de Paul Féval qui offre « ... une garantie de la moralité de la littérature que nous publions » (27 novembre 1890, p. 3).

Ce travail auprès des lecteurs trouve son prolongement naturel dans les nombreux conseils d'ordre pédagogique, le système scolaire étant un allié naturel auquel le journal doit faire appel pour remplir ce qu'en esthétique de la réception on appelle la fonction de communication sociale. Ainsi donne-t-on le mode d'emploi pédagogique des récits héroïques qui abondent dans *L'Évangéline* : « Des narrations, des récits de traits de patriotisme, de générosité, d'héroïsme, exposés d'une manière intelligible pour les enfants, sont d'autres éléments propres à animer l'enseignement et à le rendre plus fructueux pour notre but » (22 février 1889, p. 1).

Désautonomisation

Alors qu'on assiste au Canada français à l'autonomisation progressive, bien que chaotique, du champ littéraire, *L'Évangéline* semble s'efforcer d'empêcher qu'un tel champ se constitue. Au nom du bien national. Ce principe général, dont le trio langue-religion-patrie est le fondement, permet d'inclure dans le champ des textes valorisés (on n'ose pas parler de champ littéraire) des productions qui ne manquent pas d'étonner les lecteurs modernes.

La langue, premier critère, est perçue comme le fruit et l'expression du génie de la race ; une création collective en quelque sorte. On imagine par ailleurs sans peine le tour de force que représente le maniement adroit de la langue écrite et le prestige de l'écrit à cette époque : « celui qui a le courage de devenir « auteur » est regardé avec raison comme un homme extraordinaire, tellement ils sont rares, en Acadie, ceux qui se donnent la peine d'écrire quelque chose, ne fut-ce qu'un simple article de journal, pour aider à la cause commune » (11 octobre 1911, p. 4). Tout texte écrit avec soin et susceptible de contribuer, même indirectement, à l'effort collectif, est valorisé. En somme le critère linguistique permet de reconnaître comme texte presque tout ce qui s'écrit en français ; ce qui autorise le rédacteur de *L'Évangéline* à voir dans un numéro spécial du *Pionnier de Sherbrooke* « la plus luxuriante floraison du génie de la langue française que nous ayons encore vue au Canada. On y trouve de tout : religion, philosophie, science, littérature, agriculture, etc. » (30 octobre 1890, p. 2)

La langue, cependant, fonctionne avant tout comme une sorte de condition-seuil de consécration. La priorité est accordée aux textes qui véhiculent des idées, comme ceux des « Routhier, [d]es Chauveau, [d]es Fréchette et [d']une foule d'autres *écrivains-philosophes* canadiens [qui] sont avantageusement connus en France où brillent les intelligences supérieures » (11 juillet 1888, p. 2). Suivant cette échelle de valeurs, la forme poétique a surtout pour fonction d'appuyer et de mettre en valeur le contenu : « On a publié récemment un volume de vers de Léon XIII, c'est un recueil de pensées toujours nobles, sur lesquelles la Poésie a jeté un manteau de pourpre et d'or »

(15 février 1888, p. 3). Et bien entendu, comme la tâche de l'historien et celle de l'écrivain se recoupent au point de se superposer souvent, Charles Gauvreau peut se permettre de faire le double éloge de « ces piocheurs fidèles qui se donnent la peine pour donner à notre histoire comme à notre littérature, une place marquante qui nous fasse honneur » (6 juin 1890, p. 3).

Mais le critère qui fonde le plus explicitement le travail de valorisation, d'inclusion et d'exclusion entrepris par *L'Évangéline* est d'ordre moral. Ce sont d'abord les notions de bien et de mal qui servent à peupler le panthéon des auteurs autorisés et l'enfer de ceux qui en sont exclus :

> Les Voltaire, les Rousseau, leurs imitateurs, les Mirabeau, les Robespierre et ceux qui ont tenté de les copier dans leurs gestes et leurs discours ne seront jamais que des scélérats qui ont été éloquents ; les Bossuet, les Massillon, les Lacordaire, les Dupanloup, les Donoso Cortez, les Veuillot passeront avec les siècles parce que leurs œuvres parlent du Dieu qu'ils ont aimé, malgré que l'homme et ses défauts se révèlent chez chacun d'eux. (3 avril 1889, p. 2)

On ne se prive pas de fustiger régulièrement les « romans du jour […] reposant sur ce crime monstrueux qui porte le nom d'adultère, — crime qui salit l'amour, détruit l'honneur et fait de la famille une atroce hypocrisie… » (14 janvier 1892, p. 2) Ni d'avoir recours à l'argument d'autorité — on cite souvent Veuillot et l'Union catholique de Montréal — pour critiquer les auteurs qui errent (12 septembre 1888, p. 4). Les plus récalcitrants, Zola en tête, ne méritent que dédain et sarcasme : « On annonce que M. Émile Zola travaille à un nouveau roman intitulé *Un rêve* et que ce sera un roman chaste. Un rêve, en effet ! » (21 mars 1888, p. 4) Ces attaques s'accompagnent enfin de concepts et d'arguments structurés qui donnent au critère moral une autorité accrue :

> on appelle immoralité non seulement les actes immoraux, mais toute description inutile de choses ou de mœurs scandaleuses, ou, s'il faut en parler, toute peinture trop détaillée et aussi toute description de scènes de vengeance, de meurtre, de pillage même, etc., faite avec trop de complaisance ou avec esprit de légèreté, comme aussi avec les mots imprudents ou équivoques, les expressions railleuses, les phrases, les tirades gouailleuses sur la vertu, l'honneur ou la probité. (1er mai 1890, p. 1)

En somme, en matière de moralité, on agit ici comme partout ailleurs au Canada français, même si l'Acadie ne tombe pas dans les excès de la censure ultramontaine canadienne-française (entendons « québécoise ») d'après 1837.

Hiérarchie

Un champ qui inclut des textes aussi variés paraît vaste et imprécis en regard des conceptions modernes du littéraire et du non-littéraire. Mais de même que les critères permettent aux récepteurs de déterminer sans peine les limites du champ, ils dictent aussi une stricte et évidente hiérarchie des œuvres et des genres. Joseph Cullen, en fixant le programme des auteurs acadiens, réserve les thèmes lyriques à la jeunesse afin de mieux mettre en évidence le devoir des auteurs parvenus à leur maturité : « Élevez vos cœurs bien aimés jeunes gens ; chantez maintenant que vous êtes libres, chantez le printemps et les amours ; plus tard, lorsque vos ailes auront acquis leur dimension virile, vous chanterez nos exploits, nos vertus et notre gloire » (3 avril 1889, p. 2). Et à l'intérieur de chaque genre, la hiérarchie est déterminée par les mêmes critères qui président à l'évaluation des œuvres : « *L'Honnête Femme* de Louis Veuillot vaut assurément mieux que *Madame Bovary* de Gustave Flaubert et *La Dame aux camélias* d'Alexandre Dumas... » (6 juin 1888, p. 2)

Auteur, lecteurs et lecture

Rouage principal de l'institution littéraire à cette époque, le journal se doit de fixer et de faire connaître les règles du jeu de la communication. Tout comme elle contribue à délimiter le champ, *L'Évangéline* détermine les rôles des principaux acteurs de la vie littéraire : auteurs et lecteurs. Il en va de la stabilité et de la cohérence du système.

Dans la logique nationaliste qui prévaut alors, *L'Évangéline* met de l'avant une image de l'auteur en tant que représentant et prolongement de la collectivité : « Tous les grands pays de l'univers ont leurs chantres particuliers, leurs troubadours et leurs trouvères, leurs poètes et leurs bardes. [...] Ici, où les roses commencent à germer sur les cendres de nos preux ancêtres, [...] les jeunes rossignols de la nation commencent aussi à chanter » (3 avril 1889, p. 2).

L'individualisme romantique et le lyrisme expressif sont, comme la jeunesse, des accidents de parcours qu'il faut surmonter au nom de la responsabilité sociale et du bien supérieur de la nation. D'ailleurs l'utilisation du possessif dans la citation de Cullen n'est pas l'effet du hasard. Issu du sujet collectif, l'écrivain a pour tâche de transcrire et de glorifier cette histoire nationale qu'on présente souvent comme un livre ouvert. Un livre dont, à la limite, le peuple est à la fois l'auteur, le sujet et le récepteur. L'individu qui écrit est un intermédiaire, un porte-parole.

En face de cet auteur, le journal trace le portrait de lecteurs tout aussi « collectivisés » et prêts à s'insérer harmonieusement dans le procès de communication que commandent les circonstances. Comme leurs auteurs, ces lecteurs se fondent dans le grand tout social qui porte le nom de race, de nation, de peuple ou de grande famille. « [...] la mélancolie native qui resplendira dans les œuvres de nos poètes les rendra plus chères à notre peuple né au milieu des combats et des larmes » (3 avril 1889, p. 2).

Si on cherche à nuancer ce portrait du lecteur collectif, on s'aperçoit qu'il est impossible de le fractionner au-delà de l'unité minimale qu'est la famille, moyen terme logique entre l'individu, en voie de s'intégrer au groupe, et le collectif.

La famille est l'École divinement appointée, instituée par la Providence dans l'intention de préparer ses candidats pour le chemin de l'Éternité. [...] Le devoir de l'instruction demande que les parents [...] devraient faire tout en leur pouvoir pour procurer [à leurs enfants] une lecture satisfaisante. Les entretenir à lire de bons livres catholiques, intéressants et qui pourraient les instruire en même temps. Chaque famille devrait avoir à tout le moins un papier catholique [...] (24 décembre 1896, p. 1)

C'est pourquoi l'achat de livres est presque toujours lié d'une part à l'idée d'obligation morale et sociale, d'autre part aux notions complémentaires d'éducation et de responsabilité parentale : « [...] nous commençons aujourd'hui la publication d'excellents articles [*Pensées sur l'Eucharistie*] qui seront plus tard publiés en un volume que toutes les familles catholiques seront fières de posséder » (6 février 1889, p. 3).

La réaction esthétique-pragmatique

Mais la contrainte morale et le sens des responsabilités parentales, on s'en doute, ne sont guère de taille pour susciter l'adhésion du public lecteur et encore moins le plaisir esthétique indispensable à cette adhésion. Quel mode de réception l'institution devra-t-elle favoriser ? Sans doute une combinaison de facteurs correspondant au vécu collectif, aux traditions romantiques et à la sensibilité religieuse du milieu. Ce mode de lecture se résume en quelques mots : larmes, fidélité, identité : « Nous le savons, tous nos lecteurs d'origine acadienne liront ces pages mouillées de larmes sublimes [*Jacques et Marie*, de Napoléon Bourassa] ; et quand ils les auront comprises, ils ne pourront faire que de se cramponner davantage aux chers et poétiques débris de leur nationalité. » (19 septembre 1888, p. 2) Cette annonce du feuilleton à paraître, dont la concision souligne son allure de certitude absolue, met en évidence le lien direct qu'on établissait alors entre une esthétique romantique fondée sur l'engagement émotif du lecteur, le caractère sublime des textes et, d'autre part, sa fonction pragmatique et idéologique, soit la consolidation de l'identité nationale.

Récit commun et compétence narrative

La forme du journal tend à développer chez les lecteurs une compétence adaptée à la notion de récit commun. Les critères linguistiques, moraux et nationalistes s'appliquant à tout, le lecteur apprend rapidement à les appliquer à l'interprétation de tout discours. De plus le journal, en proposant une sorte de puzzle de propos apparemment hétéroclites (agriculture, hygiène, religion, économie, colonisation, etc.), incite à établir les liens entre eux et, le canevas mythique servant de base à toute lecture de la réalité, à reconstituer le « récit commun » ou le « texte national ». Ce travail de recomposition est d'ailleurs facilité à tout moment par la rhétorique commune, par l'orientation idéologique qui informe toutes les rubriques et les textes repris d'autres périodiques et livres. Les rubriques se font écho, se complètent et concourent au renforcement des grandes idées de la collectivité : les grandes valeurs et les variantes du schéma narratif national se retrouvent aussi bien dans les romans-feuilletons que dans la rubrique agricole (les vertus du colonisateur héroïque), les propos sur la famille (en particulier le rôle de la mère et de la jeune fille), les dangers de l'émigration (écho du grand dérangement), etc. En somme le journal fournit au lecteur les données, le canevas narratif et les règles de composition du récit commun. Il contribue ainsi à faire de chaque Acadien un lecteur actif et « compétent ».

Valorisation des auteurs

Cette forme de communication, pour fonctionner efficacement, suppose un consensus et l'adhésion des divers intervenants. L'effort que déploie le journal pour créer des attentes et proposer des modes de lecture doit donc s'accompagner d'un travail analogue auprès des auteurs. En même temps qu'on intègre l'auteur au collectif créateur (les textes anonymes et les pseudonymes nationalistes abondent), on procède, paradoxalement, à un rituel de valorisation qui repose sur la singularisation : le nom de l'auteur est souvent accompagné du qualificatif « patriote », « grand Acadien », etc. Ce paradoxe est d'ailleurs typique et du statut de l'auteur (à la fois singulier et représentatif du pluriel) et de l'émotion qu'on cherche à susciter chez le récepteur : une adhésion individuelle, certes, mais qui doit s'harmoniser à l'émotion collective. C'est enfin le paradoxe d'un discours institutionnel circulaire qui s'adresse à la fois aux auteurs, pour les motiver et les encourager, et aux lecteurs qu'on doit convaincre de la valeur de ces auteurs.

Le degré zéro de ces procédés de valorisation est la « défense et illustration » simple et sans détour des textes et des auteurs : les félicitations enthousiastes se le disputent aux témoignages de la dette collective à l'endroit des auteurs, comme dans ce compte rendu de *Chez les anciens Acadiens* : « L'Acadie est donc reconnaissante au Révérend Père Bourque pour le magnifique volume qu'il vient de lui consacrer » (11 octobre 1911, p. 4). Mais, institution oblige, on a recours tout aussi souvent à un procédé de valorisation « par association », plus prestigieux et plus conforme à la logique du système : Cullen établit ainsi un parallèle significatif entre la France, le Canada français et l'Acadie :

> La France se glorifie de ses Corneille, de ses Racine et, dans ce dernier siècle, de ses Lamartine et de ses Victor Hugo ; Le Canada est justement fier de ses Fréchette, de ses Lemay et de ses Gingras. [...] Ici, où les roses commencent à germer sur les cendres de nos preux ancêtres [...] Un poète déjà fort a chanté les larmes de la Mère du Christ, un autre a crayonné notre hymne national, et depuis peu un « Acadien » nous présente sous la forme de la poésie les belles paroles des Saintes Écritures. (17 avril 1889, p. 2)

On cite le *Canada*, journal d'Ottawa, qui rapproche Pascal Poirier de Musset à partir d'une conférence donnée devant l'Institut canadien et « l'élite de la société canadienne-française de la capitale » : « L'Honorable sénateur Poirier a étudié Musset dans la grande manière et a peint l'homme de façon à prouver qu'il y a une bien grande intimité entre eux deux » ; et, comme pour souligner la pertinence du rapprochement, on va même jusqu'à affirmer que « l'accent acadien quand il est soigné se rapproche beaucoup de l'accent parisien » (13 mars 1890, p. 2).

Cette dernière citation donne par ailleurs une indication de l'importance que le journal accorde à la reconnaissance externe, procédé qui normalement n'a rien que de très banal, mais que *L'Évangéline* se complaît à transformer par un jeu complexe de clins d'œil et de citations. Dans un exemple particulièrement complexe, *L'Évangéline* reprend les propos d'un journal de Montréal qui cite à son tour un journal français qui, lui, fait état des louanges prodiguées par l'Académie française à l'endroit d'H. R. Casgrain pour son ouvrage *Pèlerinage au pays d'Évangéline*, ouvrage d'un non-Acadien qui reprend et développe le mythe d'Évangéline et l'hymne à la gloire du peuple acadien (12 décembre 1888, p. 2) !

Conclusion

Quel intérêt y a-t-il, somme toute, à examiner *L'Évangéline* en tant que rouage de l'institution littéraire naissante en Acadie ? On peut croire qu'on y trouve sensiblement les mêmes procédés mis au service d'une idéologie et d'une esthétique qu'on retrouve ailleurs au Canada français ? L'annexion des œuvres et des auteurs utiles à la cause nationale, la fonction conative et annonciatrice de la critique, les normes morales, l'insistance sur la dimension pragmatique de l'esthétique, etc., tout cela vient confirmer la thèse bien connue de Marcotte selon laquelle, au Canada français, l'institution précède la littérature [17], ainsi que celle de Wadell sur les valeurs communes de la « grande famille » canadienne-française [18].

Mais contrairement à ce que laisse supposer Wadell, l'Acadie, en même temps qu'elle ressent cet esprit de famille canadien-français, sent tout aussi fortement sa singularité, singularité qui repose sur son passé quasi mythique. De sorte qu'une des fonctions principales de *L'Évangéline* en tant que rouage de l'institution littéraire sera de promouvoir et de diffuser ce mythe, d'en faire la base du grand récit commun : « [...] la nation acadienne deviendra toujours de plus en plus distincte parmi les races hétérogènes qui se partagent le beau pays du Canada » (11 janvier 1888, p. 2). Et au cours des années 1960, alors qu'au Québec on parlera de Révolution tranquille, l'Acadie entamera une deuxième « renaissance nationale », poursuivant et corrigeant celle des années 1880. L'alternative qu'esquisse Lemire entre la soumission à l'idéologie ultramontaine et l'autonomie de la littérature [19] doit être nuancée : malgré ce que ces mythes peuvent avoir de conservateur, ils n'en constituent pas moins une tentative sérieuse d'inscription du littéraire et de l'esthétique dans le non-littéraire. Et au lieu de s'affirmer comme le fait la littérature québécoise d'après 1837 en rejetant les modèles français [20], *L'Évangéline* affiche une forme modérée de messianisme et affirme volontiers son attachement à la France, procédant, comme dans le cas des auteurs étrangers amis, par annexion, assimilation et synthèse. En termes de pratiques identitaires, on dira que *L'Évangéline* contribue à renforcer à la fois l'identité subjective des Acadiens (par l'élaboration-diffusion des mythes fondateurs) et leur identité différentielle (par la délimitation de frontières souples avec les autres membres de la famille francophone).

Par ailleurs, le système de gestion du processus de communication « littéraire » mis en place par *L'Évangéline*, nonobstant son recours à la censure et aux stéréotypes, fascine par sa cohérence et sa circularité. Chaque composante, depuis la délimitation du champ jusqu'au système de diffusion en passant par l'élaboration d'une rhétorique critique, tout se conforme à une logique rigoureuse. Et cela aussi, il faut le reconnaître, est caractéristique d'une littérature qui tente d'émerger dans un milieu comme celui-ci et qui, de surcroît, doit constamment resserrer les rangs autour de valeurs et de mythes stables pour assurer sa cohésion et sa survie.

NOTES

1. Créé en 1887 par Valentin Landry, le journal *L'Évangéline* est publié d'abord à Weymouth, N.-É., puis à Moncton à partir de 1905. D'abord hebdomadaire, le journal devient quotidien en 1949. Il cesse de paraître en 1981.

2. Lucie Robert, *L'Institution du littéraire au Québec*, Québec, Presses de l'Université Laval, 1989, p. 55 à 76.

3. James de Finney, « La réception du *Huitième Jour* : aspects mythiques et ludiques », dans *La Réception de l'œuvre d'Antonine Maillet. Actes du colloque international organisé par la Chaire d'études acadiennes*, 13-15 octobre 1989, Moncton, Chaire d'études acadiennes, 1989, p. 263.

4. Micheline Cambron, *Une société, un récit. Discours culturel au Québec (1967-1976)*, Montréal, Hexagone, 1989, p. 36.

5. Lucie Robert, *op. cit.*, p. 22.

6. Maurice Lemire, « L'autonomisation de la « littérature nationale » au XIXᵉ siècle », *Études littéraires*, vol. 20, nᵒ 1, printemps-été 1987.

7. Fernand Robidoux, *Conventions nationales des Acadiens*, Shédiac, Imprimerie du Moniteur Acadien, 1907.

8. Maurice Lemire, *op. cit.*, p. 90.

9. Pierre Gérin et Pierre M. Gérin, *Marichette : Lettres acadiennes, 1895-1898*, Sherbrooke, Naaman, 1982.

10. Lucie Robert, *op. cit.*, p. 36.

11. Napoléon Bourassa, « Prospectus », *Revue canadienne*, t. 1, Montréal, E. Sénécal, 1864, p. 4.

12. Extrait de *L'Évangéline*, du 17 avril 1889, p. 2. Désormais, toutes les références à ce journal seront incluses directement dans le texte en spécifiant seulement la date.

13. Fernand Robidoux, *op. cit.*

14. Lucie Robert, *op. cit.*, p. 36 ; Réjean Beaudoin, *Naissance d'une littérature : Essai sur le messianisme et les débuts de la littérature canadienne-française*, Montréal, Boréal, 1989, p. 59 à 80.

15. « [...] le discours social d'une période peut presque toujours être ramené à une sorte de « récit minimal » [...] Ce récit minimal est en quelque sorte l'anecdote hégémonique du discours culturel, et sa fonction de manifestation de certains paradigmes du discours culturel (l'anecdote propose une configuration figée) fait qu'il peut apparaître comme donnant directement accès, bien que sur un mode fictif, à l'épis-

témè d'une société [...] » (Micheline Cambron, *op. cit.*, p. 40)

16. Pierre Bourdieu et Roger Chartier, « La lecture : une pratique culturelle », dans *Pratique de la lecture*, sous la direction de Roger Chartier, Paris-Marseille, Rivages, 1985, p. 226.

17. Gilles Marcotte, « Institution et courants d'air », *Liberté*, 134, mars-avril 1981, p. 6.

18. Eric Wadell, « La grande famille canadienne-française : divorce et réconciliation », dans *Les Autres Littératures d'expression française en Amérique du Nord*, Ottawa, Éditions de l'Université d'Ottawa, 1987.

19. « Un tel programme a pour effet de subordonner le littéraire au non-littéraire [...] La dévalorisation systématique de la forme au profit du contenu évacue la littérature comme fondement de la valeur esthétique ». (Maurice Lemire, *op. cit.*, p. 95)

20. *Ibid.*, p. 94.

LITTÉRATURE DE L'EMPREMIER [1]

JEAN CLÉO GODIN
Université de Montréal

Entre la fondation d'un nouveau monde et la création du monde (et donc le Paradis perdu et retrouvé), le lien semble se faire tout naturellement, comme si la référence implicite au « vieux » monde suggérait que la Création est une symphonie inachevée en sept jours, à laquelle il manque le huitième. C'est ainsi que Madeleine Ouellette-Michalska sous-titrait *Le Huitième Jour d'Amérique* son roman *La Maison Trestler* [2], récit centré sur une maison qui symbolise l'établissement du Canada français tout à côté du « Big Brother » américain. Et le 30 avril 1986 (« à midi », précise-t-elle), Antonine Maillet écrivait la dernière phrase de son roman *Le Huitième Jour* [3].

Mais est-ce un roman? Stéphane Lépine lui accolait l'étiquette de « fantaisie héroïque » et renvoyait à Rabelais, pour reprocher à l'auteure de n'avoir retenu du récit rabelaisien que « la vision la plus stéréotypée [4] ». Le reproche serait fondé si le rapprochement l'était. Or, *Le Huitième Jour* est certes la moins rabelaisienne des œuvres de Maillet. C'est plutôt à Swift qu'il conviendrait de penser, c'est-à-dire à un monde où les Lilliputiens peuvent se transformer en géants, au gré des perspectives ou de l'invention romanesque. Cet univers jouxte le mythe sans être véritablement mythique : comme dans les contes de la tradition orale, la vie simple et ordinaire se mêle au merveilleux, en suivant des séquences codées et utilisant des valeurs symboliques fondamentales et universelles. Ce genre illustré par Voltaire a ses lettres de noblesse et se nomme *conte philosophique* : c'est bien à cette tradition que se rattache *Le Huitième Jour*.

Cette mise en situation nous permet de voir les liens étroits entre cette dernière œuvre et celles qui l'ont précédée. Liens que la publicité orchestrée par l'éditeur semblait vouloir occulter; après l'énorme succès sur scène de *La Sagouine* et l'attribution du Goncourt à *Pélagie-la-Charrette*, on voulait sans doute suggérer qu'avec ce récit l'auteure prenait un nouveau départ, dans de nouvelles directions. Bien sûr, c'est un peu vrai dans la mesure où l'on trouve ici moins de références explicites à l'histoire acadienne : les personnages de ce récit montrent moins, pour reprendre l'expression que Ferron appliquait aux *Crasseux*, leur « nombril acadien [5] »… Mais ces différences ne doivent pas nous empêcher de voir que *Le Huitième Jour* reprend les mêmes thématiques et les mêmes structures de récit que les œuvres précédentes. À commencer par la pratique du *conte philosophique*, genre que Maillet, selon Jeanne Demers, maîtrisait parfaitement dans *Don L'Orignal* [6]. Or, il suffit d'un bref regard à la table des matières de ces deux œuvres (car on en trouve une, ce qui est déjà une caractéristique de ce genre littéraire) pour découvrir des parentés. L'une et l'autre reprennent des formulations qui pourraient rappeler celles du *Candide* de Voltaire : « De l'étrange naissance d'une petite île appelée à un grand destin » (*D.O.*) ; « Comment deux héros sont sortis du bois et du pétrin » (*H.J.*). Par ailleurs, tout part dans les deux récits d'une naissance et conduit à des actions d'éclat qui constituent une sorte de *geste* épique à la gloire des héros. Dans les deux cas également, le ton est celui d'un humour « pince-sans-rire », comme pour suggérer que, après tout, ce n'est qu'une histoire inventée : cet humour établit ici une distance critique qui est le signe d'un écart culturel et fait appel à la complicité du lecteur — « hypocrite lecteur, mon semblable, mon frère », disait Baudelaire.

Ces contes philosophiques pourraient, si on les réunissait, être lus comme un seul *roman des origines*[7] remontant toujours plus haut jusqu'aux racines d'un auteur, d'une famille, d'un pays. Cette plongée s'exprime d'abord, on le sait, par le thème obsédant de l'*empremier*, lequel sert véritablement de métaphore structurante. Parfois la perspective historique est datée et le récit se présente comme une chronique : celle de *Cent ans dans les bois* ou de *Pélagie-la-Charrette* par exemple, où la diégèse s'enracine dans l'histoire, recoupant des événements aussi indiscutables que la Déclaration de l'indépendance américaine (1776) et la Convention nationale de Memramcook (1881). Ailleurs, la fiction s'inscrit dans un pays plutôt que dans une géographie, dans une genèse plutôt que dans l'histoire. Ainsi Don L'Orignal, qui pourrait être un contemporain aussi bien qu'un « Père fondateur », règne sur une île qui a jailli d'un ruisseau où, dans la « vraie vie », on ne trouverait que des puces et du foin vert. *Le Huitième Jour* est construit sur ces mêmes fondations, dans un pays sans nom mais situé sur le même ruisseau. Et, cette fois, l'auteure remonte jusqu'à Adam et Ève et à la création du monde : rien de moins !

Dès le début du récit, pourtant, certains détails ne manquent pas de surprendre. Nous avons bien un premier couple, mais il n'est identifié que par des noms génériques : « maître Bonhomme » et « Bonne-Femme ». En d'autres termes, *un* homme et *une* femme qui pourraient être Adam et Ève dans quelque paradis perdu mais qui ne servent, en fait, qu'à mettre au monde des rejetons qui doivent, eux, être considérés comme le nouvel Adam et la nouvelle Ève. Encore est-ce une manière de parler, car Antonine Maillet a inventé un mode de procréation plus étrange que celui de la Genèse, laquelle fait naître Ève d'une côte d'Adam. Dans ce récit, Bonne-Femme prépare une boule de pâte à pain, la met au four et l'oublie : et voici Gros-comme-le-poing qui déboule tête première, se déplie les jambes et part à la conquête du monde. Entre-temps, maître Bonhomme, qui a toujours voulu un fils, en sculpte un dans un chêne : ainsi naît un « horrible petit géant[8] » nommé Jean de l'ours. D'autres créatures les rejoindront, mais Jean de l'ours et Gros-comme-le-poing dominent cet univers, où ils constituent visiblement le couple fondateur.

Quel couple étrange, cependant, puisque l'un n'est identifié comme garçon que par son nom et l'autre demeure indifférencié, asexué. Seule leur origine respective peut suggérer la complémentarité des sexes, puisqu'il n'est pas besoin d'être grand psychanalyste pour comprendre que le four est un sein maternel, alors que l'arbre (et, entre tous, le chêne, *robur* des Anciens) est un évident symbole phallique. Il reste que, une fois animés, les deux personnages apparaissent bien comme deux êtres sexuellement interchangeables. Sans doute n'y a-t-il pas lieu de s'en étonner outre mesure, puisque cette fable raconte la création du monde : pourquoi l'enfance de l'humanité serait-elle moins indifférenciée que celle des humains ?

La lecture d'*On a mangé la dune* nous suggère pourtant une autre explication. Ce petit récit publié en 1962 raconte l'histoire de deux enfants de huit ans (notons en passant le chiffre 8), Radi et Christin ; ils s'inventent des jeux sur un petit ruisseau et se transforment ainsi en pirates et en découvreurs. Or, voici le premier dialogue entre les deux enfants. Christin, le garçon : « Veux-tu, tu seras ma femme ? » À quoi Radi répond : « Non, je veux faire l'homme[9] ». *Faire l'homme* : parce que le monde héroïque est masculin, la petite Radi exige de jouer ce rôle. Mais nous devons aussi noter que la plupart des héroïnes de Maillet, après la jeune Radi, assument ce même rôle : qu'on se rappelle Évangéline Deusse faisant la loi face à ses admirateurs, ou ce « j'ai dit à Gapi » que répète la Sagouine et qui montre bien que c'est elle qui mène, sans oublier, d'abord et avant toutes, la grande Pélagie qui est bien aussi forte qu'une douzaine d'hommes !

Remonter de ces personnages jusqu'à leur créatrice peut sembler trop facile, voire simpliste. C'est pourtant Antonine Maillet elle-même qui nous conduit sur cette piste (ou plutôt, sur ce ruisseau), en encadrant le *conte philosophique* du *Huitième Jour* par un prologue et un épilogue où elle se met personnellement en scène. Discours clairement autodiégétique dont je retiens deux passages particulièrement significatifs. L'auteure nous parle d'abord du « ruisseau du Docteur Landry, enchâssé dans le plus joli sous-bois que la terre a fait naître *à l'aube des temps primordiaux* » (p. 12)[10]. De toute évidence, ce ruisseau dans lequel l'enfant Tonine a joué est celui-là même où jouent Radi et Christin, dans *On a mangé la dune* : il est donc permis d'appliquer à Maillet la détermination de Radi de « faire l'homme ». Mais en quel sens faut-il l'entendre ? Le second passage nous l'explique : « C'est à cette époque que j'ai appris, *roulée en boule sous le pupitre de famille*, que je descendais en ligne directe d'Adam et Ève » (p. 9)[11]. Cette fois-ci, la jeune Tonine rappelle Gros-comme-le-poing[12] né d'une boule de pâte à pain tombée du fourneau. On peut en conclure que « faire l'homme » doit être compris comme une métaphore de la création, c'est-à-dire de l'*écriture* : créer, c'est raconter une histoire, « comme tous les poètes, inventeurs, explorateurs et conteurs d'histoire ». Le symbole de cette gestation, ici, n'est pas un fourneau, mais le pupitre, berceau de la créatrice et de son écriture.

De ce ruisseau de son enfance, Maillet précise qu'il « doit venir d'une source. Sans quoi il serait mort d'inanition » (p. 13). *Le Huitième Jour* se présente justement comme la remontée vers cette source : donc, comme un véritable *roman des origines*. *Pélagie-la-Charrette* et *Cent ans dans les bois* remontaient aux origines de l'histoire acadienne ; ce récit remonte plus haut, jusqu'aux sources de l'inspiration. Aussi n'est-il pas étonnant d'y trouver des échos des créations antérieures, « l'enragée Margot » (p. 177) évoquant *La Veuve enragée*, le roi Pétaud (p. 208) et le concours de menteries (p. 210) rappelant *Les Crasseux* et *Don L'Orignal*. Quand Gros-comme-le-poing décide de jouer un tour à la Charrette (p. 258), le lecteur pense à Pélagie ; lorsque Jean de l'ours déclare qu'il y a « quelque chose de pourri dans ces îles » (p. 189), c'est évidemment aux *Crasseux* plutôt qu'à Shakespeare qu'il faut penser. Loin de constituer un nouveau départ dans de nouvelles directions de l'imaginaire, *Le Huitième Jour* se présente, dans tous les sens du terme, comme un retour aux sources.

Retourner aux sources de la création, c'est aussi recourir et retourner à celles du langage et l'on pourrait facilement démontrer, à la façon dont Maillet jongle avec les mots et les chiffres, les dictons et les aphorismes, que *Le Huitième Jour* se présente comme l'art poétique d'une conteuse puisant dans la tradition orale le matériau brut à transformer. Voilà la source : le *Verbe* dont la présence est explicitement affirmée dès la toute première phrase de l'œuvre : « Je suis venue au monde avec une tache de naissance[13] sur la cuisse gauche, au printemps, à midi, à l'heure où l'Angélus annonçait que le *Verbe* s'était fait chair. C'était là tout mon héritage. »

Naissance de l'écrivain, naissance de l'œuvre. Ajoutons encore : naissance d'une littérature, car c'est dans cette perspective que *Le Huitième Jour* me paraît tout particulièrement exemplaire en ce qu'elle projette sur la notion même de littérature minoritaire un nouvel éclairage. Car cette notion, définie par exemple par Jacques Dubois dans son *Institution de la littérature*[14], me paraît ignorer la caractéristique première des littératures en émergence où s'exprime le destin de collectivités particulières, culturelles ou ethniques. On peut observer ce phénomène un peu partout en Afrique, où le questionnement sur l'identité suggère d'étonnants rapprochements avec la littérature québécoise des années 1960. Mais cette quête d'identité implique elle-même une recherche des racines profondes, des origines. Il n'est donc pas étonnant que la constitution de la littérature acadienne passe, chez Antonine Maillet, par le thème obsédant de l'*empremier* : la littérature acadienne, comme toute littérature minoritaire aspirant à une pleine autonomie institutionnelle, réinvente le monde à partir du huitième jour de sa création, ce jour étant, par excellence, celui de la création littéraire[15].

NOTES

1. Une première version de ce texte a été présentée au congrès de la Popular Culture Association tenu à Montréal, en mars 1987.

2. Madeleine Ouellette-Michalska, *La Maison Trestler ou le Huitième Jour d'Amérique*, Montréal, Québec-Amérique, 1984.

3. Antonine Maillet, *Le Huitième Jour*, Montréal, Leméac, 1986. Les références aux citations tirées de ce roman seront données entre parenthèses dans le texte.

4. Stéphane Lépine, « Le rabelaisisme a encore frappé », *Le Devoir*, 4 octobre 1986, p. C-3.

5. « Jacques Ferron présente les *Crasseux* » dans Antonine Maillet, *Les Crasseux*, Montréal, Holt, Rinehart et Winston, 1968, p. 7.

6. Jeanne Demers, « *Don L'Orignal* d'Antonine Maillet », *Livres et auteurs québécois*, 1972, p. 34.

7. Dans un sens un peu différent, peut-être, de l'usage d'abord psychanalytique que propose Marthe Robert dans *Roman des origines et origines du roman* (Paris, Gallimard, 1976).

8. « Il avait taillé un horrible petit géant dans un tronc de chêne... » (p. 17) Le couple antinomique petit/géant montre bien que les extrêmes, comme les sexes, sont interchangeables.

9. Antonine Maillet, *On a mangé la dune*, Montréal, Beauchemin, 1962, p. 9. « Faire l'homme », notons-le, peut suggérer la procréation aussi bien que « se comporter en homme ».

10. C'est moi qui souligne.

11. C'est moi qui souligne. Notons par ailleurs que Maillet écrit « Adam-et-Ève », comme si les traits d'union devaient signifier l'unité de ces deux personnages.

12. Dans une entrevue accordée à Chantal Jolis (Télévision Quatre Saisons), elle confirmait que, en tant qu'écrivain, c'est à Gros-comme-le-poing qu'elle s'identifie.

13. Dans ce contexte très particulier, il est clair que « tache de naissance » évoque « tache originelle » et cette connotation situe avec une plus grande insistance la « mission » de l'écrivaine par rapport aux origines de sa collectivité.

14. Cf. Jacques Dubois, *L'Institution de la littérature*, Bruxelles, Éditions Labor, 1978, p. 129-149.

15. Antonine Maillet semble en effet définir l'écrivain comme « un enfant du huitième jour de la création, le jour de toutes les audaces et de tous les possibles » (p. 233).

LA VEUVE ENRAGÉE LUE COMME UNE TRANSPOSITION DE LA CONSCIENCE COLLECTIVE DE L'INTELLIGENTSIA ACADIENNE DES ANNÉES 1960 ET 1970

DENIS BOURQUE
Université de Moncton

NOUS AVONS POURSUIVI ICI, dans un contexte acadien, l'idée de Lucien Goldmann voulant que certaines œuvres littéraires soient, sur le plan structural, l'expression de la conscience collective du groupe social de l'écrivain. Nous sommes conscient des limites que peut présenter cette démarche. N'at-on pas reproché à Goldmann de s'être trop attaché à l'étude des contenus littéraires et d'avoir négligé l'étude de la forme ? Nous sommes néanmoins convaincu que cette approche demeure un instrument de travail valable pour le chercheur qui s'intéresse à la sociologie de la littérature. D'ailleurs, nous ne prétendons pas avoir fait ici autre chose qu'une analyse structurale des contenus. Comme objet de notre étude, les œuvres d'Antonine Maillet nous ont paru être un choix fort à propos, d'une part parce qu'elle est la plus prolifique parmi les écrivains acadiens, d'autre part parce que le lien entre son écriture et la société acadienne nous semble être fondamental. Elle a, en effet, consacré la plus grande partie de son œuvre à la description de son pays et de son peuple et à la réactualisation de leur patrimoine ancestral.

Nous devions d'abord, comme le conseille Goldmann, considérer comme objets potentiels d'étude toutes les œuvres d'Antonine Maillet. C'est ce que nous avons fait et quatre œuvres, *Les Crasseux, Don L'Orignal, La Veuve enragée* et *Les Cordes-de-Bois*, nous ont apparu comme des transpositions, à divers degrés, cohérentes des structures mentales du groupe acadien. Mais il fallait, à l'intérieur des limites que nous impose cet article, nous arrêter sur une œuvre pour en faire une analyse approfondie. Nous avons choisi *La Veuve enragée,* car elle nous semble être, parmi les œuvres mentionnées, la transposition la plus complète et la plus cohérente de la conscience collective acadienne.

Il faut souligner, toutefois, que la première partie de notre recherche devait porter nécessairement sur l'histoire, les traits sociaux et les tendances idéologiques particulières des Acadiens. Fort heureusement, il existe de nombreux textes traitant des Acadiens et parmi, ceux-ci, plusieurs portent sur les contingences historiques et les phénomènes de conscience collective qui ont fait la spécificité de ce peuple. En partant, nous ne nous trouvions certainement pas dépourvu de matériel d'étude, mais il nous a semblé bon de nous en faire d'abord une vue d'ensemble en commençant par les tout premiers textes qui ont été écrits sur l'Acadie et sur les Acadiens. Certains textes

portant sur la deuxième partie du XIXᵉ siècle, l'époque que l'on a appelée la Renaissance acadienne et où commence à se dessiner une véritable conscience collective, ainsi que *L'Acadie du discours* de J. P. Hautecoeur, étude portant sur les années 1960, nous ont paru d'une importance capitale. Cette dernière période, en particulier, devait nous intéresser puisqu'elle correspond à l'époque où Antonine Maillet publie ses premières œuvres et constitue ce que nous pourrions appeler la période formatrice de l'écrivaine.

À travers ces lectures, nous sommes arrivé à la conclusion que la conscience collective qui prend naissance en Acadie au XIXᵉ siècle et qui s'est perpétuée, en subissant quelques modifications, jusque dans les années 1960, repose sur deux concepts historiques fondamentaux de la nation acadienne qui remontent, en fait, à la fondation de la colonie : celui d'un peuple idyllique et celui d'un peuple constamment exposé aux affres de l'histoire. Nous nous proposons de faire ici, en premier lieu, un rapide survol de cette histoire en insistant sur les écrits et les événements qui ont favorisé la naissance d'une conscience collective en Acadie et qui l'ont façonnée, pour démontrer ensuite que dans *La Veuve enragée*, Antonine Maillet a transposé, sur le plan structural, la conscience collective de son peuple et, plus précisément, les structures mentales du groupe social particulier auquel elle appartient : celui des intellectuels acadiens des années 1960 et 1970.

C'est dans les écrits de Marc Lescarbot[1] qui, en 1608, accompagnait les fondateurs de la colonie, que nous retrouvons les premières descriptions idylliques de l'Acadie. Il la décrit comme une terre promise, un paradis terrestre où tout est en abondance. Ses habitants, affirme-t-il, formeront un peuple élu puisque chargés d'une mission prophétique : celle de convertir les indigènes et de perpétuer le règne de Dieu sur la terre. Presque un siècle plus tard, en 1699, Dièreville décrit aussi l'Acadie comme un pays d'abondance, un « Pays de Cocagne[2] », où les habitants vivent dans le bonheur et dans l'insouciance. Certains témoignages de l'époque affirment même que l'aisance des Acadiens les avait rendus un peu paresseux.

Plus près de nous, le poète Longfellow[3], au XIXᵉ siècle, et l'historien Lauvrière, au XXᵉ siècle, ont également décrit la félicité des premiers Acadiens en insistant sur leurs qualités et sur leurs vertus. Ils auraient été charitables, partageant toujours leurs biens avec les plus indigents, pratiquant, dans les termes de Lauvrière, un genre de « communisme spontané[4] ». Ils auraient été vigoureux, autosuffisants et de caractère obstiné et indépendant. De plus, les Acadiens auraient été bons vivants, aimant beaucoup la fête, et en même temps leur vie aurait été profondément archétypale, leur valeur primordiale ayant été leur fidélité à leurs origines françaises.

Tous ces écrits ont contribué à former un mythe autour de l'Acadie originelle, mythe dont s'inspireront les intellectuels acadiens des années 1960 et 1970 pour décrire leur société.

Il faut dire, toutefois, que la réalité historique ne supporte pas entièrement le mythe. On ne peut nier que les premiers Acadiens aient connu une certaine vitalité et furent prospères, mais la période précédant la déportation de 1755 a surtout été caractérisée par l'instabilité. À peu près abandonnés de la France, mal gouvernés la plupart du temps par des gouverneurs ambitieux, les Acadiens sont également constamment exposés aux attaques de la Nouvelle-Angleterre. En 1713, à peine plus de cent ans après sa fondation, l'Acadie passe sous l'hégémonie anglaise et déjà les dirigeants britanniques enfantent un projet de déportation, projet qui sera exécuté entre 1755 et 1760.

Sa population décimée, c'est avec lenteur et difficulté que l'Acadie arrivera à renaître. Aux événements de 1755 succède un siècle de silence et d'isolement où il sera permis aux Acadiens qui avaient échappé à la dispersion ou qui étaient revenus d'exil de fonder de nouvelles communautés.

Soutenus par le clergé québécois, les Acadiens produiront une première génération d'intellectuels dans la deuxième moitié du XIXe siècle. Dans les années 1880, une certaine conscience collective se dessine, surtout à l'occasion de conventions nationales. S'il y a, à cette époque, chez les intellectuels acadiens, une prise de conscience de la situation de leur société, c'est pour constater qu'elle se trouve de nouveau menacée, cette fois par de nouvelles structures économiques et politiques engendrées par l'industrialisation et la Confédération canadienne. Selon le sociologue Camille Richard[5], c'est surtout en proposant le maintien des traditions que l'on cherchera à assurer la continuité de la société menacée.

On a appelé cette période la Renaissance acadienne et son idéologie devait se perpétuer jusque dans la première moitié du XXe siècle. Il faut souligner que cette prise de conscience aura permis aux Acadiens de réaliser des progrès considérables, surtout dans le domaine de l'éducation.

Dans les décennies qui suivent la Seconde Guerre mondiale, l'Acadie est le lieu de nouvelles transformations. Les années 1950 et 1960 signalaient la disparition de coutumes et de traditions plusieurs fois séculaires et l'entrée, une fois pour toutes, des Acadiens dans le monde moderne.

Cette situation est perçue comme étant périlleuse par les intellectuels acadiens de l'époque. Un diagnostic de crise, nous dit le sociologue Jean-Paul Hautecoeur, est prononcé sur la société. On trouvait non seulement déplorable, mais dangereuse, la mise en oubli des légendes, des contes, de la musique et des traditions populaires. On regrettait la tombée en désuétude du parler franco-acadien qui s'éclipsait sans doute parce que les vérités qu'il exprimait ne correspondaient plus tout à fait aux réalités contemporaines, en raison aussi de l'enseignement du français normatif et de l'influence de l'anglais. On redoutait surtout l'anglicisation montante, le nombre important de « transfuges » qui avaient rejoint le camp anglophone. Dans l'esprit des intellectuels acadiens, c'est l'identité et la survivance même de la collectivité qui sont menacées. On craint la désintégration de la société, la disparition des Acadiens en tant que peuple.

Devant le danger qui se pose, les intellectuels acadiens vont, à l'instar de leurs prédécesseurs, mettre en branle un vaste projet de récupération du passé; comme si, en le faisant revivre, on pouvait échapper aux périls actuels. La Société historique acadienne sera fondée pour intéresser les Acadiens à leur histoire. On va œuvrer à la conservation de la tradition orale, recueillant témoignages et documents qui, aujourd'hui, sont devenus précieux.

Plus profondément, nous dit Hautecoeur, dans la psyché même des intellectuels acadiens, c'est le mythe de l'Acadie originelle que l'on cherche à faire revivre. Leur intention fondamentale aurait été l'abolition de l'histoire perçue comme événement et la restauration du temps primordial et continu. L'époque de la Renaissance est aussi mythifiée et rejoint le temps originel. Affirmant leur fidélité aux origines, les intellectuels (qui en Acadie constituaient aussi une sorte d'élite dirigeante) se déclarent héritiers de la Renaissance et se donnent comme rôle de conduire l'Acadie jusqu'à son épanouissement.

À la fin des années 1960, a lieu la montée d'une nouvelle génération d'intellectuels, étudiants pour la plupart, regroupés surtout à l'Université de Moncton. Si leur vision de la société acadienne diffère de celle de l'élite intellectuelle de par son contenu, elle lui est très semblable sur le plan structurel. Pour eux, la société est également menacée, mais par une élite anachronique et oligarchique et par la société anglophone dominatrice. Ils proposent la création, par la révolution socialiste, d'une nouvelle société utopique qui sera, elle aussi, à bien des points de vue conforme à la société acadienne originelle. On évoque, en outre, le « communisme spontané » des premiers Acadiens comme justification de ce projet. Hautecoeur écrit : « Le village idyllique du pays d'Évangéline raconté par Longfellow et Anselme Chiasson n'est pas sans profonde relation avec la ferme collective imaginée par les premiers idéologues du Parti Acadien[6]. »

Selon nous, la plus grande partie de l'œuvre d'Antonine Maillet s'inscrit dans la tentative de récupération du passé dont nous avons parlé. Cette œuvre est, dans une large mesure, un résultat du diagnostic de crise qui a été prononcé sur la société acadienne, à une certaine époque, par ses idéologues. Autrement dit, son projet d'écriture est intimement lié au projet social des idéologues acadiens de son temps.

Mais si l'on se fie aux théories de Goldmann, certaines des œuvres d'Antonine Maillet devraient exprimer de façon plus explicite les liens entre l'écrit et le social. C'est, en effet, le cas des quatre œuvres que nous avons mentionnées plus haut qui présentent toutes des groupes idylliques et archétypaux menacés d'extinction : Les Crasseux dans la pièce du même nom, Les Puçois dans *Don L'Original* et les Mercenaire dans *La Veuve enragée* et *Les Cordes-de-Bois*. Ces œuvres constituent des expressions de la conscience collective acadienne à un niveau autrement plus profond que celui des intentions conscientes ou inconscientes de l'auteure. Elles sont, à notre avis, sur le plan structural, des transpositions des schèmes mentaux du groupe social auquel appartient Antonine Maillet, celui des intellectuels acadiens des années 1960 et 1970. D'une part, les groupes de personnages qui nous sont présentés, de par leurs caractéristiques, correspondent, à bien des points de vue, à l'image que les intellectuels acadiens se sont faite de leur société. Ensuite, la situation de ces groupes, comme celle des Acadiens, est présentée comme périlleuse, et c'est leur survie même en tant que groupes qui est menacée. Enfin, le salut que l'auteure leur accorde, dans chacune de ces œuvres, réside en un retour aux origines, en une réinstallation du temps primordial et continu. (Nous faisons exception de la deuxième version des *Crasseux* qui connaît un dénouement tragique et où est affirmée la discontinuité du temps mythique.) Nous avons choisi de ne nous pencher ici que sur une seule œuvre, *La Veuve enragée*.

Examinons d'abord les caractéristiques des Mercenaire dans la pièce. Nous verrons que leurs traits incarnent les qualités et les défauts assignés aux Acadiens par le mythe.

Des Mercenaire, on peut dire qu'elles aiment la fête. Il y a dans la pièce quatre scènes où elles se réjouissent en buvant, en chantant, en dansant, en jouant de l'harmonica ou en écoutant les contes de Tom Thumb.

Les membres du clan vivent au jour le jour, sans souci, et en partageant leurs biens. La Piroune dit : « Un Mercenaire, ça compte point, ça carcule point [...] Ça vit au jour le jour [...] L'aïeul disait, lui, qu'hier c'était hier ; et demain serait demain, qu'y avait rien qu'aujord'hui qui comptit[7]. » et encore « ... les Cordes-de-Bois [...] c'est une race qu'a l'habitude de bailler à tout le monde sans regardance, et sans rien sauver pour demain. » (p. 150-151)

Les Mercenaire sont autosuffisants et de caractère indépendant : « Les Cordes-de-Bois avont jamais compté sus rien d'autre que sus leu butte » (p. 57), dit la Bessoune. Et s'adressant à sa fille, la Piroune lui confie : « T'as point venue au monde la tête la première. T'as arrivée en mettant un pied devant l'autre, comme si t'avais déjà coumencé à faire ton chemin tout seule, en vraie Cordes-de-Bois. » (p. 56)

On peut aussi dire des membres du clan, qu'elles sont un peu paresseuses. Elles préfèrent la fête au travail et tirent leur subsistance du commerce illicite du vin et de l'amour. Il ne faut pas y voir, avec *La Veuve enragée*, méchanceté et dissolution. C'est bien par charité qu'agissent les Mercenaire. Faisant allusion au vin et au rhum de contrebande, la Veuve accuse : « Et c'est avec ça que vous les saoulez et les dévergondez, les pauvres matelots. » La Piroune lui répond : « Non, c'est avec ça que je les réchappons quand ils sont trop chagrinés ; et que je leur rendons la vie qu'ils aviont semée goutte à goutte en traversant l'océan. » (p. 49)

Ailleurs la Piroune nous dira : « ... une Cordes-de-Bois, ça donne peut-être sa peau, en passant, pour soulager le chagrin d'un esclave, ben ça largue jamais son cœur à c'ti-là qui le mérite point. » (p. 155)

Une autre caractéristique des Mercenaire est leur fidélité à leur race et à leurs origines. Du plus jeune membre du clan, il est dit qu'elle « a été élevée dans les bounes coutumes de son monde et de sa lignée » (p. 106), qu'elle ne « fera jamais honte à sa mére, à sa grand-mére, ni à aucun de ses aïeux » (p. 142-143), qu'elle est « une vraie Cordes-de-Bois qui renie point sa race » (p. 36).

Il est intéressant de constater que pour les Mercenaire, à la fin des temps, ce n'est pas à Dieu qu'il faudra rendre compte de ses actions ici-bas, mais plutôt justifier, devant l'ancêtre, sa fidélité aux origines :

> La Veuve (en parlant de la Bessoune) : « Je vois que vous élevez ben votre progéniture et qu'elle sera digne de ses aïeux, c'telle-là. »

> La Piroune : « Faut ben, si je voulons affronter l'ancêtre fondateur des Cordes-de-Bois au jour du jugement darnier. Faudra y rendre son butin aussi propre qu'il nous l'a laissé. » (p. 75)

On peut souligner aussi la vigueur, la robustesse des Mercenaire. Comparant la descendance des Cordes-de-Bois à la frêle progéniture de la Veuve, Patience dit : « Les loups engendrent des louveteaux. Et les brebis des aigneaux. » (p. 43)

Or, c'est à l'intérieur de ce tableau qu'une menace grave est prononcée par la Veuve : celle de l'annihilation du clan. Si Antonine Maillet présente ici une société conforme au mythe des origines de la société acadienne, elle exprime aussi, à notre avis, la crise de la société ressentie à l'époque moderne par les intellectuels de sa génération et à la fin de la pièce, une volonté analogue de conservation des schèmes ancestraux.

Le danger que pose la Veuve pour les Mercenaire se fait sentir dès la première scène et s'accentue au fur et à mesure que la pièce progresse. Quatre fois dans la pièce, la fête des Mercenaire sera interrompue par l'arrivée de la Veuve qui complote ou qui profère des menaces.

La première intervention de la Veuve prend la forme d'un avertissement. Déjà l'existence du clan est mise en cause, car celle-ci menace de priver les Mercenaire de leurs moyens de subsistance.

La seconde intervention est une réplique de la première. Sur la butte, on fait du fricot, on chante, on danse, on joue de l'harmonica. « Atmosphère de carnaval », écrit l'auteure dans les indications de régie. L'entrée, cette fois, de la Veuve inspire immédiatement la crainte et de mauvais pressentiments. « C'est la Veuve enragée », disent les personnages, « Et elle veut notre peau » (p. 72). La Veuve prononce sur le clan une malédiction eschatologique et manifeste sa puissance et sa domination en saccageant la scène.

La Veuve a déjà enfanté le projet d'éliminer le clan en l'embarquant sur le navire de Tom Thumb. Lorsqu'elle se présente une troisième fois devant les Mercenaire, celles-ci s'enfuient et la Veuve se retrouve en tête à tête avec le matelot qui lui refuse sa collaboration.

Avec une troisième intrigue, la Veuve atteint le cœur même du clan et met sa cohésion en cause. Ayant pris connaissance que la Piroune et la Bessoune étaient toutes deux amoureuses de Tom Thumb, la Veuve sème la rivalité entre elles. Elle a, du même coup, réussi à opposer les deux aïeules. Patience supporte la mère tandis que Zélica supporte la fille. Pendant que les deux vieilles argumentent, se dresse devant elles la menace d'une désintégration, voire même d'une disparition du clan. Patience ayant affirmé que c'est la Piroune qui partira avec Tom et puis qu'elle reviendra un jour chercher sa fille, Zélica s'écrie : « Mon Djeu séminte ! Mais c'te jour-là, je resterons rien que toutes les deusses pour forbir la butte des Cordes-de-Bois. Faut empêcher ça, faut point les quitter faire. » Et Patience lui répond : « Si le vieux Mercenaire avait su qu'il était en train de fonder un pays qui durerait point cent ans ! » (p. 144)

Curieusement, il se produit alors dans la pièce cinq événements caractéristiques des rites de la régénération du temps chez les sociétés archaïques qui vont faire en sorte que le clan pourra transcender la menace d'anéantissement qui pèse sur lui et se renouveler. Ces rites, dit Mircea Eliade[8], pouvaient comprendre, en premier lieu, l'installation du chaos (dans la pièce, la Veuve a semé le désordre dans le clan), des purifications et des purges (si la Bessoune réussit à échapper à la purge que lui promet sa mère, nous pensons que l'introduction de cet élément, ici, en période de désordre, fait preuve d'un symbolisme valable) et le retour des morts. Dans la pièce, effectivement, il est fait référence aux morts qui reviennent :

> La Piroune : « Les morts sont pas loin, de souère. T'as entendu de quoi ? » [...]
>
> Tom Thumb : « Ils rôdent autour de la butte. » [...]
>
> La Piroune : « C'était peut-être l'ancêtre. » (p. 150)

Les rites de renouvellement pouvaient aussi comprendre des orgies, des mariages et surtout l'expulsion symbolique des forces du mal. Cette expulsion pouvait se pratiquer sur un animal, le bouc émissaire, ou sur un homme, symboles de tous les maux de la communauté, qui étaient chassés à l'extérieur du territoire habité.

La dernière scène nous présente Zélica, Patience et la Piroune, le matin, sur leur butte. Zélica prononce alors la fin des Cordes-de-Bois : « M'est avis que ce pays — icitte achève, lui. Ben vite il restera pas parsoune pour planter ses choux. » (p. 165)

La division du clan est encore évidente puisque, pendant un moment, Patience accuse Zélica d'être à l'origine de la catastrophe, mais cette dernière semble finalement transcender la confusion et jette le blâme sur la Veuve qui, dit-elle, est la véritable source de leurs malheurs : « ... Et si tu blâmais une seule fois la vraie coupable de tous nos malheurs ! La garce de chipie de bougresse de Veuve enragée qui nous a ben souhaité tout ce qui nous arrive. Elle a juré d'aouère notre peau et d'achever de vider la butte des Cordes-de-Bois. » (p. 166)

Alors apparaissent Tom et la Bessoune qui reviennent. Tom restera au pays et tout le monde se réjouit, car le pays des ancêtres que l'on croyait mort maintenant revivra. Zélica affirme : « Le v'là le pays des aïeux. Elle est

point parée à mourir encore la butte qu'a défrichetée l'ancêtre Mercenaire. » (p. 168)

La Veuve fait sa dernière entrée, toujours menaçante, « fouëne en
main ». La Piroune proclame alors le renouvellement de la vie des Cordes-
de-Bois :

> La Veuve : « C'est-i pour recoumencer ? »
>
> La Piroune : « Oui, la Veuve, icitte la vie recoumence. C'est encore un coup
> mardi gras. » (p. 168)

Alors commence la fête, l'union de la Bessoune et de Tom a été réalisée et
la Veuve est chassée de la scène. Elle se sauve en criant. Nous retrouvons,
en ces trois derniers éléments, l'orgie, le mariage et l'expulsion des forces
du mal qui doivent assurer la continuité et la vitalité des Cordes-de-Bois.

Les Mercenaire auront transcendé la menace d'anéantissement qui pesait
sur elles en tant que groupe. Leur société a été renouvelée par l'intervention
d'événements caractéristiques des rites de la régénération du temps chez les
sociétés archaïques et les Mercenaire retrouvent leur état originel de joie et
d'insouciance.

En conclusion à cette étude de *La Veuve enragée*, nous pensons pouvoir
affirmer que cette pièce exprime, sur le plan de l'imaginaire, la même structure mythique de pensée exprimée par les intellectuels acadiens dans leurs
écrits et discours de nature idéologique. En effet, comme nous l'avons sou-
ligné, le groupe qui nous est présenté dans cette œuvre, par les caractéristiques qui lui sont assignées, manifeste une similarité remarquable avec la
représentation que la collectivité acadienne s'est faite d'elle-même : il est
heureux et insouciant, il aime la fête ; il est charitable et partage ses biens ; il
est vigoureux, autosuffisant et de caractère indépendant ; de plus, il est profondément archétypal, sa valeur primordiale étant sa fidélité aux origines.
Rappelons ensuite que la survivance des Mercenaire comme groupe est menacée : en raison de forces destructrices extérieures, le clan risque de se
désagréger et de mourir. En dernier lieu, le salut que l'auteur accorde aux
Mercenaire réside en une régénération du temps des origines. Il ne fait aucun
doute, à notre avis, que *La Veuve enragée* exprime la crise de la société acadienne qui a été profondément ressentie pendant les années 1960 et 1970.
De plus, l'objectif visé par la pièce est le même que celui proposé par les
idéologues : la conservation et le renouvellement des modèles archétypaux.

Enfin, s'il est vrai que *La Veuve enragée*, *Les Cordes-de-Bois*, *Les Crasseux* et
Don L'Orignal constituent des transpositions cohérentes à divers degrés de
la conscience collective de l'intelligentsia acadienne, cela pourrait, pensons-
nous, avoir une grande signification en ce qui concerne l'interprétation de
l'œuvre de Maillet.

En effet, jusqu'à maintenant, on a eu tendance, surtout en Acadie peut-
être, à considérer Antonine Maillet comme une auteure consacrée presque
exclusivement à l'écriture du passé. Or, la présence, dans *La Veuve enragée*
et dans les trois autres œuvres auxquelles nous avons fait référence, de struc-

tures analogues à la structure de pensée régissant l'interprétation sociale des intellectuels acadiens des années 1960-1970, nous révèle une auteure qui est en relation profonde avec les événements et la pensée idéologique de son temps. Il se peut fort bien, et nous le croyons, que sous l'écrivaine du passé, se cache une écrivaine des temps présents.

NOTES

1.   Marc Lescarbot, *Histoire de la Nouvelle-France*, suivie des *Muses de la Nouvelle-France*, Paris, Chez Jean Millot, 1612; nouv. éd., Paris, Librairie Tross, 1866, 3 vol.

2.   Dièreville, *Relation du voyage du Port Royal de l'Acadie ou de la Nouvelle-France*, Rouen, chez Jean-Baptiste Besongne, 1708, dans *Relation of the Voyage to Port Royal in Acadia or New France*, édition de l'original, par Mrs. C. Webster, Toronto, The Champlain Society, 1933; voir aussi *Voyage à l'Acadie*, texte avec introduction et notes de Melvin Gallant, dans *Les Cahiers de la Société*

historique acadienne*, vol. 3/4, 1985, p. 256.

3.   Henry Wadsworth Longfellow, *Évangéline*, traduction par Pamphile Le May dans *Évangéline et autres poèmes de Longfellow*, Montréal, J.-Alfred Guay, 1912.

4.   Émile Lauvrière, *La Tragédie d'un peuple*, Paris, Bossard, 1922, vol. 1, p. 182.

5.   Camille-Antoine Richard, *L'Idéologie de la première convention nationale acadienne*, thèse, M.Sc.Soc., Université Laval, 1960.

6.   Jean-Paul Hautecoeur, *L'Acadie du discours*, Québec, Les Presses de l'Université Laval, 1975, p. 306.

7.   Antonine Maillet, *La Veuve Enragée*, Montréal, Leméac, 1977, p. 151. Désormais, la pagination sera directement indiquée dans le texte.

8.   Mircea Eliade, *Le Mythe de l'éternel retour*, Paris, Gallimard, 1949.

L'ASSIMILATION CHEZ LES JEUNES FRANCOPHONES DU NOUVEAU-BRUNSWICK

ALDÉO RENAUD
Université de Moncton

En 1983, DEUX PROFESSEURS de l'Université de Moncton (Alcide Godin et le susnommé) ont élaboré et distribué un questionnaire à un échantillon d'élèves francophones du Nouveau-Brunswick, au niveau des 11e et 12e années. Ce questionnaire portait sur les attitudes et les habitudes linguistiques des jeunes du Nouveau-Brunswick. En 1988, le même questionnaire (36 questions) a été distribué aux mêmes écoles, sensiblement au même nombre d'élèves (plus de 700).

Dans cet article, nous tenterons de résumer les résultats de cette enquête (Godin et Renaud, 1989). Le rapport fournissait les résultats ventilés pour chacune des quatre régions de la province, mais pour les fins de cet article, nous avons cru préférable de nous en tenir aux données provinciales. À noter que les résultats de 1983 sont toujours présentés entre parenthèses.

Activités culturelles et médias de communication

Dans les questions ayant trait aux activités culturelles et aux médias de communication, on demandait aux élèves dans quelle langue étaient les films, les chansons, les pièces de théâtre, les disques et cassettes, les livres, les journaux, les revues, les émissions de radio et de télévision qu'ils lisaient, écoutaient ou regardaient.

Le tableau 1 donne les résultats au niveau provincial pour l'enquête de 1988, avec, entre parenthèses, les données de 1983, ce qui permet des comparaisons à cinq ans d'intervalle.

Près de 85 % des jeunes francophones ont affirmé écouter des disques et des cassettes surtout en anglais ou seulement en anglais. Pour les récitals de chansons, le chiffre était de près de 75 % ; le cinéma, près de 69 % ; la radio et la télévision, autour de 60 %.

On constate qu'à l'exception des journaux, tous les médias anglais ont, entre 1983 et 1988, gagné en popularité.

Activités sociales

Cette partie de l'enquête portait sur les préférences linguistiques dans certaines activités, telles que la danse, la fréquentation des discothèques, et les sports.

TABLEAU 1

Langue, activités culturelles et médias (Q. 6, 7, 8 et 9)

	seulement français	surtout français	français anglais	surtout anglais	seulement anglais
	%	%	%	%	%
cinéma	1,8 (3,6)	7,6 (10,0)	22,2 (28,1)	38,4 (40,9)	29,9 (17,4)
récital de chansons	0,4 (1,2)	1,8 (4,3)	23,1 (30,5)	48,3 (44,5)	26,3 (19,5)
théâtre	17,0 (25,1)	30,4 (30,4)	33,1 (29,9)	12,9 (10,4)	6,5 (4,2)
disques	0,3 (0,5)	1,3 (1,6)	13,7 (17,7)	36,6 (42,0)	48,2 (38,2)
livres	16,3 (22,8)	25,2 (26,4)	42,6 (36,0)	13,2 (12,6)	2,8 (2,2)
journaux	20,5 (24,0)	22,3 (21,8)	31,3 (22,5)	20,5 (19,0)	5,4 (12,7)
revues	9,2 (16,3)	16,4 (17,5)	34,2 (33,8)	28,3 (23,3)	11,9 (9,1)
radio	6,6 (6,5)	11,3 (11,4)	24,0 (29,4)	29,1 (29,9)	29,0 (22,8)
télévision	2,1 (2,1)	8,3 (8,0)	28,4 (34,1)	40,0 (40,3)	21,2 (15,5)

TABLEAU 2

Langue dominante aux danses, dans les discothèques et dans les équipes sportives (Q. 10 et 11)

	seulement français	surtout français	français anglais	surtout anglais	seulement anglais
	%	%	%	%	%
danses	22,9 (22,0)	33,0 (28,9)	20,1 (21,7)	17,4 (19,3)	6,6 (8,1)
disco- thèques	14,0 (14,9)	22,0 (18,4)	29,0 (26,0)	20,1 (23,7)	15,0 (17,0)
sports	18,4 (28,1)	36,7 (41,0)	34,2 (23,4)	9,1 (6,5)	1,6 (1,0)

Le tableau 2 montre que les élèves parlaient surtout en anglais et seulement en anglais dans une proportion moindre en 1988 qu'en 1983. Le même phénomène se produit pour la langue dominante dans les discothèques.

Pour ce qui est de la langue dominante dans les équipes sportives, la proportion d'utilisation de l'anglais en priorité ou en exclusivité est plus grande en 1988 qu'en 1983.

Usage dans l'entourage immédiat et maîtrise du français

Cette partie traitait de l'aspect quantitatif et qualitatif du français parlé et écrit dans le milieu familial et scolaire : la langue parlée à la maison et dans la cour de récréation (tableau 3), la maîtrise du français au point de vue de la compréhension, du français parlé, de la lecture, de l'écriture (tableau 4), de l'évaluation des habiletés en grammaire, de l'orthographe et du vocabulaire (tableau 5), de la maîtrise de l'anglais langue seconde (tableau 6) et enfin de la langue que les élèves désireraient voir utiliser par leurs enfants.

TABLEAU 3
Langue parlée (Q. 13)

	seulement français	surtout français	français anglais	surtout anglais	seulement anglais
	%	%	%	%	%
maison	46,2	30,4	16,2	6,1	1,1
	(51,5)	(27,3)	(14,4)	(4,3)	(2,5)
cour de récréation	27,4	43,6	22,5	5,6	0,8
	(48,4)	(31,5)	(15,5)	(4,6)	(0,3)

TABLEAU 4
La maîtrise du français au point de vue compréhension,
français parlé, lecture française et français écrit (Q. 20)

	très bonne	bonne	passable	mauvaise	très mauvaise
	%	%	%	%	%
compréhension	58,9	33,2	7,1	0,3	0,4
	(53,2)	(36,9)	(8,4)	(0,7)	(0,6)
parlé	30,6	54,3	13,2	1,3	0,6
	(20,2)	(59,2)	(17,6)	(2,4)	(0,6)
lu	52,8	38,1	7,7	1,3	0,1
	(43,2)	(44,3)	(11,0)	(1,2)	(0,3)
écrit	23,6	46,5	22,6	5,1	2,1
	(15,3)	(47,8)	(27,5)	(7,0)	(2,4)

TABLEAU 5

*Évaluation des habiletés en grammaire, orthographe
et vocabulaire (Q. 28)*

	aucune difficulté	peu de difficulté	beaucoup de difficulté
	%	%	%
grammaire	25, 1	67, 0	7, 9
	(21, 3)	(69, 5)	(9, 2)
ortho-graphe	28, 6	55, 6	15, 9
	(23, 3)	(60, 6)	(16, 1)
vocabu-laire	34, 5	58, 6	6, 9
	(30, 6)	(62, 6)	(6, 8)

TABLEAU 6

Maîtrise de l'anglais, langue seconde (Q. 29)

très bonne	bonne	passable	mauvaise	très mauvaise
%	%	%	%	%
35, 1	41, 6	17, 9	3, 6	1, 9
(26, 7)	(36, 4)	(24, 8)	(8, 0)	(4, 1)

On constate que les jeunes francophones parlent seulement ou surtout français à la maison et dans la cour de récréation, bien qu'il y ait une diminution en 1988 par rapport à 1983.

Malgré cela, ces jeunes francophones sont d'avis que leur habileté à comprendre, parler, lire et écrire français s'est légèrement améliorée. On constate également la perception d'une légère amélioration dans leur maîtrise de la grammaire, de l'orthographe et du vocabulaire.

Les élèves francophones possèdent une assez haute opinion de leur maîtrise de la langue anglaise. Par ailleurs, 90, 5 % des jeunes insisteraient pour que leurs enfants parlent les deux langues, contre 8, 9 % pour le français seulement, et 0, 6 % pour l'anglais exclusivement.

Les services et la fréquence du français et de l'anglais parlés dans le milieu

Trois questions portaient sur les services auxquels faisaient appel les jeunes francophones dans leur entourage immédiat. En quelle langue offrait-on les services dans les restaurants et les magasins ? Quelle était l'ethnie dominante dans la ville ou le village ? Quelle était la fréquence de l'anglais entendu dans l'entourage ? Il s'agissait d'évaluer le climat linguistique dans le milieu où habitaient les élèves. Les tableaux 7 à 9 donnent les résultats.

TABLEAU 7
Dans quelle langue vous offre-t-on des services? (Q. 15)

	seulement français	surtout français	français anglais	surtout anglais	seulement anglais
	%	%	%	%	%
magasin	5, 5	18, 1	48, 7	22, 9	4, 8
	(9, 4)	(17, 1)	(47, 4)	(21, 6)	(4, 5)
restaurant	5, 4	16, 0	53, 2	21, 6	3, 8
	(7, 9)	(14, 5)	(54, 5)	(19, 1)	(4, 0)

TABLEAU 8
Quelle population domine dans la ville ou le village? (Q. 11)

majorité française	française anglaise	majorité anglaise
%	%	%
64, 5	22, 9	12, 6
(67, 3)	(21, 2)	(11, 5)

TABLEAU 9
Fréquence de l'anglais entendu (Q. 18)

	souvent	rarement	jamais
	%	%	%
ville ou	48, 1	46, 1	5, 8
village	(46, 6)	(45, 6)	(7, 8)
parenté	28, 5	54, 0	17, 5
	(29, 0)	(52, 5)	(18, 5)
école	39, 6	53, 2	7, 2
	(36, 7)	(50, 0)	(13, 3)

Au niveau provincial, 27, 7 % ont indiqué que dans les magasins, ils recevaient des services seulement en anglais et surtout en anglais. Cette proportion est légèrement plus élevée qu'en 1983 (26, 1 %).

Pour ce qui est des services dans les restaurants, le phénomène est le même que dans le cas précédent, c'est-à-dire qu'il y a diminution des services seulement en français et surtout en français (21, 4 % en 1988 contre 22, 4 % en 1983) et augmentation des services en anglais (25, 4 % en 1988 contre 23, 1 % en 1983).

La majorité de ces élèves disent demeurer dans des villes et villages à majorité francophone où on entend souvent parler anglais selon près de 50 %

des répondants. Près de 30 % disent entendre parler souvent anglais dans la parenté et près de 40 % disent entendre parler souvent anglais à l'école. Ces chiffres sont comparables à ceux de 1983.

Connaissance de la situation linguistique

Six questions invitaient les jeunes à préciser leur connaissance concernant différents aspects de la situation linguistique dans leur province et dans leur pays. Ils étaient appelés à émettre des opinions sur l'état du bilinguisme, sur les différences régionales qui existent dans le domaine des deux langues officielles du pays. Les jeunes francophones devaient alors faire appel à leurs connaissances générales dans ces domaines.

TABLEAU 10

Estimation du pourcentage de francophones
au Nouveau-Brunswick (Q. 31)

22 %	34 %*	51 %	85 %	ne sait pas
6, 1	28, 1	14, 0	3, 3	48, 5
(3, 2)	(29, 4)	(19, 1)	(6, 4)	(41, 9)

*La bonne réponse étant 34 %.

TABLEAU 11

Bonnes réponses sur la connaissance de la
situation du bilinguisme (Q. 36) (Enoncés vrais-faux)

* L'anglais est la seule langue officielle du Nouveau-Brunswick : 97, 4 % (97 %)

* La nouvelle constitution ne dit pas quelles sont les langues officielles au Nouveau-Brunswick : 70, 3 % (63, 5 %)

* Au Nouveau-Brunswick toutes les municipalités doivent offrir des services en français et en anglais (énoncé faux) : 14, 4 % (17, 4 %)

* Au Canada, le français et l'anglais sont les langues officielles : 90, 8 % (89, 1 %)

Les connaissances nécessaires pour répondre à ces deux questions faisaient appel à quelques éléments seulement du phénomène complexe du bilinguisme. Toutefois, les réponses des élèves dénotent leur ignorance de la situation du français dans leur province, en particulier sur la force numérique du groupe francophone au Nouveau-Brunswick.

Par ailleurs, plus de 85 % semblent croire que les municipalités du Nouveau-Brunswick doivent offrir des services en français et en anglais.

Les attitudes envers l'anglais

Cinq questions portaient sur la réaction envers les services en anglais, sur l'influence linguistique des amis anglophones et sur la sympathie ou l'antipathie devant le phénomène anglais.

Première question : « Quelle est votre réaction quand on vous sert en anglais dans les magasins et restaurants ? » (Q. 16) Les chiffres montrent que cela dérange un peu moins les jeunes aujourd'hui par rapport à 1983. En effet, 62 % (60, 8 % en 1983) des jeunes disent que cela n'a aucun effet sur eux, ou encore trouvent la situation normale ; 32, 9 % (32, 8 %) ne disent rien, mais préfèrent tout de même le français. Quant à la proportion des élèves qui insistent pour être servis en français, le pourcentage passe de 6, 4 en 1983 à 5, 1 en 1988.

Deuxième question : « Quels sentiments éprouvez-vous quand vous rencontrez des anglophones ? » (Q. 21) Les résultats montrent que 39, 8 % (39, 1 %) disent avoir un sentiment « favorable » et « très favorable » envers les anglophones, tandis que 39, 4 % (37, 5 %) sont indifférents, alors que 4, 8 % (5, 0 %) sont défavorables et 15, 9 % (18, 4 %) n'ont aucun sentiment.

Troisième question : « Avez-vous des amis de langue anglaise ? » (Q. 22) Les jeunes ont répondu *oui* dans une proportion de 91 % (88, 9 %).

Quatrième question : « Quelle langue parlez-vous avec vos amis anglais ? » (Q. 23) Seulement 7, 3 % (11, 6 %) parlent surtout en français à ces amis anglophones, contre 60, 9 % (56, 9 %) qui parlent surtout en anglais. Quant aux autres, soit 31, 8 % (31, 5 %), ils parlent autant en français qu'en anglais.

Cinquième question : « Quelle est votre opinion devant le fait que de plus en plus d'étudiants anglais, au moyen de cours d'immersion française, deviennent de bons bilingues et peuvent obtenir des emplois bilingues ? » (Q. 35) Les chiffres indiquent que 93 % (89, 5 %) sont parfaitement d'accord ou plus ou moins d'accord devant cette situation. Seulement 7, 0 % (10, 5 %) se disent plutôt en désaccord ou en complet désaccord.

Évaluation des cours de français et motivation à bien parler

Quatre questions visaient à évaluer la motivation et la performance des jeunes vis-à-vis leur langue maternelle. Premièrement, par comparaison avec les autres matières scolaires, 51, 1 % (56, 9 %) des jeunes aiment beaucoup plus ou un peu plus étudier le français, tandis que 48, 9 % (43, 1 %) aiment moins ou beaucoup moins le faire (Q. 24).

Deuxièmement, en général, les notes obtenues en français se situent au-dessus de 60 % dans 83, 7 % (88, 2 %) des cas, tandis que dans 16, 3 % (11, 8 %) des cas, la note est inférieure à 60 % (Q. 25).

Troisièmement, les étudiants et étudiantes disent dans une proportion de 90, 1 % (75, 1 %) faire beaucoup ou assez d'efforts pour bien parler français, contre seulement 9, 9 % (25, 3 %) qui disent faire peu ou aucun effort (Q. 26).

Quatrièmement, on a interrogé les jeunes pour savoir quels étaient les moyens les plus efficaces pour apprendre à bien écrire le français (Q. 27) :

TABLEAU 12
Moyen le plus efficace

	lire livres journaux	écrire souvent	apprendre par la grammaire	faire des dictées	composi- tion en français
	%	%	%	%	%
premier moyen	53,8 (49,6)	5,2 (6,5)	26,9 (22,7)	9,2 (13,4)	4,9 (7,8)
deuxième moyen	19,9 (19,4)	14,2 (15,4)	26,6 (22,3)	17,7 (21,5)	21,5 (21,4)

Somme toute, l'apprentissage du français pose toujours des problèmes au secondaire. En effet, la moitié des répondants préfère étudier les autres matières au programme plutôt que le français ; toutefois la majorité y met de plus en plus d'énergie, et presque tous s'attendent à la réussite ; la situation est donc un peu paradoxale dans le domaine de l'étude du français.

À peu près 90 % font de gros efforts pour bien parler le français. C'est peut-être le résultat du conditionnement à l'expression orale, à laquelle on a accordé la priorité dans les programmes de français pendant la dernière décennie. Les élèves sont d'avis que la lecture française et l'étude de la grammaire demeurent les meilleurs moyens pour bien écrire sa langue.

Opinions sur la langue

Deux questions portaient sur des opinions envers la langue fondées sur une connaissance de la situation au Nouveau-Brunswick : Est-ce que les jeunes francophones sont au courant des données concernant la qualité du français et l'interférence de l'anglais ? Quelle importance faut-il accorder au français dans son développement personnel, sa profession ?

Voici la proportion d'élèves francophones qui sont d'accord (totalement ou partiellement) avec chacune des propositions traduisant une attitude vis-à-vis la langue française (Q. 19) :

* Au Nouveau-Brunswick, il est nécessaire pour un francophone de parler le français et l'anglais : 76 % (91 %)

* Pour moi, le français est une langue facile à maîtriser : 65 % (69 %)

* Il est important de parler le français dans le métier où la profession que je vais choisir : 69 % (68 %)

* Pour moi, vivre en français est nécessaire à mon développement personnel : 70 % (71 %)

* Si j'avais des enfants, il serait plus avantageux pour eux de fréquenter l'école anglaise : 16 % (21 %)

* Les francophones du Nouveau-Brunswick accordent de plus en plus d'importance à la qualité de leur français : 64 % (68 %)

Par ailleurs, les élèves n'ont pas une très bonne opinion du climat français au Nouveau-Brunswick puisque 61, 2 % (56, 6 %) jugent que la langue française est présentement en mauvaise situation ou en plus ou moins mauvaise situation au Nouveau-Brunswick, alors que 38, 8 % (43, 4 %) la jugent en bonne ou excellente condition.

Résumé et conclusion

Ce dernier tableau donne un aperçu des gains et des reculs enregistrés par rapport au fait français pendant une période de cinq ans.

On peut compter 15 *secteurs* où il y a eu des changements *positifs* par rapport au fait français entre 1983 et 1988, et 25 *secteurs* où il y a eu des changements *négatifs*. Dans trois secteurs (radio, télévision, bonne réponse à l'énoncé : « L'anglais est la seule langue officielle au N.-B. »), il n'y a pas eu de changement.

Deux commentaires s'imposent : premièrement, il est vrai que certaines différences constatées entre 1983 et 1988 ne sont pas très significatives, parce que minimes ; deuxièmement, certains tableaux indiquent une diminution sous la rubrique « seulement français » et « surtout français » et en même temps sous la rubrique « surtout anglais » et « seulement anglais ». Le tableau 1 (lecture des journaux) en est un exemple. Cette contradiction apparente s'explique lorsqu'on regarde la rubrique « français-anglais » qui représente le milieu entre deux pôles, et où le résultat de 1988 a augmenté assez considérablement par rapport à celui de 1983.

On ne peut s'empêcher de remarquer l'influence américaine, anglo-canadienne et britannique grandissante chez les étudiants de 11e et 12e années à l'école. Si on s'en tient à l'aspect quantitatif, où on voit qu'il y a 15 secteurs positifs par rapport à 25 secteurs négatifs, cela laisse entendre que dans l'ensemble il y a probablement eu un recul durant cette période de cinq ans, et qu'il n'y a pas lieu d'être trop optimiste.

On constate que plusieurs changements positifs ont un rapport assez direct à l'enseignement dans la classe (par exemple les habiletés en grammaire, en orthographe, en vocabulaire). Par contre, la plupart des changements négatifs se passent en-dehors de la classe. On pourrait émettre l'hypothèse que le système scolaire est actuellement un facteur fort important pour le maintien et le progrès de la langue française.

Par ailleurs, étant donné que les changements négatifs proviennent surtout de l'extérieur de la classe, tels la famille, la ville ou le village, il semble que ce soit dans ces secteurs qu'il faudra redoubler d'efforts.

RÉSUMÉ DES CHANGEMENTS SURVENUS ENTRE 1983 ET 1988
CONCERNANT LES HABILETÉS ET ATTITUDES DES ÉTUDIANTS DU
NOUVEAU-BRUNSWICK EN 11ᵉ ET 12ᵉ ANNÉES

Changements positifs par rapport au fait français	*Changements négatifs par rapport au fait français*
- Danses à l'école	- Films
- Discothèques	- Chansonniers et chanteurs
- Compréhension du français	- Pièces de théâtre
- Maîtrise du français parlé	- Disques et cassettes
- Maîtrise du français lu	- Livres
- Maîtrise de la grammaire	- Journaux
- Maîtrise de l'orthographe	- Revues
- Maîtrise du vocabulaire	- Équipes sportives
- Fréquence de l'anglais entendu dans la parenté	- Langue parlée à la maison
- Bonne réponse à l'énoncé : « La nouvelle constitution ne dit pas quelles sont les langues officielles au N.-B. »	- Langue parlée dans la cour de récréation
	- Services dans les magasins
	- Services dans les restaurants
- Bonne réponse à l'énoncé : « Au Canada, le français et l'anglais sont les langues officielles »	- Majorité française dans la ville ou le village
- Efforts pour bien parler en français	- Fréquence de l'anglais entendu à l'école
- Importance du français dans le futur métier ou profession	- Estimation du pourcentage de francophones au N.-B.
- Avantages pour les enfants de fréquenter l'école anglaise	- Bonne réponse à l'énoncé : « Au N.-B., toutes les municipalités doivent offrir des services en français et en anglais »
	- Réaction à être servi en anglais dans les magasins et restaurants
	- Langue parlée avec les amis anglais
	- Préférence à étudier le français par rapport aux autres matières à l'école
	- Notes de français
	- Nécessité du français pour le développement personnel
	- Facilité à maîtriser le français
	- L'importance que les francophones accordent à la qualité du français
	- Condition de la langue française au N.-B.

Entre autres, l'affichage par les municipalités et les entreprises privées est probablement le secteur où il y a le plus de travail à faire, si on veut que les jeunes aient une attitude positive face à leur langue maternelle.

BIBLIOGRAPHIE

Édith Bédard et Daniel Meunier, *Conscience linguistique des jeunes Québécois*, tome 1, Québec, Conseil de la langue française, 1981.

Lionel Desjarlais, *Le Milieu socio-linguistique des élèves francophones et son influence sur leur comportement et leur compétence linguistique à l'école*, Ontario, ministère de l'Éducation, 1982.

Pierre Georgeault, *Conscience linguistique des jeunes Québécois*, tome II, Québec, Conseil de la langue française, 1981.

Alcide Godin et Aldéo Renaud, *Attitudes linguistiques des jeunes du Nouveau-Brunswick*, Moncton, Centre universitaire de Moncton, 1984.

Alcide Godin et Aldéo Renaud, *Attitudes linguistiques des jeunes du Nouveau-Brunswick*, Moncton, Centre universitaire de Moncton, 1989.

Roger Muchielli, *Opinions et changement d'opinions*, Paris, Éd. ESP, 1979.

Raymond Thomas, *Les Attitudes*, Paris, PUF, 1983.

UNE CHAIRE POUR LA PROMOTION DES ÉTUDES ACADIENNES

JEAN DAIGLE
Centre d'études acadiennes

CRÉÉE GRÂCE à une fondation du Secrétariat d'État, la Chaire d'études acadiennes a été instituée à l'Université de Moncton en novembre 1982 dans le but de promouvoir les études acadiennes. André Vachon en fut le titulaire de 1982 à 1985, et Marguerite Maillet a pris la succession de septembre 1987 à juin 1990 et depuis, Jean Daigle, historien de formation, occupe ce poste.

Le document présenté au Sénat académique, en novembre 1981, en vue de sa création précise que la Chaire d'études acadiennes est un professorat dont l'objet principal est la transmission et la création de connaissances propres à la collectivité acadienne. Le titulaire assure un enseignement traitant spécifiquement de sujets concernant les Acadiens et réalise, seul ou avec des collaborateurs, des projets de recherche qui ont pour objet de contribuer, surtout par des publications d'œuvres importantes, à l'avancement, au développement et à l'évolution des connaissances portant spécifiquement sur le fait acadien.

Relevant directement de la Faculté des études supérieures et de la recherche, la Chaire est pourvue d'un Conseil consultatif qui avise les instances appropriées de l'Université concernant son fonctionnement ainsi que la planification de son œuvre et de ses projets d'avenir. Les quatorze membres du Conseil se réunissent deux fois l'an.

Désireuse de planifier et de réaliser des projets de recherche sur le fait acadien et de favoriser l'établissement d'équipes de recherche multidisciplinaire, la Chaire consacre une grande partie de ses efforts à l'édition et à la réédition de textes acadiens. Pour ce faire, trois collections ont été créées.

La collection « Balises » est consacrée aux répertoires, aux guides et aux outils de travail : l'ouvrage de Raoul Dionne *La Colonisation acadienne au Nouveau-Brunswick (1760-1860). Données sur les concessions de terres* a été publié en 1989. Des ouvrages témoignant de la vitalité du fait acadien sont regroupés dans la collection « Mouvange ». Deux titres ont déjà paru dans cette collection : *La Réception des œuvres d'Antonine Maillet. Actes du Colloque international* édité par Marguerite Maillet et Judith Hamel, et récemment, *Les Aboiteaux en Acadie, hier et aujourd'hui* d'Yves Cormier. Les textes acadiens inédits et les textes acadiens fondamentaux sont regroupés au sein d'une collection intitulée « Blomidon ». Le premier ouvrage publié dans cette collection est l'édition savante de Pierre M. Guérin, *Causerie memramcookienne* de Pascal Poirier.

Ceux qui désireraient avoir plus de renseignements, peuvent contacter la Chaire d'études acadiennes en s'adressant à l'Université de Moncton, Moncton, Nouveau-Brunswick, EIA 3E9.

PRODUCTION ET RÉCEPTION DES LITTÉRATURES MINORITAIRES : LE CAS DES AUTEURS FRANCO-MANITOBAINS[1]

ROSMARIN HEIDENREICH
Collège universitaire de Saint-Boniface

DANS UN ARTICLE paru dans la *Gazette* de Montréal, l'auteur et critique Mark Abley déclare :

> L'acte d'écrire est une profession de foi, un geste de défi. Quand on prend la plume ou le clavier de l'ordinateur, on ne sait jamais qui seront nos lecteurs ou si nos mots trouveront quelqu'un pour les écouter, en plus de l'auditoire intime qu'on est soi-même. Bien que je croie que cela soit vrai pour tous les écrivains, ça l'est d'autant plus pour les auteurs qui résistent au courant linguistique dominant, des auteurs dont les voix résonnent dans un silence balayé par le vent[2].

L'auteur de ces phrases parle des auteurs du Manitoba qui écrivent en français et dont le travail a été récemment mis en valeur dans un numéro bilingue spécial de la revue littéraire *Prairie Fire*[3]. Publié à un moment fort du débat sur l'entente du lac Meech, qui devait reconnaître le statut du Québec comme « société distincte » à l'intérieur de la Confédération canadienne, l'article de la *Gazette* soulève le dilemme des minorités francophones hors Québec tout en indiquant que les problèmes de la minorité anglophone du Québec sont relativement « insignifiants ».

Les problèmes auxquels font face les auteurs canadiens écrivant en français à l'extérieur du Québec sont nombreux : faible bassin de lecteurs (en raison de la taille réduite des communautés culturelles), éloignement géographique et faiblesse institutionnelle. Contrairement à leurs homologues anglophones, les auteurs franco-manitobains n'ont pas beaucoup de poids dans leur propre collectivité et ils ne bénéficient pas du soutien d'une infrastructure culturelle nationale. L'existence même de leur travail n'est presque pas reconnue par les critiques littéraires, les animateurs de radio et de talk-show télévisés et les rédacteurs de dictionnaires d'auteurs. Cette situation n'est toutefois pas exclusivement réservée aux Franco-Manitobains. À l'exception de certains auteurs, tels que Gabrielle Roy, Antonine Maillet et, plus récemment, Ronald Lavallée, la production des écrivains francophones hors Québec est demeurée plus ou moins exclue de la réception critique et populaire qui situe une œuvre dans le contexte plus large de l'institution littéraire ou de la culture populaire. Cette absence d'attention critique permet difficilement de peindre un tableau précis de la situation actuelle de la littérature franco-manitobaine.

Certains membres de la communauté franco-manitobaine des écrivains et des maisons d'édition ont commencé à remédier à cet état de fait. C'est en 1984 qu'est paru le *Répertoire littéraire de l'Ouest canadien*[4] qui présente de brefs portraits d'écrivains francophones de l'Ouest. Malgré certaines erreurs et l'absence d'un aperçu critique (un auteur a constaté qu'il semble inclure tous ceux qui ont écrit aussi peu qu'une lettre en français et il y a des omissions importantes[5]), ce livre peut servir de point de départ à un inventaire sérieux de la littérature francophone de l'Ouest.

L'anthologie de poésie que viennent de publier les Éditions du Blé[6] est un livre plus ambitieux. Il contient une introduction détaillée, un choix représentatif de textes de poètes publiés, des données biobibliographiques et des analyses critiques qui présentent les divers auteurs et l'ensemble de leur travail. On peut ajouter que certaines pièces de théâtre publiées au cours des dernières années ont été accompagnées de préfaces ou d'introductions intelligentes et utiles[7] et qu'un bref survol critique de la littérature franco-manitobaine est paru il y a deux ans dans la revue *Prairie Fire*[8].

Un survol de la récente production littéraire française au Manitoba révèle les divisions au sein de l'idéologie culturelle auxquelles on peut s'attendre dans une collectivité sociologiquement hétérogène et dont les différents groupes s'orientent dans diverses voies. Bien qu'il existe un consensus sur l'objectif de conservation de la langue, de la culture et des institutions françaises actuelles, les positions des différents groupes varient grandement quant à des questions aussi diverses que l'entente du lac Meech (relations des Franco-Manitobains avec le Québec), les programmes d'immersion française (le nombre croissant d'anglophones capables de communiquer en français) et l'autodéfinition culturelle (accentuer l'élément « ethnique » ou folklorique, ou plutôt manifester sa présence aux niveaux du gouvernement et du marché). Bien qu'il soit abusif d'indiquer que ces différentes attitudes déterminent la production littéraire des écrivains franco-manitobains, elles constituent l'arrière-plan socio-idéologique qui permet de percevoir certaines tendances dans la littérature franco-manitobaine contemporaine.

À toute fin utile, on peut regrouper les œuvres franco-manitobaines récentes autour de deux pôles : l'un est caractérisé par des œuvres de facture formelle traditionnelle ayant une thématique explicitement ou implicitement locale (souvent fortement folklorique), tandis que l'autre a des visées non régionales et avant-gardistes. Cette divergence est suffisamment marquée pour que l'une des maisons d'édition francophones locales, les Éditions du Blé, le reconnaisse implicitement en créant une collection distincte pour ses auteurs plus avant-gardistes (Collection Rouge).

En raison de leur production abondante (huit livres par Léveillé[9], sept par Savoie[10] et plus de douze par Amprimoz[11]) et de la manière dont ils manipulent ou brisent les codes et les modèles traditionnels, J. R. Léveillé, Paul Savoie et Alexandre Amprimoz sont trois auteurs qui se tiennent aux premiers rangs de ce qu'on pourrait appeler le mouvement d'orientation avant-gardiste. En particulier, *À la façon d'un charpentier* de Savoie et *Montréal Poésie* de Léveillé présentent les transgressions génériques extrêmes qu'on associe à l'écriture postmoderne.

Depuis la parution de ses deux premiers romans, *Tombeau* en 1968, et *La Disparate*, publié en 1975 sous le pseudonyme de Jesse Janes, J. R. Léveillé a fait éclater les formes réalistes de la fiction qui ont dominé jusqu'à la fin des années 1960 la prose littéraire du Manitoba français tout comme celle qui se publiait ailleurs au Canada à l'extérieur du Québec. Cette première partie de l'œuvre est polarisée sur les thèmes du désir et de la mort, de la créativité et de la violence latente, mais c'est l'écriture elle-même qui en occupe le centre, avec la conscience de sa propre fiction (de son artifice) et, par conséquent, celle de l'absence, de la virtualité inhérente à l'acte d'écrire. *Tombeau* et *La Disparate* explorent la réalité de l'expérience au-delà du langage, mais le moment épiphanique de la révélation ne se trouve nulle part ailleurs que dans l'acte de nommer l'objet recherché, c'est-à-dire dans le texte archétypal de la langue même.

Dans *Plage*, le dernier roman de Léveillé, le désir et la création esthétique restent inextricablement liés, caractérisés l'un et l'autre par l'absence que représentent métaphoriquement la page blanche et la plage désertée. Abandonnant les descriptions richement texturées de décors et d'objets que l'on trouve dans ses romans antérieurs, abandonnant jusqu'à l'histoire, toute schématique et non linéaire qu'elle ait pu être auparavant, *Plage* se caractérise par une économie et un dépouillement qui donnent à cette œuvre son ambiguïté, son pouvoir d'évocation et sa sensualité intense. « L'écriture de J. R. Léveillé, dit un critique à propos de *Plage*, en est une de feu[12]. »

La poésie de Léveillé (*Oeuvre de la première mort* et *Le Livre des marges*) élargit et explore davantage la dialectique de la présence et de l'absence, marquée par le langage, que l'on trouve déjà dans les romans. Si la mort constitue la principale métaphore de l'absence dans *Oeuvre de la première mort*, c'est l'espace, le vide, le non-dit qui domine *Le Livre des marges*. Le signe, en particulier celui du langage, la trace, ne fait que mieux ressortir l'absence, le vide, l'espace qui l'entourent.

L'Incomparable constitue à ce jour l'énoncé le plus explicite de Léveillé sur son propre projet poétique. L'évocation de Sapho, « l'incomparable » du titre, est, suivant l'auteur, un « prétexte » dans tous les sens du terme. En effet, en évoquant le monde ancien de la poétesse grecque, l'écrivain moderne recrée ce monde d'une manière inévitablement sélective et fragmentée. À l'instar des ruines anciennes évoquées, le fragment textuel a pour effet de souligner l'absence, celle du passé. Cela constitue un lien thématique entre la poésie et la fiction de Léveillé. Dans *L'Incomparable*, la puissance esthétique du fragment, qui désigne simultanément la présence et l'absence, est ce qui relie le texte de l'écrivain au monde saphique tel qu'il nous a été transmis.

Extrait et *Montréal Poésie* radicalisent cette « poétique du fragment » formulée dans *L'Incomparable* sur les plans thématique et formel. *Extrait* se présente sous la forme d'une affiche couverte de mots dont certains sont en couleur. Le mode de présentation et l'attrait visuel de cette œuvre séduisent le lecteur, comme le ferait une affiche commerciale, mais si *Extrait* parodie l'art commercial et la consommation de masse qui en est la raison d'être, cette œuvre évoque aussi les parchemins anciens et les manuscrits du Moyen Âge. D'où l'allusion simultanée au caractère unique de l'œuvre d'art (voire du texte antique) et au caractère mécanique de la production (reproduction) artistique qui l'a désormais remplacée pour en faire un objet de consommation populaire.

Extrait préfigure à bien des égards les assemblages textuels et visuels qui caractérisent *Montréal Poésie*, la dernière œuvre de Léveillé, où l'on trouve la même profusion de références intertextuelles et de citations que dans les œuvres antérieures, surtout dans *L'Incomparable*. Pour ceux qui ne saisiraient pas tout de suite la signification de la photo qui illustre la couverture du livre, l'hôtel Chelsea de New York en surimpression, l'intention de l'œuvre se dévoile à travers les nombreux hommages au pop art, en particulier à Andy Warhol qui en fut le maître. Cependant, en lisant simplement le livre comme une œuvre de pop art, on se limite à un seul des codes permettant d'y accéder. En tout état de cause, la référence à la culture pop est manifestement rétrospective car le genre y est vu sur le mode ironique et même parodique, comme le signale sans équivoque le caractère contemporain des autres éléments contextuels, dont le slogan « New graffiti, old revolutions ». *Montréal Poésie* tourne donc en dérision à peu près toutes les avant-gardes contemporaines, y compris la sienne.

Il est difficile de dire si l'auteur s'attaque à l'ordre idéologique du monde qu'il définit dans *Montréal Poésie* ainsi qu'aux différents codes artistiques. Apparemment, il manipule ces codes pour exercer un certain contrôle sur le monde qu'il dépeint. Il se rapproche en cela de l'écrivain français Alain Robbe-Grillet à qui d'ailleurs est dédiée une œuvre en cours. Dans un entretien publié en 1979, Robbe-Grillet déclarait ceci :

> […] I live in society, I am part of that society, I am myself inside its ideology, and not exterior to it. But I see a system for maintaining my freedom within this ideological prison. The system is born of the New Novel and of all modern art — of pop art in American painting, and of modern music, too. It consists of detaching fragments from society's discourse and using them as raw materials to construct something else […][13].

Les premiers recueils de Paul Savoie, *Salamandre* et *Nahanni*, révèlent les influences du Symbolisme français que l'on trouve également dans la forme, et jusqu'à un certain point dans les thèmes, des premières œuvres de Léveillé. Bien que Savoie n'ait pas intégré les éléments visuels ou iconiques dans ses derniers livres, contrairement à Léveillé qui le fait de plus en plus, dans *À la façon d'un charpentier* et *The Meaning of Gardens* les formes de la prose et de la poésie cohabitent pour produire des textes qui résistent aux définitions génériques. Bien que le mode associatif de ces dernières œuvres désoriente au départ le lecteur, il demeure la stratégie principale de Savoie pour communiquer les perceptions qui donnent naissance au moment insaisissable de la transformation poétique et esthétique de l'expérience.

Ses premières œuvres adoptent une forme plutôt conventionnelle. *Nahanni*, par exemple, utilise plusieurs éléments narratifs épiques pour (re)créer une mythologie tirée des légendes autochtones, de l'étymologie et du paysage nordique vierge. Le titre désigne une rivière sauvage et inaccessible dont le nom signifie l'union magique de la nature et de l'esprit humain ainsi qu'un endroit où ont été découverts de mystérieux ossements anciens. Savoie joue sur le sens du nom pour élaborer une analogie complexe dans laquelle les forces de la nature représentent, et dramatisent même, les dimensions cognitives, spirituelles et démoniaques de l'expérience humaine. Bien que les premiers livres de Savoie adoptent encore bon nombre des principes du mimétisme romantique, leur densité discrète et leur discipline formelle rappellent la poésie néo-romantique française et allemande. Le traitement complexe et non sentimental d'un paysage indigène comme métaphore centrale d'une œuvre dont le thème essentiel est l'histoire de l'humanité permet à *Nahanni* de prendre sa place dans une tradition canadienne distinguée (voir les « poèmes de paysages » de A. M. Klein et de Irving Layton) tout en affichant d'importants liens avec la littérature européenne.

À la façon d'un charpentier a pour thème l'acte de création lui-même, comme l'indique l'analogie centrale que l'on trouve dans le titre du livre. Comme Léveillé dans *L'Incomparable*, Savoie reconnaît dans cette œuvre les « ruines », les « fragments », dont se compose le répertoire d'une histoire collective de la civilisation, sur lequel son univers poétique est construit.

Alexandre Amprimoz, écrivain et universitaire qui a vécu plusieurs années au Manitoba et qui est l'auteur de plus d'une douzaine de livres de poésie et de prose publiés en plusieurs langues (français, anglais, italien et espagnol), est l'une des rares personnes qui ait produit des textes critiques d'une manière soutenue sur la littérature franco-manitobaine. Bien que son travail reflète les préoccupations esthétiques et ontologiques de ses antécédents universitaires, ces éléments philosophiques sont incorporés à une poésie qui cherche la symbiose des moments « critiques » et « créateurs » plutôt que leur séparation ou leur opposition. Dans *Changements de tons*, en particulier, Amprimoz révèle que l'opposition traditionnelle entre la « vie » et « l'art » en ce qui a trait à leur capacité respective d'agir sur la réalité extratextuelle n'est qu'une construction artificielle. L'auteur semble nous dire que la fonction ultime de la vie et de l'art, comme celle de la critique, est émancipatrice, c'est-à-dire qu'elle doit exercer une influence sur le monde.

Les poèmes de la féministe Janick Belleau, première écrivaine publiée dans la collection Rouge, ont été regroupés dans un premier recueil intitulé *L'En-dehors du désir*[14]. La poétesse présente au lecteur un festin d'images volup-tueuses qui célèbrent en même temps les aspects sensuels, érotiques et cérébraux de la vie. Le livre contient de courts poèmes caractérisés par la précision et les ellipses des imagistes (« Soupirs nocturnes »). C'est toutefois dans les poèmes plus longs, finement travaillés, que Belleau révèle l'énergie créatrice et le souffle du poète accompli (« Les bleus de l'air », « New York, New York », « Appassionata »). Ses textes n'affichent pas le militantisme de certaines écrivaines féministes du Québec mais la gamme des thèmes et des tons qu'elle utilise est étendue : du texte humoristique et joyeux (« Faire la noce ») au texte douloureusement surréel (« Un chancre… ») et au poème ironique (« Des larmes ruissellent sur son visage »).

Encadrée par la métaphore centrale donnée par le titre (l'« en-dehors » est un terme de danse classique décrivant les cinq positions différentes des jambes et des pieds), qui donne lieu à des variations produisant une trame souterraine qui traverse tout le livre, la poésie de Belleau ressemble à une série de peintures vivantes, aux textures riches et magnifiquement exécu-tées, qui non seulement permettent au lecteur de voir et d'entendre, mais aussi de sentir, de goûter et de toucher.

À l'exemple de Janick Belleau, Charles Leblanc[15] est venu au Manitoba après avoir vécu au Québec. Si la stratégie de Belleau consiste à séduire, celle de Leblanc repose surtout sur la transgression militante. *Préviouzes du prin-temps* est une collection de poèmes écrits entre 1973 et 1983. Marxiste im-pénitent dans son attaque de la commercialisation et de l'exploitation qui caractérisent les valeurs morales, spirituelles et culturelles de l'Amérique du Nord, ce livre semblerait avoir été publié au cours des années 1960 (accom-pagné de souvenirs nostalgiques du passé) s'il n'était pas traversé par un fort courant sous-jacent d'allusions intertextuelles, de cynisme et d'images originales présents dans presque tous les poèmes. On le remarque dans les poèmes de voyage qui ouvrent le livre : à Sudbury, « la lune est une vie de nickel » (voir *L'Opéra de quatre sous* de Brecht), à Winnipeg, le poète chante « le semi-trailer de l'hiver » et à Kingston, il faut « face toi right on red ». Cette perspective esthétique et intellectuelle sur notre culture de consom-mation capitaliste trouve son expression non seulement dans un discours « col bleu », mais aussi dans un discours « col bleu » canadien-français, rempli d'anglicismes et d'interpolations anglaises. Elle donne à ce livre une tension et une fraîcheur qui le rendent plaisant et souvent amusant à lire.

D'amours et d'eaux troubles est un livre beaucoup plus complexe aux niveaux de la forme et des thèmes. La thématique révolutionnaire s'élargit au niveau idéologique pour englober la condition des femmes. La dialectique matéria-liste cède sa place à des réflexions sur des expériences personnelles et la transformation du programme révolutionnaire lui-même, tel que conçu dans les années 1980, est explicitement thématisée. Dans « le militant et l'amour », le poète reconnaît d'une manière ironique, et peut-être avec regret, « qu'agir comme si/la révolution avait lieu la semaine prochaine/est non scientifique at all et mène au/burn out et à des frustrations diverses ».

De plus, dans les années 1980, la révolution perd son aspect romantique ; elle n'est plus seulement un acte de volonté ou une nécessité historique mais une nécessité pragmatique si l'on veut survivre : « Le vieux slogan, *la révolution ou la mort*, n'est plus l'expression lyrique de la conscience révoltée, c'est le dernier mot de la pensée scientifique de notre siècle » (en épigraphe au poème « le petit restaurant du coin »).

D'amours et d'eaux troubles décrit les dimensions personnelles et individuelles de l'amour et de l'érotisme. L'objet du désir demeure toutefois l'Autre, non seulement dans un sens personnel ou sexuel mais aussi dans un sens révolutionnaire et émancipateur. Dans « amours fragmentés », un poème qui rappelle les événements d'octobre 1970 (les effets de la Loi des mesures de guerre au Québec), les deux aspects sont expressément mis sur le même pied.

Les allusions, les jeux de mots et les néologismes qui meublent *Préviouzes du printemps* se retrouvent également dans *D'amours et d'eaux troubles*, parodiant souvent le discours des années 1980 (« biotendre logique », « une fenêtre de vulnérabilité », « t'indexera-t-elle au goût de la vie »). Leblanc est souvent très drôle (« *like a rebel without a clue sometimes* ») et son « sacre du printemps » est un tour de force d'évocation intertextuelle tragi-comique. La dédicace à Franca Rame, qui préface le livre, semble résumer autant la poétique de Leblanc que celle de Rame : « […] le rire suppose l'intelligence. Lorsque vous riez, vous permettez à votre esprit d'être percé par les clous de la raison. J'espère que les gens dans l'auditoire sortiront du théâtre la tête pleine de clous. »

D'origine ontarienne, Louise Fiset n'est pas seulement une poétesse mais aussi une auteure dramatique dont la pièce *Letinsky Café* (inédit) a été mise en scène il y a deux ans par le Cercle Molière. Le titre du premier recueil de Fiset, *Driver tout l'été* [16], est issu de ses expériences avec un groupe de stripteaseuses qu'elle conduisait partout dans la province. Comme on peut s'y attendre, bon nombre des poèmes décrivent un milieu peuplé de cow-boys, de shérifs, de strip-teaseuses et de souteneurs. Les textes ont un fort attrait populaire : on pourrait imaginer des paroles de chansons country, folk ou de protestation. Les poèmes les plus puissants, écrits dans la langue marginale de la sous-culture, sont également les plus transgressifs, comme le souligne le texte amer et parodique intitulé « La Vallée de la Rivière Rouge ». Parmi les autres poèmes, « La terreur de la femme rouge » et les textes intitulés « Miroir » ressortent en raison de leur évocation surréaliste d'expériences traumatisantes et aliénantes.

Le travail de François-Xavier Eygun [17], poète né en France, comme celui du Franco-Manitobain Louis-Philippe Corbeil et de Michel Dachy, né en Belgique, est caractérisé par une qualité visionnaire et un esthétisme qui englobe les aspects plus sombres de la condition humaine et qui est un héritage de la poésie française du XIXe et du début du XXe siècles. Néanmoins, l'économie des poèmes de Eygun et leur traitement autoréférentiel du processus poétique (par opposition à la technique et aux thèmes picturaux de Corbeil et à l'utilisation de conventions essentiellement romantiques par Dachy[18]) leur donnent un caractère contemporain.

Les romans de Gilles Valais (un pseudonyme) et *Tchipayuk*[19] de Ronald Lavallée, roman couronné de succès, font partie du courant d'écriture dominant, à forme plus conventionnelle. Les romans de Valais, tout comme *Tchipayuk*, possèdent bon nombre des caractéristiques du *bildungsroman*. Cependant, bien que *Tchipayuk* puisse être lu comme un roman historique, les textes de Valais, en partie romans de mœurs, en partie romans à clef, possèdent des caractéristiques de l'allégorie. Dans *Les Deux Frères*[20], par exemple, l'allégorisation se manifeste dans la dualité stylisée des deux frères, dont l'un vit en exil extérieur et l'autre en exil intérieur de la petite communauté franco-manitobaine qui les a vus grandir.

Le récit de Valais joue sur plusieurs niveaux. Il se présente tout d'abord comme une vignette de la vie dans une petite communauté franco-manitobaine dans les années 1950 et les réactions de deux personnes prédisposées différemment (l'un est un homme d'action tandis que l'autre a un tempérament plus artistique et intellectuel). Le roman est également une peinture en miniature des changements sociaux survenus au Canada à l'époque, non seulement dans la situation de plus en plus problématique d'une minorité française faisant face à la domination anglaise institutionnalisée, mais également dans les effets de l'urbanisation sur l'affaiblissement des valeurs traditionnelles. Les allusions bibliques implicites dans le titre et le sujet du livre permettent une lecture du roman en termes d'archétypes. En raison de l'attention portée aux motivations des personnages, que le narrateur traite de façon ambiguë, le livre se prête également à une interprétation psychanalytique.

La quantité de textes modernes ou avant-gardistes publiés récemment peut sembler, d'un point de vue critique, éclipser la production considérable d'écrivains au style plus populaire mais, en fait, ce sont ces derniers qui connaissent une réception publique beaucoup plus large dans la communauté franco-manitobaine.

Les romans d'Annette Saint-Pierre, *La Fille bègue*[21] et *Sans bon sang*[22], sont essentiellement des romans à l'eau de rose dans lesquels, malgré tout, les questions sociales et linguistiques, liées inextricablement, font concurrence à l'histoire romantique pour susciter l'intérêt du lecteur. Les carences sociales et les questions des minorités sont moins dominantes dans *Pour l'enfant que j'ai fait* (1979) de Maria Chaput et totalement absentes dans le roman de Simone Chaput récemment publié, *La Vigne amère* (1989), qui raconte un hiver dans la vie d'une famille de vignerons français du point de vue de la jeune fille. Tous ces romans affichent un fort élément de régionalisme (dans *La Vigne amère*, le Manitoba devient la terre promise de la jeune fille et de sa mère) et, dans chacun d'eux, une histoire d'amour est au cœur du développement du récit.

La diversité des textes littéraires écrits en français et publiés à l'heure actuelle au Manitoba (un certain nombre d'auteurs ne sont pas mentionnés dans cet article en raison des contraintes d'espace) indique la présence d'une communauté littéraire dynamique qui peut prétendre à représenter les préoccupations, les intérêts et les conflits du milieu social et culturel plus large dont elle fait partie. Des ouvrages de transgression de ceux qui écrivent dans la soi-disant veine postmoderne aux romans d'amour qui accueillent confortablement les lecteurs dans le monde familier des héros et des vauriens, la littérature franco-manitobaine semble être un microcosme de la production littéraire dans tous les pays.

Néanmoins, les problèmes de réception et d'institutionnalisation dans notre culture très enrégimentée ne sont pas résolus pour les écrivains franco-manitobains. À l'exception de deux librairies et de deux maisons d'édition francophones à Saint-Boniface, la communauté francophone du Manitoba ne possède pratiquement aucune infrastructure littéraire. Si l'on exclut les soirées de lancement occasionnelles, il n'y a aucune activité permettant aux lecteurs et aux écrivains de se rencontrer, comme une séance de lecture, un atelier ou un séminaire d'écriture en français ou tout autre mécanisme d'aide à la publication. Aucune des trois universités de la province n'offre de cours d'écriture littéraire (*creative writing*) en français et il n'y a aucune revue ou aucun autre média local qui pourrait offrir régulièrement une tribune aux œuvres littéraires, à la critique et aux comptes rendus.

Bien que le nombre de personnes nées au Manitoba qui reconnaissent le français comme langue maternelle semble diminuer lentement, la population francophone totale semble augmenter, en raison de l'immigration provenant des pays francophones et du Québec. La population francophile (les personnes intéressées à la langue et à la culture françaises et qui peuvent lire et écrire le français) a connu une augmentation spectaculaire en raison de l'importance des programmes d'immersion française et d'autres facteurs.

On pourrait discuter longtemps de la possibilité d'améliorer la situation des écrivains franco-manitobains. Il se peut qu'une nouvelle tendance favorable à la décentralisation culturelle, ou à la reconnaissance institutionnelle accrue de l'écriture « régionale », « féminine » et « ethnique » ainsi qu'à l'accueil des littératures dites « mineures », « périphériques » ou « exotiques » dans le canon littéraire dominant, européen et nord-américain, permette au public et aux critiques de mieux prendre conscience des œuvres produites à l'extérieur des « centres » culturels traditionnels (ex : la littérature canadienne-française produite hors Québec). Au même moment, les événements récents survenus en Europe et dans les pays du Tiers Monde ainsi que l'importance que prennent au Canada des questions comme l'immigration, l'accord du lac Meech et les revendications des autochtones, accéléreront probablement ce processus de décentralisation culturelle, qu'on pourra observer de plus en plus au cours des années à venir. Ce nouvel intérêt pour les « périphéries », qui comprendra inévitablement des aspects culturels et littéraires, pourrait en fait désavantager les écrivains canadiens-français hors Québec. En termes linguistiques, on les associe à un « centre » culturel (ils écrivent dans une langue « dominante ») mais quantitativement, leur production collective demeure relativement faible. Ainsi, par exemple, une collection récemment publiée de textes de fiction « multiculturels » et d'entrevues avec leurs auteurs ne comprend pas d'auteurs francophones non québécois (ou québécois) pour des raisons évidentes [23]. La critique française n'a pas traité en détail non plus de la situation de la littérature francophone non québécoise; elle se concentre sur des littératures plus « périphériques », telles les littératures maghrébine et antillaise. De plus, la situation des écrivains canadiens-français hors Québec ne loge pas dans les catégories créées par les ouvrages théoriques récemment publiés sur la décentralisation culturelle [24].

Le problème des écrivains franco-manitobains et des autres écrivains francophones hors Québec demeure donc un problème de représentation critique et, ultimement, politique, ou plutôt de son absence. Comme l'écrit Mark Abley dans son article, « [...] ces écrivains doivent se rabattre sur leurs propres ressources et sur les ressources de leur langue ». Abley soulève également la question de l'avenir de la culture française au Manitoba et des effets de l'incertitude sur les écrivains : « Les Franco-Manitobains ont survécu à plus d'un siècle d'oppression et ils n'ont aucun désir particulier de confirmer les prévisions des démographes quant à leur extinction. En attendant, contre toute attente, ils produisent de l'art. Ils font des efforts, ils se désolent et, parfois, ils s'en vont ailleurs. Ils témoignent à leur façon, d'une manière privée et sardonique [25]. »

NOTES

1. Une partie de cet article a été publiée sous le titre « Le canon littéraire et les littératures minoritaires : l'exemple franco-manitobain », dans *Cahiers franco-canadiens de l'Ouest*, vol. 2, n° 1, printemps 1990, p. 21 à 29.

2. Mark Abley, « This prairie fire is burning in French », *The Gazette*, Montréal, 19th may 1990. Nous traduisons.

3. *Prairie Fire*, Vol. 11, n° 1, Spring 1990.

4. Saint-Boniface, Éditions du Centre d'études franco-canadiennes de l'Ouest, 1984.

5. Voir J. R. Léveillé, « De la littérature franco-manitobaine », dans *Prairie Fire*, vol. VIII, n° 3, 1987, p. 58.

6. J. R. Léveillé, éd., *Anthologie de poésie franco-manitobaine*, Saint-Boniface, Éditions du Blé, 1990.

7. Le théâtre a permis à un certain nombre d'auteurs franco-manitobains d'élargir leur auditoire. Parmi ces derniers, on trouve Roger Auger (*Je m'en vais à Régina*, 1976), Claude Dorge (*Le Roitelet*, 1983), Rhéal Cénérini (*Aucun Motif*, 1983) et Marcien Ferland (*Les Batteux*, 1983, et *Au temps de la Prairie*, 1987). Charles Leblanc a animé le milieu théâtral manitobain avec son théâtre populaire à base d'improvisation.

Pour un aperçu plus détaillé du théâtre franco-manitobain, voir Ingrid Joubert, « Current Trends in Franco-Manitoban Theatre », *Prairie Fire*, vol. XI, n° 1 (printemps 1990), p. 118 à 128.

8. J. R. Léveillé, « De la littérature [...] », *op. cit.*, p. 58-69.

9. *Tombeau* (Winnipeg, Canadian Publishers, 1968), *La Disparate* (Montréal, Éditions du Jour, 1975), *Oeuvre de la première mort* (Saint-Boniface, Éditions du Blé, 1978), *Le Livre des marges* (Saint-Boniface, Éditions des Plaines, 1981), *Extrait* (Saint-Boniface, Éditions des Plaines, 1984), *L'Incomparable* (Saint-Boniface, Éditions du Blé, 1984), *Plage* (Saint-Boniface, Éditions du Blé, 1984), *Montréal Poésie* (Saint-Boniface, Éditions du Blé, 1987).

10. Entre autres, *Salamandre* (Saint-Boniface, Éditions du Blé, 1974), *Nahanni* (Saint-Boniface, Éditions du Blé, 1976), *À la façon d'un charpentier* (Saint-Boniface, Éditions du Blé, 1984), *The Meaning of Gardens* (Toronto, Black Moss Press, 1987).

11. Dont *Changements de tons*, Saint-Boniface, Éditions des Plaines, 1981.

12. Paul-François Sylvestre, « Un récit sensuel et érotique », dans *Liaison*, printemps 1985, p. 57.

13. Germaine Brée, « Alain Robbe-Grillet : What Interests Me Is Eroticism. An Interview », dans George Stambolian et Elaine Marks, éd., *Homosexualities and French Literature : Cultural Contents/Critical Texts*, Ithaca, Cornell University Press, 1979, p. 93.

14. Saint-Boniface, Éditions du Blé, 1988.

15. *Préviouzes du printemps* (Saint-Boniface, Éditions du Blé, 1984), *D'amours et d'eaux troubles* (Saint-Boniface, Éditions du Blé, 1988).

16. Saint-Boniface, Éditions du Blé, 1989.

17. *L'Écharpe d'Iris*, Saint-Boniface, Éditions du Blé, 1981.

18. Louis-Philippe Corbeil, *Journal de bord d'un gamin des ténèbres* (Saint-Boniface, Éditions du Blé, 1986), Michel Dachy, *Persévérance* (Saint-Boniface, Éditions du Blé, 1984).

19. Paris, Albin Michel, 1987.

20. Saint-Boniface, Éditions des Plaines, 1982.

21. Saint-Boniface, Éditions des Plaines, 1982.

22. Saint-Boniface, Éditions des Plaines, 1987.

23. Linda Hutcheon et Marion Richmond, éd., *Other Solitudes. Canadian Multicultural Fictions*, Toronto, Oxford, 1990.

24. Voir Homi Bhabha, *Narration and Nation* (New York, Routledge, 1990), Jim Collins, *Uncommon Cultures. Popular Culture and Post-Modernism* (New York, Routledge, 1990), G. S. Spivak, *The Post-Colonial Critic* (New York, Routledge, 1990).

25. Nous traduisons.

L'ÉPOPÉE DES OBLATS DANS L'OUEST CANADIEN

GUY LACOMBE
Directeur de la Western Canadian Publishers

RAYMOND HUEL
Rédacteur en chef de la Western Canadian Publishers

L'HISTOIRE DE LA FONDATION et du développement de l'Église catholique dans l'Ouest et le Nord canadiens suscite un intérêt sans cesse grandissant. Cet intérêt est devenu beaucoup plus évident depuis le 17 octobre 1986 alors que les Missionnaires Oblats de Marie-Immaculée mettaient sur pied une compagnie indépendante, la *Western Canadian Publishers*, dont le mandat est précisément de faire écrire et de publier une série de monographies sur cette histoire qui s'étend sur une période de près de 150 ans[1].

Dans le présent article, nous ferons un survol rapide de ce qu'a été effectivement l'œuvre des Oblats dans l'Ouest et le Nord canadiens, de 1845 à nos jours ; et dans un deuxième temps, nous expliquerons en quoi consiste précisément ce projet d'histoire que les Oblats ont lancé en 1982.

Les débuts

Les premiers prêtres qui sont venus dans l'Ouest canadien pour s'y établir en permanence ont été les abbés Norbert Provencher et Sévère Dumoulin qui sont arrivés à la Rivière Rouge le 16 juillet 1818. Ces deux prêtres étaient originaires du diocèse de Québec.

Quatre ans plus tard, le 12 mai 1822, Provencher recevait la consécration épiscopale des mains de Mgr Plessis, évêque de Québec, et devenait ainsi coadjuteur de ce prélat pour le district du Nord-Ouest[2]. Un des principaux problèmes de la jeune Église de l'Ouest était d'obtenir un clergé stable pour s'occuper des quelques Blancs qui avaient formé une première colonie à la Rivière Rouge, mais aussi des Métis et des Indiens qui étaient répandus partout dans cet immense territoire. Les conditions de vie étaient telles que les prêtres séculiers, qui vinrent d'ailleurs en très petit nombre, ne passaient que quelques années dans l'Ouest puis retournaient au Québec. Pour Mgr Provencher, seule une communauté religieuse donnerait à l'Église de l'Ouest la stabilité qui lui était essentielle pour assurer sa permanence.

En 1845, il obtint du fondateur des Oblats, Mgr de Mazenod, deux premiers missionnaires : le Père Pierre Aubert et le Frère scolastique Alexandre Taché, une des premières recrues oblates canadiennes. Au moment de son obédience pour la Rivière Rouge, le Frère Taché n'avait que 22 ans, était sous-diacre et n'avait pas encore fait ses premiers vœux de religion.

Les deux Oblats arrivèrent à la Rivière Rouge le 25 août 1845 et peu après le Frère Taché reçut le diaconat et l'ordination sacerdotale des mains de Mgr Provencher et il prononça ses premiers vœux. Sa première obédience le conduisit chez les Indiens Dénés à la lointaine mission de l'Île-à-la-Crosse où il se rendit avec l'abbé Louis-François Laflèche[3].

Phalange de missionnaires

Aubert et Taché devaient être suivis par une phalange de missionnaires qui allaient marquer profondément le développement de l'Église de l'Ouest. Dès l'année suivante, par exemple, trois autres Oblats de France arrivèrent à la Rivière Rouge, soit les PP. Henri Faraud et Xavier Bermond ainsi que le Frère Louis Dubé. En 1848, ce sera les Pères Jean Tissot et Augustin Maisonneuve, deux autres Français. Puis viendront dans les quelques années subséquentes des Oblats dont les noms sont encore régulièrement évoqués dans l'Ouest canadien : les Pères Henri Grollier, René Rémas, Valentin Végreville, Vital Grandin, Joseph Lestanc, Isidore Clut et le Frère Alexis Raynard, pour n'en nommer que quelques-uns. Invariablement, dès leur arrivée, ces missionnaires se mettaient résolument à l'apprentissage des langues indiennes et étaient dirigés immédiatement dans de lointaines missions. Quelques prêtres séculiers se joignirent parfois aux Oblats, tels Zéphirin Gascon et Albert Lacombe, deux Canadiens de la province de Québec, qui ne tardèrent pas d'ailleurs à devenir eux-mêmes Oblats.

Côte ouest

Quelques années auparavant, en 1838, deux autres prêtres séculiers du Québec, Modeste Demers et Norbert Blanchet, s'étaient rendus à la côte du Pacifique pour y jeter les bases de l'Église catholique. Norbert Blanchet devait devenir le premier vicaire apostolique de l'Orégon en décembre 1843 et trois ans plus tard, son immense territoire était divisé en trois grands diocèses : Oregon City, archevêché, dont il devint titulaire ; Walla Walla, confié à son frère Magloire ; puis l'Île Vancouver et la Colombie-Britannique continentale confiées à Modeste Demers. Ces juridictions apostoliques n'avaient cependant aucun clergé et là encore on se tourna vers les Oblats pour obtenir des missionnaires.

Six Oblats de France arrivèrent en Orégon dès 1847 sous la direction du Père Pascal Ricard. D'autres suivirent dans les années suivantes, notamment les PP. Timothée Lempfrit (1848), Pierre D'Herbomez (1850) et Paul Durieu (1854). En 1861, on comptait 8 Pères et 4 Frères dans les missions de l'Orégon et de la Colombie-Britannique.

Quant au vicariat de Saint-Boniface, on y comptait 30 Oblats la même année, soit deux évêques (Taché et Grandin), 20 Pères et 8 Frères.

Évêques

En 1850, Mgr Provencher avait 63 ans et sentait le besoin d'avoir un coadjuteur. Il choisit le Père Taché qui n'était âgé que de 27 ans et qui devait devenir, trois ans plus tard, évêque titulaire de Saint-Boniface. En 1857, il obtint lui-même un coadjuteur en la personne du Père Vital Grandin qui était âgé de 28 ans. Mgr de Mazenod présida lui-même à la consécration épiscopale de ces deux jeunes missionnaires.

Mgr Grandin fut particulièrement chargé des missions du Nord, ayant sa résidence à la mission de l'Île-à-la-Crosse. Son premier geste fut de faire le tour des missions du Mackenzie, voyage apostolique qu'il prit trois ans à accomplir. À son retour, il lui apparut évident qu'il fallait nommer un évêque pour la grande région de l'Athabasca-Mackenzie, et c'est au Père Henri Faraud que fut dévolue cette lourde responsabilité en 1862. De santé délicate, Mgr Faraud avait aussi demandé au Pape Pie IX un coadjuteur, et ce dernier l'avait autorisé à se trouver un coadjuteur de son choix. Après consultation auprès des Pères du vicariat, c'est le Père Isidore Clut qui fut désigné pour ce poste. Ce dernier fut sacré évêque dans le plus grand dénuement à la mission de Fort Chipewyan, en 1867[4]. Par la suite, en 1871, on créera le diocèse de Saint-Albert et Mgr Vital Grandin en deviendra le premier titulaire.

Entre-temps, en 1863, le Père D'Herbomez était nommé évêque de la Colombie-Britannique. En 1875, il sentit à son tour le besoin d'un coadjuteur et il le trouva en la personne du Père Paul Durieu. Ce dernier lui succéda à la tête du diocèse en 1890.

Plusieurs autres Oblats reçurent la plénitude du sacerdoce dans l'Ouest canadien. Tant et si bien qu'en 1889, à l'occasion du premier concile de Saint-Boniface, convoqué par Mgr Taché, tous les évêques de l'Ouest étaient des Oblats. Par la suite, l'Ouest canadien connaîtra d'autres grands évêques Oblats. Mgr Émile Grouard, cousin de Mgr Grandin, tient une place importante dans cette illustre galerie. On pourrait encore ajouter les noms de Mgr Émile Legal, de Mgr Adélard Langevin, de Mgr Célestin Joussard, de Mgr Émile Bunoz et de Mgr Joseph Trocellier.

Expansion

C'est donc dire que sous l'impulsion des Oblats, l'Église catholique de l'Ouest connut une expansion quand même rapide. Comme on l'a vu, dès l'arrivée des premiers Oblats, en 1845, Mgr Provencher les dirigea vers le Nord où les Indiens Dénés et Montagnais réclamaient la présence du missionnaire[5].

L'arrivée des premiers ministres anglicans et protestants peu de temps après devait servir de stimulant à l'expansion de l'Église catholique dans l'Ouest et le Nord canadiens. C'est ainsi que dès 1860, le Père Henri Grollier atteignit le pays des Esquimaux après avoir fondé deux ans auparavant la mission de Good Hope juste au sud du cercle arctique. Premier missionnaire Oblat à mourir dans l'Ouest canadien, c'est là qu'il a été enterré en 1864, entre deux Indiens. Il n'était âgé que de 38 ans.

« Les distances, l'isolement, le froid et souvent les maigres moyens de subsistance furent le lot des missionnaires éparpillés dans ces très vastes territoires de l'Ouest et du Nord », rapporte le P. Donat Levasseur[6]. « Partout », poursuit-il, « les missionnaires apprennent les langues indiennes et en font usage, publient même des ouvrages de piété en ces langues, s'occupent des Indiens, des Blancs et des Métis dans leur ministère. » Mais, comme l'écrit le Père Joseph-Étienne Champagne :

> [...] le fait le plus saillant de cette épopée missionnaire, ce n'est pas le nombre de conversions, mais l'occupation, en moins de 15 ans, de tous les points stratégiques d'un pays grand comme un continent. Et cette merveille d'apostolat fut accomplie par une simple poignée de missionnaires, n'ayant à leur disposition que des moyens humains fort primitifs et des ressources très limitées[7].

Hommes de tous métiers

Par la force des circonstances, les missionnaires devront s'improviser constructeurs, charpentiers, scieurs de long, chasseurs, pêcheurs, maîtres d'école, cuisiniers, infirmiers, voire médecins.

Et comme les langues indiennes n'ont jamais été écrites, les missionnaires feront encore davantage : ils écriront des grammaires et des dictionnaires soit en langue crise, en montagnais, en saulteux, en pied-noir, en sioux, etc. Bien plus, ils imprimeront des journaux, des revues dans les langues indiennes. En Colombie-Britannique, le Père Jean-Marie LeJeune publiera même un journal en sténographie, le *Kamloops WaWa* qui, en 1898, était tiré à 3000 exemplaires et qui était accessible non seulement aux autochtones, mais également aux Blancs.

Écoles indiennes

À partir de 1885, les Oblats sentirent de plus en plus le besoin d'aider les Indiens à se préparer à un nouveau mode de vie. La disparition presque soudaine du bison qui avait été depuis toujours leur principal moyen de subsistance, de même que l'arrivée de plus en plus massive des Blancs, constituèrent les deux principaux facteurs qui militaient en faveur de la mise sur pied d'écoles résidentielles qu'on appela d'abord « écoles industrielles » parce que leur vocation était de préparer les jeunes, garçons et filles, aux métiers qui devaient assurer leur subsistance : l'agriculture, la construction et la mécanique pour les garçons, et les arts ménagers pour les filles.

Avec l'aide financière du gouvernement fédéral et la collaboration indispensable des communautés religieuses de femmes, les Oblats firent jaillir une cinquantaine d'écoles résidentielles de Kenora à Vancouver, d'Inuvik à Cardston, et dispensèrent ainsi une précieuse éducation à des milliers d'enfants. La plupart de ces écoles demeurèrent en opération jusqu'à la fin des années 1960.

Martyrs

Il est difficile de se faire une idée de ce qu'était la vie des missionnaires, surtout dans les débuts, alors que les seules routes qui existaient dans l'Ouest et le Nord canadiens étaient les rivières et les lacs. Les voyages étaient fréquents, de longue durée, se faisaient à pied ou en canot en été, en raquettes ou en traîneau en hiver. Si, durant la saison froide, les missionnaires étaient souvent menacés de se geler les membres ou même de perdre la vie, durant l'été, les maringouins constituaient un supplice qui n'était guère plus tolérable. D'autre part, le régime alimentaire laissait toujours à désirer et plus d'une fois les missionnaires ont été réduits à se passer de nourriture pendant plusieurs jours.

Ces conditions extrêmement difficiles faisaient dire à Mgr Grandin que la vie des Oblats du Nord et de l'Ouest canadiens était un long martyre dépourvu de toute poésie[8]. Et c'est en pensant aux missions canadiennes que le Pape Pie XI avait qualifié les Oblats de « spécialistes des missions difficiles ».

Mais certains Oblats ont aussi versé leur sang dans l'exercice de leur apostolat. Ce fut le cas du Frère Alexis Reynard qui, au cours d'un voyage à Lac la Biche en 1875, a été massacré et mangé par son guide iroquois pour avoir défendu une orpheline dont il avait la charge.

En 1885, les Pères Léon Fafard, 35 ans, et Félix Marchand, 27 ans, furent tués au lac Grenouille lors de la Rébellion des Métis. Le Père Fafard était originaire du Québec et le Père Marchand de France.

Deux autres Oblats (français) furent aussi assassinés en 1913. Il s'agit des Pères Guillaume Le Roux, 27 ans, Jean-Baptiste Rouvière, 32 ans, qui furent tués alors qu'ils se rendaient à Coppermine y porter l'Évangile aux Esquimaux.

Les récits sont nombreux où des Oblats ont côtoyé la mort lors de naufrages. Mgr Grandin lui-même n'y a pas échappé. Certains Oblats cependant y ont laissé leur vie, notamment le Père Germain Eynard qui s'est noyé accidentellement à Fort Chipewyan en 1873 à l'âge de 52 ans, et le Père François Frapsauce qui avait entrepris de poursuivre l'œuvre des Pères Le Roux et Rouvière et qui s'est aussi noyé au Lac d'Ours en 1920, à l'âge de 45 ans[9].

Au service des différentes ethnies

L'Ouest canadien est un vaste pays. Après la Rébellion des Métis, en 1885, ce pays était relativement peu peuplé. Le gouvernement du Canada entreprit une vaste campagne, particulièrement en Europe et aux États-Unis, pour y attirer des colons. Et ils vinrent nombreux. Des gens de toutes croyances, de toutes langues, de toutes cultures.

Le parachèvement du chemin de fer du Canadien Pacifique allait d'ailleurs favoriser le peuplement de l'Ouest. On est donc venu de partout prendre les « homesteads » qui étaient offerts à tout venant.

Dès le début, les Oblats s'efforcèrent d'apporter les secours de la religion aux catholiques des différentes nationalités et des différents rites qui venaient s'établir dans l'Ouest canadien. Par exemple, Mgr Grandin fit venir des Oblats polonais pour s'occuper de leurs compatriotes qui étaient disséminés un peu partout dans le territoire actuel de l'Alberta. Les Pères Kulawi (Albert, Jean et Paul) ainsi que le Père Anthony Sylla, pour ne nommer que ceux-là, ont rendu d'inestimables services à leurs compatriotes polonais dans les provinces de l'Ouest. Notons aussi en passant que le premier Oblat polonais à venir dans l'Ouest canadien a été un frère coadjuteur, Antoine Kowalczyk, qui a passé la majorité de sa vie au Juniorat Saint-Jean où il est décédé en odeur de sainteté le 10 juillet 1947.

On s'efforça aussi d'obtenir des prêtres ruthènes pour desservir les Ukrainiens et Galiciens qui avaient leur rite particulier. Le Père Lacombe fera des voyages en Autriche pour solliciter des prêtres ruthènes ; Mgr Albert Pascal également. Même souci auprès des catholiques allemands, ce qui mena d'ailleurs à la fondation de la province oblate St. Mary's en 1926. L'évêque de Saint-Boniface, Mgr Adélard Langevin, ne ménagea rien pour pourvoir chacun des groupes ethniques de paroisses et d'écoles où les services étaient offerts dans la langue de ces gens. Non seulement les Oblats prirent-ils charge de ces paroisses, mais ici et là ils fondèrent aussi des journaux imprimés dans la langue de ces ethnies, comme ils l'avaient fait pour les Indiens [10].

Sur les lignes de chemins de fer

La construction du chemin de fer du Canadien Pacifique devait aussi être pour les Oblats l'occasion d'une forme de ministère bien particulière.

Dès 1877, les Pères Joachim Allard et Stanislas Marcoux se dévouèrent auprès des équipes de construction qui travaillaient entre Portage du Rat (Kenora) et Winnipeg. En 1880, le Père Albert Lacombe fut nommé chapelain permanent de ces chantiers de construction. Par la suite, on verra des Oblats s'adonner à ce dur travail le long de cette même ligne, notamment entre Calgary et Vancouver. Le Père Louis Culerier, qui a aussi consacré plusieurs années de sa vie le long des voies ferrées du nord de l'Alberta, et qu'on a d'ailleurs appelé « le saint de la Coal Branch », fournit un exemple typique de ce singulier ministère auprès de gens qu'on pouvait à juste titre qualifier d'« âmes les plus abandonnées ».

Lieux de dévotion

Plusieurs lieux de dévotion se sont développés dans l'Ouest canadien, sous l'instigation des Oblats. En 1989, par exemple, on a célébré le centenaire du pèlerinage du Lac Sainte-Anne, en Alberta. La mission du Lac Sainte-Anne est la plus ancienne de l'Alberta[11] : elle a été fondée par l'abbé Jean-Baptiste Thibault en 1842. Mais ce n'est qu'en 1889 que les Oblats organisèrent un premier pèlerinage qui fut fréquenté, dès le début, principalement par des autochtones. Aujourd'hui encore, ce pèlerinage, qui dure une semaine, attire des dizaines de milliers d'Indiens chaque été et constitue de ce fait le rassemblement d'Indiens le plus important de l'Ouest canadien.

Un autre lieu de pèlerinage important est celui de Saint-Laurent de Grandin. Organisé en l'honneur de Notre-Dame de Lourdes, un premier pèlerinage y eut lieu le 15 août 1905 et se poursuit encore aujourd'hui. Ce lieu de pèlerinage a vu le jour grâce au dévouement et à la piété de deux frères coadjuteurs français, les Frères Jean-Pierre Piquet et Célestin Guillet.

Plusieurs autres lieux de pèlerinage ont vu le jour dans l'Ouest canadien en même temps que des grottes à la Vierge étaient construites. Il y a eu, par exemple, celui de Saint-Albert mis sur pied par le Père Jules Bidault en 1932. La grotte de Saint-Albert avait été construite par les scolastiques oblats en 1920. Notons aussi celui de Girouxville, également en Alberta, fondé sous l'impulsion du Père Clément Desrochers en 1950. Il en existe plusieurs autres, jusque dans les régions glacées du Mackenzie.

Oblats éducateurs

Dès leur arrivée dans l'Ouest, les Oblats ont été préoccupés par l'éducation de la jeunesse et nombreux sont ceux qui se sont improvisés maîtres d'école. Le scolastique Constantine Scollen, par exemple, fut le premier professeur à l'école catholique de Saint-Albert, en 1862, et il tint une école au Fort Edmonton à peu près à la même époque. Le Père Lacombe lui-même s'est improvisé professeur à Portage-du-Rat. Après avoir construit une petite église en 1881, il s'en servit comme école où il enseignait lui-même « quand il y avait des élèves[12] ». Plus récemment, en janvier 1948, le Père Charles Gamache[13] prenait l'initiative d'une première école à sa mission de Fond du Lac, Saskatchewan. Il savait pertinemment qu'un jour viendrait où l'anglais serait indispensable, même dans cette mission éloignée et isolée.

D'autre part, dès qu'ils le purent, les Oblats ouvrirent des collèges ou des juniorats. Il y eut le Collège Saint-Louis à Victoria (C.B.) en 1864, le Collège Mathieu à Gravelbourg (Sask.) en 1922[14], le Collège Saint-Paul à Winnipeg (Man.) en 1926, le Collège St. Thomas à Battleford (Sask.) en 1950, le Collège Notre-Dame-de-la-Paix à Falher (Alb.) en 1950 également et le Collège Grandin à Fort Smith (T.N.-O.) en 1964.

Entre-temps, pour assurer leur propre recrutement, les Oblats fondaient aussi le Juniorat Sainte-Famille à Saint-Boniface, en 1905, le Juniorat Saint-Jean à Pincher Creek en 1908 et le Juniorat de Battleford en 1932. Le Juniorat Saint-Jean devait déménager à Edmonton deux ans plus tard puis, en 1943, lors de la fermeture du Collège des Jésuites, il devenait le Collège Saint-Jean pour desservir la population francophone de la province de l'Alberta[15].

Aide aux francophones

Dans l'Ouest canadien, les Oblats ont toujours voulu être « tout à tous », comme on l'a vu, mais on peut dire que les francophones ont reçu en quelque sorte un traitement de faveur.

En effet, les Oblats ont favorisé les campagnes de colonisation pour amener dans le pays une population catholique et d'expression française ; ils ont lutté avec acharnement pour le respect des droits de ces gens ; souvent au prix de grands sacrifices, ils ont travaillé à la mise sur pied et au maintien d'écoles catholiques et françaises, de journaux d'expression française. Ils se sont également impliqués dans la revendication de services tels que la radio et la télévision françaises [16].

Structures oblates et ecclésiastiques

La Providence a voulu, semble-t-il, que l'Ouest canadien soit pour ainsi dire le tremplin qui a favorisé le développement de la congrégation des Oblats de Marie-Immaculée.

Jusque vers 1940, les missions de l'Ouest et du Nord canadiens ont exercé une force d'attraction extraordinaire, particulièrement en France, de sorte que des recrues nombreuses et d'une remarquable qualité ont été attirées chez les Oblats.

Le nombre de missionnaires et la grandeur du territoire desservi ont nécessité périodiquement chez les Oblats l'établissement de nouvelles structures administratives : plusieurs provinces ou vice-provinces oblates ont donc surgi au cours des années pour assurer un meilleur service apostolique et une administration plus efficace, compte tenu des œuvres, de la géographie, des populations desservies et parfois aussi de l'origine ethnique des Oblats eux-mêmes. Ces structures continuent d'ailleurs d'évoluer selon les besoins, les ressources et les orientations de la congrégation.

Simultanément, la structure ecclésiastique s'est développée à peu près au même rythme. Le vicariat de Saint-Boniface de 1820 est un tronc solide d'où ont poussé des branches multiples qui ont été, selon les circonstances, de nouveaux diocèses, des vicariats apostoliques ou des préfectures apostoliques.

Aujourd'hui, l'Ouest et le Nord canadiens comptent 19 archidiocèses et diocèses [17]. Il n'y a plus de vicariats ou de préfectures apostoliques, mais on peut sûrement encore parler de diocèses de mission, lesquels ont d'ailleurs à leur tête des évêques Oblats et, dans la plupart des cas, un clergé presque exclusivement oblat. Il s'agit notamment des diocèses de Churchill-Baie d'Hudson (Mgr Reynald Rouleau, o.m.i.), Keewatin-Le Pas (Mgr Peter Sutton, o.m.i.), Grouard-McLennan (Mgr Henri Légaré, o.m.i.), Fort Smith-Mackenzie (Mgr Denis Croteau, o.m.i.), Prince George (Mgr Hubert O'Connor, o.m.i.) et Whitehorse (Mgr Thomas Lobsinger, o.m.i.).

Le projet d'histoire

Il y a une dizaine d'années, les Oblats du Canada ont estimé qu'il serait utile que l'histoire de leur développement et de leur évolution dans l'Ouest et le Nord du Canada soit écrite d'une façon objective et scientifique. On se proposait, par ce vaste projet, non seulement de faire connaître l'histoire des Oblats dans cette partie du pays, mais aussi de corriger certaines erreurs ou inexactitudes qui ont cours depuis longtemps et du même coup fournir aux médias et aux chercheurs une information utile et digne de confiance.

Pour différentes raisons, il a cependant fallu attendre jusqu'en 1986 avant que ne soit formé un comité pour administrer ce projet. On confiait à ce comité le soin d'élaborer des procédures et des lignes directrices pour cette entreprise, d'allouer des fonds pour les projets de recherche spécifiques qui lui seraient soumis et de prendre les moyens nécessaires pour assurer la publication d'une série de monographies scientifiques portant sur l'histoire des Oblats de Marie-Immaculée dans l'Ouest et le Nord canadiens. Ce comité comprend un directeur, Guy Lacombe, deux directeurs adjoints, les Pères Félix Vallée, o.m.i., et Colin Levangie, o.m.i., un représentant de la Conférence oblate du Canada (C.O.C.), le Père Jacques Johnson, et un rédacteur en chef, Raymond Huel du Département d'histoire de l'Université de Lethbridge, Alberta.

Peu après, une compagnie commerciale a été formée, la *Western Canadian Publishers Ltd.*, afin de faciliter la tâche du comité de gestion, lui permettre de publier les études qu'elle subventionnerait et entreprendre toute autre activité susceptible de promouvoir ce projet d'histoire oblate dans l'Ouest et le Nord canadiens.

Pour ce qui est des subventions, la *WCP* a adopté des politiques analogues à celles qu'on trouve dans les organismes publics ou privés qui accordent des subventions : tout projet de recherche et le budget qui l'accompagne sont soumis à deux arbitres indépendants qui en font l'évaluation selon ses mérites.

Par la suite, la *WCP* a signé une entente avec les Presses de l'Université de l'Alberta pour assurer la publication et la diffusion des volumes qui seront produits. Avant d'être publiés, ces manuscrits font l'objet d'une nouvelle évaluation par des arbitres indépendants, choisis par les Presses, ce qui ajoute une garantie additionnelle à l'objectivité et à l'impartialité des travaux publiés.

Sept chercheurs travaillent présentement sous l'égide du Projet. Le Père Donat Levasseur, o.m.i., s'occupe à préparer le volume d'introduction qui servira de point de repère pour toute la série projetée. Le professeur Raymond Huel s'intéresse aux missions parmi les Indiens et les Métis des provinces de l'Ouest ainsi qu'à l'évolution d'une stratégie missionnaire. Sœur Alice Trottier étudie le rôle que les Oblats ont joué dans la colonisation en Alberta, tandis que le professeur Robert Carney examine leur effort pédagogique au sein des communautés inuit. Martha McCarthy dirige ses recherches sur les missions auprès des Dénés du bassin du Mackenzie, entre les années 1846 et 1921. D'autre part, le professeur Robert Choquette d'Ottawa vient de terminer son manuscrit portant sur les relations des missionnaires Oblats et des missionnaires anglicans et protestants au dix-neuvième siècle. Enfin, le Dr Walter Vanast, un neurologue d'Edmonton, a choisi comme sujet d'étude les Oblats missionnaires et la médecine dans les sociétés dites primitives. Bien d'autres sujets, aussi intéressants les uns que les autres, n'attendent que des chercheurs pour révéler leurs secrets.

En plus d'aider financièrement les chercheurs, la *Western Canadian Publishers* publie un bulletin trimestriel bilingue, *The/Le Bulletin* afin de tenir informés les chercheurs et les autres personnes intéressées aux derniers développements dans ce champ des études oblates.

En outre, conjointement avec l'Institut de recherche de la Faculté Saint-Jean de l'Université de l'Alberta, la *Western Canadian Publishers* a organisé un colloque national les 18 et 19 mai 1989. Quinze historiens avaient été choisis pour y présenter des conférences sur différents aspects du travail missionnaire des Oblats dans l'Ouest et le Nord canadiens, concernant le transport et l'approvisionnement des missions, l'éducation, les rivalités religieuses et les archives. On a également présenté quelques études biographiques.

Les personnes qui ont participé à ce colloque ont eu la chance de se rendre à la ville historique de Saint-Albert et de visiter le magnifique Centre Vital Grandin qui fut jadis l'évêché du premier évêque de l'Alberta, Vital Grandin. Le 20 mai, les congressistes ont pu aussi visiter la mission Notre-Dame-des-Victoires de Lac la Biche, située à 150 kilomètres au nord-est d'Edmonton. À cause de sa situation stratégique, cette mission a servi d'entrepôt pendant de nombreuses années pour les missions du Grand Nord et a ainsi assuré leur existence.

Ce colloque a fourni un forum à tous ceux et celles qui sont intéressés aux études oblates, quelle que soit l'ampleur de leurs recherches. Il leur a permis de se rencontrer, d'échanger des idées, de se familiariser avec le projet et les dernières recherches qui s'y poursuivent. Afin de permettre aux personnes qui n'ont pu s'y rendre de bénéficier néanmoins de cette rencontre, la *WCP* a publié les *Actes* de ce colloque.

Comme l'évaluation de cette première expérience a été positive au-delà de toute espérance, la *WCP* a décidé d'organiser un autre colloque en juillet 1991. Il aura lieu de nouveau à Edmonton et coïncidera avec le 150e anniversaire de l'arrivée des Oblats au Canada. On a décidé de tenir ces assises au mois de juillet afin de permettre aux congressistes de participer pendant une demi-journée au fameux pèlerinage indien du Lac Sainte-Anne qui sera en cours à ce moment-là.

Toute personne intéressée à participer au projet d'histoire des Oblats dans l'Ouest et le Nord canadiens ou à recevoir davantage d'information à ce sujet n'a qu'à communiquer avec Guy Lacombe (10336 – 114e rue, Edmonton (Alberta) T5K 1S8).

NOTES

1. La Congrégation des Missionnaires Oblats a été fondée à Marseille en 1816, et c'est en 1841, à l'invitation de Mgr Bourget, que le Fondateur des Oblats, Mgr Charles-Joseph-Eugène de Mazenod, envoyait ses premiers missionnaires au Canada. Quatre ans plus tard, en 1845, il poussera l'audace jusqu'à envoyer des missionnaires dans cette contrée très lointaine qu'était à cette époque l'Ouest canadien.

2. Le district du Nord-Ouest sera érigé en vicariat apostolique le 16 avril 1844 et deviendra le diocèse du Nord-Ouest le 4 juin 1847. Le 7 décembre 1851, on lui donnera le nom de diocèse de Saint-Boniface, lequel sera élevé au rang d'archidiocèse le 22 septembre 1871.

3. L'abbé Laflèche devait devenir, en 1870, le deuxième évêque de Trois-Rivières.

4. Lire au sujet de Mgr Isidore Clut le livre de Claude Roche, Mgr du Grand Nord, publié à Paris en 1988.

5. Des tentatives, au sud, auprès des Indiens Saulteux s'étaient avérées infructueuses.

6. Histoire des Missionnaires Oblats de Marie-Immaculée, Montréal 1983, tome I, p. 137.

7. Les Missions catholiques dans l'Ouest canadien, p. 98.

8. « Ma mission n'est pas poétique : la prose, une horrible prose y abonde, comme vous voyez. Je n'ai pas le martyre à promettre : mais je promets des fatigues sans relâche, des neiges sans limite, des nuits prolongées, des marais, des fanges, enfin des poux. » (Propos de Mgr Grandin rapportés par Louis Veuillot dans L'Univers du 9 janvier 1868 et cité dans Vital Justin Grandin, par Léon Hermant, Bruxelles, 1937.)

9. Voir à ce sujet l'article du Père Aristide Philippot, « Missionnaires Oblats morts de mort violente ou accidentelle dans le Nord-Ouest canadien », dans la revue MISSIONS de la Congrégation des Missionnaires Oblats de Marie-Immaculée, 1938, p. 488-493. Cet article donne la liste de quatre Oblats morts de froid, dix massacrés ou morts d'accidents et 24 noyés.

10. Parlant de Mgr Adélard Langevin, le Père Gabriel Morice écrivait en 1922 : « Il fut aussi le patron généreux de l'œuvre de presse catholique, la West Canada Publishers Co., qui publie chaque semaine des journaux en cinq langues différentes. » (Voir MISSIONS de la Congrégation des Missionnaires Oblats de Marie-Immaculée, 1922, p. 876). La West Canada Publishers Co. est une compagnie qui a été fondée par les Oblats et qu'ils ont dirigée jusqu'au début des années 1970.

11. Cette mission est située à 60 kilomètres au nord-ouest d'Edmonton, en Alberta.

12. George Salomon, o.m.i., J. N. Davidson, Notre Dame du Portage, Kenora, 1982.

13. Décédé à Edmonton le 12 avril 1990. Il avait passé 39 ans de sa vie comme missionnaire à Fond du Lac, Saskatchewan.

14. Le Collège Mathieu de Gravelbourg avait été fondé deux ans auparavant par Mgr Olivier Mathieu, archevêque de Régina.

15. Cette institution a été vendue à l'Université de l'Alberta en 1975 et est devenue alors la faculté française multidisciplinaire de l'Université de l'Alberta.

16. Voir Donat Levasseur, Histoire des Missionnaires Oblats de Marie-Immaculée, Montréal, 1983, tome 2, p. 113.

17. Ces archidiocèses(*) et diocèses sont de l'est à l'ouest : Thunderbay, Churchill-Baie d'Hudson, Saint-Boniface*, Winnipeg*, Keewatin-LePas*, Prince-Albert, Saskatoon, Régina*, Gravelbourg, Saint-Paul, Edmonton*, Calgary, Grouard-McLennan*, Mackenzie-Fort-Smith, Kamloops, Prince-George, Whitehorse, Vancouver* et Victoria. Il y a aussi trois éparchies : Winnipeg*, Saskatoon et Edmonton.

TROIS GÉNÉRATIONS DE FRANCO-ALBERTAINS : RECHERCHE ETHNO-HISTORIQUE SUR LE CHANGEMENT LINGUISTIQUE ET CULTUREL

GRATIEN ALLAIRE[1] et LAURENCE FEDIGAN
Université de l'Alberta

JUSQU'AU DÉBUT DES ANNÉES 1970, le terme « survivance » servait de point de rassemblement de la francophonie canadienne. Il caractérisait la volonté des Canadiens français, tant du Québec que des autres provinces, de maintenir leur langue, leurs institutions et leur foi, pour reprendre la célèbre phrase de la Société Saint-Jean-Baptiste. Au cours des deux dernières décennies, il a été remplacé par le terme « assimilation », qui sert à identifier la disparition graduelle de la francophonie canadienne en dehors du Québec. Certains leaders de la francophonie québécoise l'utilisent pour annoncer la fin inéluctable des autres communautés francophones canadiennes en dehors du Québec ; les leaders de ces dernières le brandissent devant celles-ci comme un épouvantail, comme le triste sort qui les attend si elles ne suivent pas les préceptes qu'ils dictent.

Les déclarations alarmistes des leaders ne parviennent pourtant pas, selon eux, à freiner le mouvement et leurs efforts pour le contrer ne portent que très peu de fruits. Depuis quelques années, en fait depuis la parution du manifeste de la Fédération des francophones hors Québec intitulé *Les Héritiers de Lord Durham*, les recherches et, surtout, les déclarations, sur le phénomène de l'assimilation abondent. Même si l'on semble avoir identifié les causes du transfert (écoles anglaises, mariages mixtes, radio et télévision…), l'assimilation continue à un rythme accéléré, à en croire les personnes qui analysent le phénomène.

La plus récente étude sur le sujet porte un titre révélateur : *Le Déclin d'une culture*[2]. Elle a été commandée par la Fédération des jeunes Canadiens français et financée par le Secrétariat d'État et le Gouvernement du Québec. Écrite sous la direction de Roger Bernard, elle fait le point sur les recherches des dix dernières années sur le sujet. Ces études portent sur la langue et le bilinguisme, sur l'évolution démo-linguistique et socio-linguistique de la francophonie, sur la place économique et sociale des francophones et sur les institutions des communautés de langue française, pour déboucher sur les facteurs de la vitalité ethno-linguistique. Ces études identifient l'assimilation comme l'une des causes de la perte d'importance des communautés francophones canadiennes. Elles ont deux autres caractéristiques communes : on y étudie l'objet de l'assimilation, soit les communautés francophones, plutôt que l'assimilation elle-même et la recherche couvre les deux dernières décennies, comme si le phénomène était récent.

Certaines dimensions manquent donc dans les analyses et les perceptions antérieures. Tout d'abord, l'évolution dans le temps en est largement absente, sauf pour la présentation de statistiques démo-linguistiques illustrant les changements survenus dans la francophonie canadienne et ses constituantes. Et même dans ce domaine, la perspective temporelle est plutôt courte comme l'indique bien le deuxième livre du rapport du même projet : le dossier statistique porte sur les années 1951 à 1986 et, surtout, sur les cinq dernières années de cette période [3]. Très souvent, la perspective historique est limitée à quelques lieux communs sur les voyageurs de la traite des fourrures, la colonisation et les pionniers, l'Église catholique, les communautés religieuses et la paroisse... Il faut dire que les études historiques sur les communautés francophones, plus particulièrement celles de l'Ouest canadien, font cruellement défaut.

En deuxième lieu, les ouvrages sur l'assimilation traitent essentiellement de l'étude des populations qui ont su y résister. Ce sont donc des populations qui s'identifient encore à la langue française et à une culture d'origine française [4]. On peut se demander si les conclusions tirées de ces analyses résisteraient à des tests faits à partir d'une population qui a accepté l'assimilation. Mieux encore, il est fort probable que les questions et les hypothèses se rapportant à une population non assimilée ne soient pas pertinentes pour une population assimilée. En dernière analyse, la compréhension du processus de l'assimilation doit passer par l'étude non seulement des non-assimilés, c'est-à-dire des personnes qui ne l'acceptent que partiellement (tout en conservant la langue et la culture d'origine, ils parlent la langue dominante et participent à la culture assimilatrice), mais également des assimilés, ces personnes qui ont abandonné ou perdu leur langue et leur culture d'origine.

Cette redéfinition de la problématique amène à voir la question sous un angle différent et à la poser de nouveau avec une approche différente. Sans rejeter tout à fait les explications généralisantes proposées jusqu'à présent (le rôle assimilateur du mariage mixte [5], l'influence néfaste de l'école, le charme nocif des médias, en particulier de la télévision), il nous est apparu important de les mettre de côté et de faire table rase des hypothèses et des conclusions antérieures. Nous avons jugé nécessaire d'utiliser d'autres approches et une combinaison de méthodes, qualitatives et quantitatives, afin de nous préparer à élaborer de nouvelles hypothèses. La recherche veut allier le qualitatif et le quantitatif, à partir de l'idée que le qualitatif permet de rejoindre l'unicité de l'expérience, mais qu'il se prête mal à la généralisation, alors que la généralisation et la mathématisation rendues possibles par le quantitatif masquent et camouflent l'unicité de l'expérience.

La terminologie elle-même présente des difficultés. Ainsi, le terme « assimilation » est dépouillé de toute connotation péjorative ou méliorative dans le *Petit Robert* qui définit le terme comme l'« action d'assimiler des hommes, des peuples », de les « rendre semblable(s) au reste de la communauté », ou encore comme le « processus par lequel ces hommes, ces peuples s'assimilent », c'est-à-dire « (sont) assimilés, (deviennent) semblable(s) aux citoyens d'un pays[6] ». Les débats et les discussions des dernières années ont donné au mot une signification négative, apparentée à la perte. Pourtant, le transfert linguistique n'est pas un phénomène neuf, ni même récent, encore moins proprement canadien. Seule la préoccupation est actuelle. Une étude qui se veut ethno-historique doit éviter ce jugement de valeur *a priori*; le terme « assimilation » a donc été mis de côté et remplacé par l'expression « changement linguistique et culturel ».

Le premier problème à résoudre consistait à établir l'approche principale, celle qui nous permettrait d'atteindre les gens eux-mêmes, plutôt que « la communauté », et de toucher à la fois des « non-assimilés » et des « assimilés », tout en faisant intervenir le passage du temps d'une façon qui soit directement pertinente aux personnes qui faisaient l'objet de l'enquête. On a privilégié l'étude généalogique plutôt que la monographie de paroisse ou de localité. Elle permet de mettre l'accent sur le rôle de la famille, dans son sens le plus large, tout en limitant le nombre des ancêtres et les variations d'influence qui en découlent. L'une des questions que nous cherchions à résoudre était de savoir pourquoi on trouvait dans une même famille des descendants totalement anglicisés et d'autres qui défendaient farouchement la langue et la culture de leurs ancêtres. L'approche généalogique permet aussi de voir l'effet du passage des générations et l'influence linguistique et culturelle occasionnée par la venue de nouvelles personnes. Elle ne nous limite pas à un espace géographique restreint, comme la monographie d'une localité; elle nous fournit au contraire la possibilité de toucher toutes les régions de la province et de voir de très près les déplacements des personnes.

Une fois l'approche généalogique adoptée, il nous fallait définir la population qui ferait l'objet de l'étude. Nous avons résisté à la tentation de choisir des familles connues : les membres de ces familles pouvaient nous servir d'informateurs ou d'intermédiaires privilégiés, mais ces choix n'auraient pas été suffisamment aléatoires et leur représentativité pouvait trop facilement être remise en question. Pour les mêmes raisons, nous n'avons pas eu recours aux listes de membres d'organismes francophones. Notre recherche porte sur la francophonie et non pas sur les membres de tel ou tel organisme. Et ces personnes ayant fait un choix en faveur de la langue et de la culture de leurs ancêtres, l'échantillonnage étudié aurait sans doute contenu une proportion trop élevée de « non-assimilés » par rapport à la population en général. En plus, il fallait éviter le risque de retenir des personnes et des familles arrivées tardivement dans la province et dont la généalogie reconstituée aurait été trop courte.

L'utilisation des recensements, ou plutôt des listes nominatives qui ont servi à leur préparation, présentait d'autres difficultés. Ces listes ne sont disponibles que pour 1891 et 1901, cette dernière sur demande spéciale. Ces années coïncident avec la période de peuplement et la population est en progression et non encore suffisamment stabilisée ; la liste de 1911 ou celle de 1921, toujours confidentielles, auraient été préférables. En outre, comme la mobilité de la population est plus grande durant ces années d'établissement et que plusieurs personnes ou familles ne sont demeurées en Alberta que quelque temps, il aurait été très difficile de retrouver les descendants de plusieurs familles choisies, d'identifier une source contemporaine d'information afin de reconstituer la généalogie de ces familles. Les mêmes réserves s'appliquent aux *libri animarum*, ces listes de paroissiens que les curés constituaient et tenaient plus ou moins à jour et qui peuvent être consultées aux Archives provinciales de l'Alberta. À ces restrictions s'en ajoutaient d'autres. Cette option prend pour acquis que francophone équivaut à catholique, ce qui n'est pas nécessairement le cas, comme la colonie protestante de Duclos le montre. Ensuite, elle limitait le choix aux paroisses dites françaises, alors que la consultation des compilations des recensements indiquait que plusieurs francophones s'étaient établis et continuaient d'habiter à l'extérieur de ces paroisses.

À ces sources, nous en avons préféré une autre : les albums-anniversaire et les historiques de localités, publiés par les comités ou les sociétés historiques locales pour souligner un important anniversaire de la municipalité. Comme plusieurs localités ont été fondées au début du xxᵉ siècle, époque du peuplement de l'Alberta, les albums soulignant les soixante-quinzièmes anniversaires sont légion. Ils contiennent de précieux renseignements sur les personnes habitant ou ayant habité la localité. Malgré d'inévitables variations dans le contenu et dans la qualité de l'information[7], les articles de ces albums fournissent le nom des familles francophones, indépendamment de leur religion ou de leur nationalité, canadienne-française, française, belge (wallonne) ou suisse (romande). Les renseignements que l'on y retrouve permettent de constituer une première généalogie et, surtout, indiquent un premier contact avec la famille.

Il fallait ensuite déterminer les critères d'appartenance à la population à étudier. Après de multiples discussions, qui ont aussi servi à mieux définir les objectifs de la recherche, nous avons retenu trois critères de sélection. Le premier établit l'appartenance de la famille à la francophonie : l'aïeul parlait français à son arrivée dans la province, peu importe son pays d'origine. Le deuxième et le troisième obligent à ne retenir que les familles qui comptent au moins trois générations dans la province : l'aïeul ou les aïeux sont arrivés dans la province avant 1920 et se sont mariés avant 1920. Finalement, l'utilisation des albums-anniversaire nous assurait presque automatiquement de la présence d'un ou de plusieurs descendants habitant encore dans la province. Ces critères définissent une population d'ancêtres mâles de langue française, souches d'une grande partie des Albertains d'origine française.

La répartition géographique de cette population a été prise en considération à ce stade de la recherche. S'il était important d'inclure les aïeux francophones établis en dehors des régions et des localités considérées comme francophones, il était tout aussi important de faire en sorte que les régions francophones soient bien représentées dans l'échantillonnage étudié. Pour cette raison, la province a été divisée en cinq régions, en tenant compte à la fois du moment du peuplement de chacune et de sa concentration francophone historique[8]. Le sud comprend la partie de la province située au sud d'une ligne est-ouest traversant Red Deer et inclut des localités comme Drumheller, Cluny et Pincher Creek[9]. Le centre comprend la région d'Edmonton, tout en excluant la ville d'Edmonton elle-même[10]. Le nord-est regroupe Saint-Paul Bonnyville et les localités environnantes (Saint-Vincent, Brosseau...)[11]. Le nord-ouest correspond à la région de la rivière la Paix, notamment Girouxville, Falher, Donnelly[12]. Une cinquième « région » a été créée pour rassembler les localités qui n'étaient pas comprises dans les quatre premières et où l'on pouvait trouver des francophones, comme Chauvin (37), Duhamel (4) et Hinton (4). Une population de 1143 ancêtres mâles a ainsi été constituée pour l'ensemble de la province[13].

La sélection des échantillons est venue ensuite. La seule stratification retenue se rapporte aux régions telles que l'on vient de les définir. Elle visait à obtenir que toutes les régions soient représentées dans l'échantillonnage et que le hasard d'un choix purement aléatoire n'accorde une place trop grande à l'une ou l'autre de ces régions. La sélection des familles à étudier s'est donc faite au moyen de la méthode prouvée des nombres aléatoires, chaque ancêtre de la population ayant été dûment numéroté pour les fins de la sélection. Le nombre de souches à choisir pour chacune des régions a été déterminé par l'importance relative de leur population de langue française lors des recensements, par la perception historique de cette importance et par le nombre des aïeux retenus pour constituer la population à étudier.

Il fallait aussi tenir compte du fait que des souches devraient être éliminées pour différentes raisons : renseignements insuffisants, personne-contact introuvable... Aussi cet échantillon préliminaire accordait-il une grande importance à la région sud, la qualité des données recueillies laissant croire que plusieurs familles seraient ainsi mises de côté. Pour cette région, l'objectif final était de 5 souches et il était entendu que les familles des souches

RÉPARTITION RÉGIONALE DES ANCÊTRES
POPULATION ET ÉCHANTILLON

Région	Population (a)	Échantillon (b)	% (b/a)
Sud	359	11	3,1
Centre	310	10	3,2
Nord-Est	275	9	3,3
Nord-Ouest	154	5	3,3
Autres	45	1	2,2
	1 143	36	3,2

retenues seraient étudiées en suivant l'ordre du tirage au sort et qu'on ne retiendrait que les cinq premières pour lesquelles on pourrait trouver une personne-contact, afin d'en reconstituer la généalogie et l'histoire.

Cette approche comporte des lacunes. Plusieurs localités avec des populations francophones plus ou moins importantes ont dû être laissées de côté parce qu'elles n'avaient pas d'albums-anniversaire. C'est le cas de Morinville, entre autres, une localité à vaste majorité francophone établie depuis la fin du XIXᵉ siècle au nord d'Edmonton. Pour la même raison, les nombreux francophones d'Edmonton et de Calgary, les deux principales villes de la province, ne font pas partie de la population étudiée. Une tentative a été faite par la suite pour traiter de la population francophone d'Edmonton d'une façon tout aussi objective et neutre. Les sources utilisées, les *libri animarum*, ont révélé leurs lacunes : toute la population recensée est catholique et l'aire géographique couverte n'est pas toujours facile à déterminer en ces deux premières décennies du siècle où la ville est en expansion extrêmement rapide. En plus, il a fallu choisir, toujours au hasard, une vingtaine d'ancêtres avant de parvenir à identifier des descendants actuels pour cinq familles. Ces données seront éventuellement incorporées à la population d'ensemble.

Une fois établi l'échantillonnage des ancêtres, il fallait reconstituer chacune des familles dont ils étaient la souche. Les albums-anniversaire contenaient l'information de départ, plus ou moins complète selon les localités et les auteurs. Il fallait compléter et mettre à jour ces renseignements, afin de constituer la généalogie descendante complète de la famille, c'est-à-dire identifier *tous* les descendants de l'ancêtre. La façon la plus rapide d'y parvenir était de contacter un ou des membres de la famille et de leur demander ces renseignements, même si cette voie est considérée comme moins fiable que celle des registres d'état civil ou des registres de baptêmes, mariages et sépultures. Renseignement pris, cette dernière aurait été très coûteuse et très longue pour des informations supplémentaires de peu d'importance. De plus, la reconstitution généalogique n'était qu'une étape de la recherche, l'objectif étant l'enquête sur le changement linguistique et culturel. L'équipe de recherche a rencontré une centaine de membres des familles choisies. L'intérêt manifesté par ces derniers envers la recherche réduit considérablement les risques d'erreurs et d'information incomplète. En effet, plusieurs de ces personnes ont pris la peine de contacter leur parent au moment même de l'entrevue pour obtenir les renseignements manquants. Elles ne se sont pas fait prier pour recueillir l'information qui manquait et vérifier les diverses versions de la généalogie familiale que des membres de l'équipe leur faisaient parvenir. Plusieurs d'entre elles s'occupaient d'ailleurs à faire la généalogie ascendante de leurs familles et ont facilement partagé avec les chercheurs l'information qu'elles possédaient déjà. Les relations entre l'équipe de recherche et les familles ont généralement été harmonieuses. Donc, sans être d'une exactitude absolue, l'information recueillie est de bonne qualité, sûrement satisfaisante pour l'étude entreprise. Pour certaines familles, l'exactitude de ces données pourra être vérifiée au moyen des réponses au questionnaire détaillé.

À ce stade, certaines familles ont dû être mises de côté car il s'avérait impossible d'en reconstituer la généalogie. Ce fut malheureusement le cas pour les deux familles métisses qui faisaient partie de l'échantillon. Les données recueillies pour certaines autres familles sont sommaires, étant donné que la recherche a démontré que la première génération même était anglicisée. Une seule famille a dû être abandonnée par manque de collaboration, certains de ses membres voyant même cette recherche d'un mauvais œil. Une autre a été mise de côté à cause du nombre trop élevé de ses descendants : quelque 600 personnes qui auraient eu pour effet de faire pencher les résultats du côté de cette famille d'origine belge. Pour la région sud, comme on a pu reconstituer la généalogie des cinq premières familles contactées et obtenir de nombreux renseignements à leur sujet, les six autres ont été mises de côté. Il est resté 24 familles dont les deux ancêtres, à une exception près, étaient de langue française et avec lesquelles la recherche généalogique et les rencontres préliminaires se sont continuées : 5 pour le sud, 8 pour le centre, 7 pour le nord-est, 3 pour le nord-ouest et 1 pour les autres.

Ces premiers contacts avec les familles nous ont amenés à passer immédiatement à l'étape suivante : la cueillette d'information relative à l'histoire de la famille. L'entrevue était menée alors par deux des membres de l'équipe, dont faisait généralement partie l'un des deux chercheurs principaux. L'équipe a ainsi rencontré une centaine de membres de ces familles et enregistré plus de trente entrevues, avec des personnes des deuxième, troisième et quatrième générations.

Ces entrevues visaient essentiellement à obtenir une histoire de sa famille, telle que la voyait la personne interviewée. Elles étaient exploratoires et ne comportaient pas de questionnaire préparé à l'avance. Elles se déroulaient dans un cadre général dont l'objectif était d'amener les personnes à se raconter, à faire leur autobiographie en quelque sorte tout en relatant leur expérience linguistique et culturelle. Il n'y avait nulle hypothèse de départ qu'on cherchait à vérifier. Bien au contraire, ces entrevues visaient à obtenir des renseignements d'ordre qualitatif, nécessaires pour établir ces hypothèses.

Les récits ainsi obtenus sont fascinants : ils montrent la diversité de l'expérience linguistique et du bagage culturel des Albertains de souche francophone, diversité qui provient du pays et du lieu d'origine, mais aussi de la famille elle-même et de l'adaptation à l'environnement et au milieu d'arrivée[14]. Ces récits de vie permettent déjà de mettre en contexte les décisions individuelles relatives à la langue et de poser de nombreuses questions au sujet de la culture.

De ces entrevues sont sortis quelques résultats préliminaires : l'hétérogénéité culturelle de la population francophone, l'importance du processus de socialisation ; le rôle souvent décisif de la socialisation dans les décisions linguistiques personnelles, que ce soit au sein de la famille, à l'école, à l'église ou dans d'autres milieux sociaux ; la distinction nécessaire à l'école entre le milieu d'enseignement (la salle de classe) et le milieu social (essentiellement la cour de récréation)[15].

Ces récits de vie ont procuré à l'équipe de recherche des renseignements de type qualitatif qui ont ensuite servi de matériel de base à l'élaboration d'un questionnaire visant à obtenir des données quantifiables. Dans la préparation du questionnaire, on s'est inspiré également de questionnaires antérieurs, en particulier de celui qu'a préparé le professeur Edmund A. Aunger pour son enquête sur la population de Saint-Paul en Alberta. En plus de renseignements d'ordre personnel (groupe d'âge, sexe, lieu de naissance, niveau de scolarité…), le questionnaire visait à obtenir des renseignements d'ordre linguistique, entre autres la(les) langue(s) des répondants et celle(s) de leurs proches (parents, conjoints, amis…), la(les) langue(s) utilisée(s) dans les relations avec les autres, les situations favorisant ou déterminant le changement linguistique. Changement linguistique et changement culturel n'étant pas nécessairement liés, le questionnaire a été conçu pour obtenir aussi des renseignements d'ordre culturel, le terme « culture » étant compris dans son sens le plus large : religion et pratique religieuse, habitudes de lecture, utilisation des médias, réaction à des événements controversés…

Une nouvelle sélection au hasard a limité à quatre le nombre de familles et à 242 le nombre de descendants directs à contacter. Le sondage a été fait par téléphone au cours du mois de juin 1990, à l'époque des discussions relatives à l'Accord du lac Meech[16]. Le taux de participation a été élevé. La très grande majorité des descendants ont été rejoints et ont accepté de répondre à nos questions (177) ; seuls quelques-uns ont refusé de répondre (34). D'autres ont été impossibles à rejoindre (28), en dépit des tentatives répétées des membres de l'équipe de recherche, et quelques autres ne pouvaient répondre (3). Il fallait entre 20 minutes et une heure pour remplir le questionnaire, conçu en tenant compte du fait que plusieurs des descendants sont des anglophones unilingues. Les réponses obtenues seront finalement compilées et utilisées pour une analyse quantitative du changement linguistique et culturel chez les Albertains de souche francophone.

Entreprise il y a près de deux ans, cette recherche a mobilisé d'importantes ressources humaines et financières et touché de nombreuses personnes. L'objectif est de connaître et de comprendre le processus du changement linguistique et culturel, par l'utilisation des renseignements recueillis à la source, ou presque, tant auprès des personnes qui ont vécu le changement que de celles qui y ont résisté et ont su éviter l'assimilation totale. La définition de la population par la langue plutôt que par l'origine élargit la perspective de l'étude aux francophones d'origine européenne, une donnée importante pour la compréhension de la francophonie de l'Alberta. La stratification géographique de l'échantillonnage permettra de mieux distinguer les différences régionales engendrées par la plus ou moins grande concentration de la population de langue française. L'approche généalogique utilisée devrait permettre de souligner et d'évaluer les mutations survenues d'une génération à l'autre. La recherche en est au stade de la compilation de la masse de renseignements recueillis lors des entrevues et du sondage. L'étude terminée devrait mettre en lumière les diverses étapes du processus de changement linguistique et culturel chez les francophones de l'Alberta.

NOTES

1. Cette recherche n'aurait pas été possible sans le concours financier du Secrétariat d'État, de la Faculté Saint-Jean et de l'Institut de recherche de la Faculté Saint-Jean ; à leur aide se sont ajoutés des programmes d'emploi d'été pour étudiants. Les auteurs tiennent à remercier tous ceux qui, à un moment ou à un autre, ont fait partie de l'équipe de recherche : Yvan-Camille Beaudoin, Rolande Cormier, Thomas Davies, France Gauvin, Sylvain Julien, Claire Lafrenière, Hélène Russell et Tiffany Saxton. *N.D.L.R. Nous avons appris avec regret que le co-auteur de cet article, l'anthropologue Laurence Fedigan, est décédé accidentellement avant Noël.*

2. Roger Bernard, *Le Déclin d'une culture : recherche, analyse et bibliographie, francophonie hors Québec, 1980-1989*, livre I, Ottawa, Fédération des jeunes Canadiens français, 1990.

3. Roger Bernard, *Le Choc des nombres : dossier statistique sur la francophonie canadienne, 1951-1986*, livre II, Vision d'avenir, Ottawa, Fédération des jeunes Canadiens français, 1990.

4. On devrait plutôt écrire « canadienne-française », à tel point les définisseurs de la francophonie canadienne paraissent la restreindre aux descendants des Canadiens d'origine française qui ont essaimé au Canada, à l'extérieur du Québec. Cette tendance est évidente dans une publication récente, le *Dictionnaire de l'Amérique française* de Charles Dufresne *et al.*, Ottawa, Les Presses de l'Université d'Ottawa, 1988.

5. L'un des problèmes de ces explications est de distinguer la cause de l'effet. Par exemple, le sociologue Roger Bernard se demande si l'exogamie est la cause ou l'effet de l'assimilation. Bernard, *Le Déclin* [...], *op. cit.*, p. 74.

6. Paul Robert, *Dictionnaire alphabétique et analogique de la langue française*, Paris, Société du Nouveau Littré, 1978, p. 115.

7. Ces variations sont expliquées davantage dans : Gratien Allaire et Laurence Fedigan, « D'une génération à l'autre : le changement linguistique en Alberta », André Fauchon (dir.), *Langue et Communication, les actes du neuvième colloque du Centre d'études franco-canadiennes de l'Ouest, tenu au Collège universitaire de Saint-Boniface, les 12, 13 et 14 octobre 1989*, Saint-Boniface, Centre d'études franco-canadiennes de l'Ouest, 1990, p. 5 et 6.

8. On peut trouver une description plus détaillée de ces régions et de leurs distinctions historiques dans le texte cité auparavant (*ibid.*, p. 6 à 8).

9. La liste complète comprend les lieux suivants : Big Valley (28), Cluny (67), Cochrane (17), Crowsnest (41), Drumheller (11), Foothills (7), Gleichen (36), Hanna North (2), Lake McGregor (8), Pincher Creek (82), Red Deer (22), Trochu (22), Warner (10) et, même quelques familles de Lethbridge (2), de Milk River (2) et de Calgary (2) dont le nom de l'ancêtre a été retrouvé dans les autres albums.

10. La liste complète comprend : Beaumont (111), Lac-Sainte-Anne (7), Rivière-Qui-Barre (40), Saint-Albert (103), Westlock (49).

11. La liste complète comprend : Bonnyville (18), Breynat (10), Brosseau et Duvernay (39), Lac-la-Biche (28), LaCorey (3), Lafond (68), Saint-Vincent (70), Sainte-Lina (27) et Vegreville (12).

12. La liste complète comprend : Donnelly et Falher (80), Girouxville (31), Grande-Prairie (1), Guy (18), Jean-Côté (10), McLennan (6), Rivière-la-Paix (8).

13. Pour donner un ordre de grandeur, la population d'origine française (hommes, femmes et enfants) était de 4 511 en 1901, de 20 600 en 1911 et de 30 913 en 1921. Richard Arès, *Les Positions — ethniques, linguistiques et religieuses — des Canadiens français à la suite du recensement de 1971*, Montréal, Éditions Bellarmin, 1975, p. 51.

14. Ce fut l'objet d'une communication au dixième colloque annuel du Centre d'études franco-canadiennes de l'Ouest, tenu à Saskatoon les 12 et 13 octobre 1990, communication intitulée « Parce que les voisins parlaient allemand… le changement linguistique et culturel à travers les récits de vie ».

15. Ces résultats ont fait l'objet d'une communication lors d'un colloque sur « les Communautés francophones hors Québec : aliénation ou non », tenu à Calgary le 25 novembre 1989. Le texte, intitulé « Survivance et Assimilation : les deux facettes d'une même médaille », devrait paraître sous peu.

16. L'une des questions cherchait d'ailleurs à connaître l'influence de ces débats sur les répondants et sur leurs réponses.

RÉFLEXIONS SUR LA MISE EN VALEUR ET LA PROPAGATION DE LA LITTÉRATURE FRANCOPHONE DE L'OUEST CANADIEN

BERNARD WILHELM
Université de Régina

« PROPAGATION » DE LA LITTÉRATURE FRANCOPHONE de l'Ouest canadien ; le mot n'est pas trop fort. C'est le but que s'est assigné depuis une dizaine d'années un groupe de personnes situé dans l'orbite des colloques annuels du Centre d'études franco-canadiennes de l'Ouest (le CEFCO). L'effort est gigantesque.

Au départ, des politiciens avaient lancé l'idée splendide de centres d'excellence. Les meilleurs chercheurs dans un secteur précis se seraient regroupés en réseau de travail et auraient effectué une recherche de pointe, subventionnée par une manne fédérale adéquate.

Dans un délai invraisemblablement trop bref pour concourir, nous fîmes l'impossible pour présenter un projet intitulé : « Réseau de la mémoire des pionniers de l'Ouest ». Quatre universités de l'Ouest, un collège universitaire, une maison d'édition, un institut de recherche sur la culture et les centres d'archives de plusieurs provinces avaient soumis conjointement des lettres d'intention. Notre projet commun de recherche et d'édition avait de l'allure, les structures administratives avaient été réduites au minimum, et un usage étendu de réseau électronique promettait un dialogue créateur et constructif. Mais, malgré cela, le projet fut refusé parce que trop passéiste, pas assez orienté vers des secteurs de pointe comme la médecine génétique, l'intelligence artificielle, l'avionnerie des années 2000. Donc, la fin de non-recevoir fut bien réelle, et chaque institution retourna à son isolement, chaque chercheur, à sa solitude.

Une littérature francophone de l'Ouest, dites-vous ?

Depuis les années 1970, c'est-à-dire bien après la Révolution tranquille du Québec, et suivant l'exemple des Acadiens et des Franco-Ontariens, les francophones de l'Ouest et de la Colombie-Britannique ont passé à leur tour par une sorte de renaissance culturelle. Dans ces espaces infinis, longtemps considérés comme un désert culturel et artistique, les chercheurs progressant pas à pas ont découvert avec intérêt les traditions orales des pionniers, la correspondance des prêtres recruteurs et bâtisseurs, les archives des politiciens venus prendre le pouls de la colonisation des terres nouvelles, les journaux intimes des pionniers fous de la terre, et des pionnières mourant d'ennui. Les récits des voyageurs québécois ou français à l'époque de la construction du Canadien Pacifique ont été retrouvés, les brochures des agents colonisateurs à la prose mensongère ont été consultés dans les bibliothèques européennes, et un répertoire des romans en langue française ayant pour sujet l'Ouest canadien a été compilé. Certaines œuvres devenues introuvables ont été rééditées et de petites maisons d'édition ont surgi depuis quelques années.

Les archives gouvernementales des provinces de l'Ouest et certaines collections privées, comme celles de la Société historique de Saint-Boniface contenant les papiers de Louis Riel ou le fonds des Pères Oblats à Edmonton, sont à l'origine de toute recherche sur la littérature francophone de l'Ouest. Bien que relativement récents (les provinces de l'Ouest n'ont qu'un siècle d'existence), les fonds sont suffisamment riches pour alimenter une longue recherche. On y trouve des centaines d'heures d'enregistrements sonores souvent transcrits, des centaines de mètres linéaires d'archives de journaux intimes, de correspondances, de collections de paroisse, de documents personnels, illustrés par des dizaines de milliers de photographies, de dessins et de plans cadastraux. L'accès aux fonds français est facilité dans la plupart des provinces par des catalogues spécialisés tenus à jour.

Les universitaires se sont jusqu'ici penchés de préférence sur les œuvres ayant pour sujet l'Ouest canadien, privilégiant Gabrielle Roy, Maurice Constantin-Weyer et Georges Bugnet.

Ainsi, Gabrielle Roy, récemment, a fait l'objet de plusieurs études et biographies et reste dans le panorama littéraire canadien la grande dame de la littérature canadienne-française des années 1940-1960. Après la Révolution tranquille, et parce qu'elle avait élu domicile au Québec, elle avait reçu l'étiquette d'écrivaine québécoise. Elle n'a cependant jamais renié ses origines manitobaines et ses débuts comme institutrice de campagne dans la Grande Prairie. En 1975, la publication de *Un jardin au bout du monde* élargit encore plus son horizon, le livre ouvrant la porte aux ethnies autres que française ou anglaise, avec le Chinois Sam Lee Wong et les Doukhobors de la vallée Houdou.

En ce qui concerne Maurice Constantin-Weyer, il est devenu aujourd'hui un nom quelque peu poussiéreux. Cet auteur français apparenté à Valéry Larbaud a pourtant à son actif une carrière littéraire de quarante ans : 23 romans, 21 essais, 2 pièces de théâtre, 14 préfaces et un prix Goncourt attribué par le célèbre jury, en 1928, pour le roman *Un homme se penche sur son passé*. Après avoir vécu dix ans dans l'Ouest, il a joué dans les salons parisiens, pour le restant de ses jours, le personnage de chasseur et de trappeur du Grand Nord à la Jack London. Aujourd'hui, la réputation littéraire de Constantin-Weyer, en ce qui concerne son œuvre française, est tombée à zéro. Par contre, au Canada, sa réputation, qui fut très négative à l'époque de la parution de ses romans inspirés par les Plaines et le Nord, est à présent remontée. Les critiques admirent ses talents de conteur, et lui sont reconnaissants d'avoir fait découvrir au grand public l'Ouest canadien.

Quant à Georges Bugnet, il est lui aussi d'origine française. Il émigra au Canada en 1904 et se fixa sur un « homestead » en Alberta. En plus de son travail de pionnier et de fermier, il multiplia ses activités littéraires et journalistiques, éleva une famille de dix enfants et mourut centenaire en 1981. Ses livres, particulièrement *La Forêt* et, plus récemment *Nypsia*, ont été réédités. *La Forêt* traite du thème traditionnel du jeune couple inexpérimenté défrichant son coin de terre, et forcé par la Nature à capituler. Bien que ce thème ait été traité par de multiples auteurs et soit devenu un poncif, Bugnet le sauve par un traitement littéraire d'une grande sensibilité. Sa réputation d'auteur grandit dans l'Ouest.

En 1987, l'Académie des Sciences d'Outre-Mer de Paris nous demanda de lui fournir une douzaine de biographies de Français s'étant distingués dans l'Ouest en vue de la parution d'un ouvrage encyclopédique intitulé *D'Hommes et Destins*. Ce travail de recherche nous fit découvrir une race toute spéciale de missionnaires, boucaniers et aventuriers de tous bords attirés par les nouveaux territoires de l'Ouest, et qui nous ont laissé une œuvre très intéressante. Ainsi, un R.P. Petitot, Oblat, est devenu au début du siècle le plus grand spécialiste de la langue des Dénés. Il a sauvé à lui seul, par ses travaux de description phonétique, ses glossaires et ses dictionnaires, cinq ou six langues indigènes. Un autre Oblat, Mgr Breynat, devint l'un des premiers pilotes de brousse et le premier évêque volant du Grand Nord. En 1945, il publia à Montréal un ouvrage intitulé *Cinquante Ans au pays des neiges*. À Vancouver, la colonie franco-colombienne a perdu il y a quelques années André Piolat, le fondateur du journal *Le Soleil de Colombie*. À son actif, ce Français fut tour à tour docker, jongleur de rues, légionnaire, cuisinier sur un paquebot et prospecteur d'or, avant de faire une carrière impressionnante dans le journalisme.

La littérature de colonisation et la littérature de voyage pèchent toutes deux par le même défaut d'exagération. L'abondante littérature de colonisation servit à attirer dans l'Ouest les colons européens sollicités également par l'Australie, l'Argentine ou le Brésil. Les mêmes descriptions alléchantes et les mêmes thèmes reviennent constamment : la terre pour rien, le mythe d'une nouvelle France à créer dans l'Ouest, la vocation agraire et rurale. L'exagération et l'exotisme des paysages construits de toutes pièces justifiaient probablement les dépenses somptueuses de wagons-lits et de wagons-restaurants avancées à des voyageurs entreprenants par des maisons d'édition crédules, mais ne correspondaient pas à la réalité des émigrants en pelisses de mouton, abandonnés sans secours de part et d'autre de la voie ferrée.

L'état premier de l'écriture et une solution pour l'avenir

Cet état premier est formé par les mémoires, les chroniques et les souvenirs des pionniers québécois, français, bretons, suisses et belges arrivés dans les terres nouvelles à la fin du xixe siècle et jusque dans les années 1920.

Nous avons souvent exprimé le postulat que les humbles chroniques de pionniers représentaient un état premier de la littérature de cette partie du monde qui est la nôtre, un état qui est important, ayant valeur de témoignage littéraire. Nous avons insisté sur la valeur de ces chroniques, tout à la fois événement social et voix des gens qui n'ont jamais pu se faire écouter, et qui forment le véritable réalisme littéraire opposé au réalisme littéraire bourgeois à la Maurice Constantin-Weyer.

Quelle pourrait être aujourd'hui la solution de rechange propre à disséminer la littérature francophone de l'Ouest, particulièrement celle de l'état premier, pour lequel il est particulièrement difficile d'espérer trouver un éditeur ? Nous croyons que, pour une fois, les techniques modernes peuvent venir à notre aide. Il est en effet possible, aujourd'hui, de s'équiper d'un ordinateur de puissance moyenne, d'une imprimante au laser, voire d'un lecteur optique pour un prix abordable, ce qui permet, avec l'aide d'un bon logiciel d'édition et de traitement de texte, de créer pratiquement sa propre petite maison d'édition autonome. En associant à ses efforts une imprimerie universitaire, il est alors possible de sortir une édition de quelques centaines d'exemplaires de temps à autre sans devoir se ruiner pour autant. Une dizaine de ces maisons d'édition autonomes, en plaçant leurs publications dans le réseau des universités, des écoles et des archives, préserveraient et enrichiraient la littérature francophone d'un coin de monde. Après l'échec des centres d'excellence, espérons que cette fois-ci l'avenir nous donnera raison.

PORTRAIT D'AUTEUR : MARGUERITE PRIMEAU

PAUL DUBÉ
Université de l'Alberta

L'ITINÉRAIRE BIOGRAPHIQUE de Marguerite Primeau n'est pas sans ressembler à celui d'une de ses illustres « cousines » de l'Ouest et contemporaine : Gabrielle Roy. Native d'un petit village au nord-est d'Edmonton, en Alberta, à Saint-Paul-des-Métis, fondé par le légendaire Père Lacombe, Marguerite Primeau est issue de parents québécois venus s'installer dans ce presque sauvage *far-west* au début du XXᵉ siècle. Après une éducation primaire et secondaire à Saint-Paul même, dans un cadre familial et scolaire religieux, elle choisit l'enseignement et s'y dévoue entièrement pendant une dizaine d'années dans ces fameuses écoles de campagne des années trente, situées dans la partie nord de l'Alberta. En 1943, elle décide de retourner aux études à l'Université de l'Alberta où elle obtient successivement un baccalauréat (1946) et une maîtrise ès arts (1948) en littératures française et anglaise. Nommée boursière du Gouvernement français en 1948, elle se rend à Paris pour poursuivre ses études en littérature contemporaine à la Sorbonne. Elle se retrouve ensuite à Nice pendant un an comme assistante d'anglais au Collège moderne des jeunes filles.

De retour en Alberta, elle reprend sa tâche dans une école secondaire, enseigne ensuite à l'Université de l'Alberta avant d'obtenir, en 1954, un poste de professeur de langue et littérature françaises à l'Université de la Colombie-Britannique, à Vancouver, poste qu'elle occupera jusqu'à sa retraite en 1979.

En 1960, Marguerite Primeau publie aux Éditions Fides son premier roman *Dans le muskeg*, et fait attendre ses lecteurs et lectrices pendant presque vingt-cinq ans avant de publier son deuxième livre. *Maurice Dufault, sous-directeur* paraît en 1983, suivi, l'année suivante, de *Sauvage, sauvageon*, qui se méritera en 1986 le prix Champlain. Elle a aussi publié des textes de critiques littéraires (entre autres sur Gratien Gélinas et Gabrielle Roy), des adaptations, des nouvelles, dont son dernier recueil *Le Totem*, paru en 1988 aux Éditions des Plaines à Saint-Boniface.

Dans les conditions de vie française de l'Ouest canadien, et surtout plus loin sur la côte du Pacifique où le français est presque inexistant, l'œuvre de Marguerite Primeau demeure un témoignage éloquent et un symbole de la ténacité de ce petit peuple qui refuse de mourir. Si cette œuvre demeure en quelque sorte une curiosité socio-historique, c'est plus son étonnante qualité littéraire qui nous convie à la relire et à l'étudier. Aux dires d'un critique qui s'est penché sur l'ensemble de son œuvre, « [...] parmi tous les écrivains qui œuvrent actuellement sur le territoire de l'Amérique française, il en est peu qui s'expriment dans une langue aussi soignée, travaillée et policée que Marguerite Primeau[1] ».

Sa carrière d'écrivain, sa vie dans l'isolement et la solitude, les difficultés d'écrire en français dans l'Ouest, l'avenir de la francophonie : voilà autant de questions que nous avons abordées avec Marguerite Primeau pour le bénéfice des lecteurs et des lectrices de *Francophonies d'Amérique*.

* * *

FA   « Marguerite Primeau, comment expliquer que vous ayez été amenée au métier d'écrivain ? En d'autres termes, comment une femme née dans un petit village de l'Alberta devient-t-elle écrivain ?

MP   - Je voudrais d'abord signaler, que, à mon avis, le lieu de naissance et de la première jeunesse, bien qu'ayant souvent une influence marquante sur la « vocation » d'écrivain, n'est qu'une des multiples facettes du processus de développement chez celui ou celle qui choisit ce métier. Le tempérament, la nature même de la personne, jouent peut-être le plus grand rôle. Quant à moi, bien que j'aie débuté assez tard dans cette voie, le désir d'écrire, de « créer », a toujours été au plus intime de mon être. Je savais qu'un jour j'écrirais sans pour autant savoir *quand*.

Mes parents tenaient à ce que nous, les enfants, recevions ce qu'on pouvait appeler « une bonne éducation », avec des fondements solides. Sans me pousser dans telle ou telle voie, ma famille m'a toujours encouragée dans mes études. Je lisais tout ce qui me tombait sous la main, la cause parfois de certaines inquiétudes de la part de mes parents. N'oubliez pas que mon foyer était très très catholique, mes parents très très pieux, et qu'on craignait les « mauvaises » lectures. Même chose au pensionnat. Je me souviens avoir fait un cours sur la littérature française : nous ne lisions pas les œuvres, c'était plutôt la biographie des auteurs qu'on étudiait. On choisissait les thèmes dont on voulait nous parler.

FA   - La religion est-elle importante pour vous ?

MP   - La religion a joué un grand rôle dans ma vie, et joue encore un rôle important, mais je suis de tendance libérale.

FA   - Vous souvenez-vous de lectures particulièrement inspirantes, de personnes clefs à un moment donné de votre vie ?

MP   - Rien de spécial, sauf lorsque j'ai réussi après dix ans d'enseignement dans les écoles rurales de l'Alberta à découvrir à l'université ce que j'appelais « la vraie littérature », surtout les grands classiques, français et anglais. Il me faudrait cependant mentionner que lors de mes études à l'Académie de l'Assomption à Edmonton, une religieuse m'avait beaucoup impressionnée par sa lecture d'un passage de Corneille. *Le Cid, Polyeucte* ? Je ne me rappelle pas lequel, hélas !

FA   - Vous avez dit quelque part qu'un certain professeur Salter de l'Université de l'Alberta vous avait beaucoup encouragée à écrire, mais qu'il vous avait aussi mise en garde contre les difficultés d'écrire en français ou sur des questions francophones, dans l'Ouest canadien.

MP - Le professeur Salter a été mon mentor. C'est grâce à lui que j'ai appris à « composer », c'est-à-dire non seulement à aligner des phrases surgies toutes chaudes de mon cerveau, mais à réfléchir avant d'écrire. Il m'a appris la sobriété, et l'honnêteté due au texte, tout en respectant mes envolées pourvu qu'elles soient « véridiques ». Il a même écrit, un jour, en marge d'une de mes productions quotidiennes : « *I don't believe a word of it.* » J'ai retrouvé au fond d'une malle le travail en question et l'observation peu flatteuse. Et j'ai gardé ce souvenir d'un professeur pour qui l'honnêteté était le *sine qua non* de l'écriture.

Il est vrai que lorsque j'ai parlé du *Muskeg* à Monsieur Salter, il m'a tenu à peu près ces propos : « C'est de la folie d'écrire en français et d'espérer trouver un public dans l'Ouest canadien. Mais j'admire votre courage et votre ténacité. Allez-y et bonne chance ». En effet, il a été le premier à lire le manuscrit de la première à la dernière page et s'est ensuite efforcé de me trouver un éditeur.

FA - Vous avez donc relevé le défi du professeur Salter, et avez connu un certain succès, mais pour qui écrivez-vous ?

MP - Pour moi, sans doute, parce que c'est un besoin. Mais aussi avec l'espoir d'intéresser, de faire connaître la francophonie de l'Ouest.

FA - Votre production littéraire a-t-elle été influencée par le facteur du nombre restreint des lecteurs et des lectrices ?

MP - Ma production littéraire n'a pas été influencée par le petit nombre de lecteurs anticipés. Je savais, et je sais toujours, que les écrivains de l'Ouest ne sont guère connus quand ils ne sont pas complètement ignorés. J'accepte ce fait.

FA - Les conditions d'écriture (et tout ce que cela implique au niveau de la production matérielle et de la réception) ont-elles changé depuis le *Muskeg* (1960)? Que faudrait-il faire pour rendre la « production » littéraire plus facile dans l'Ouest francophone ?

MP - Je ne crois pas que les conditions d'écriture aient beaucoup changé depuis mon premier roman. Le public s'intéresse davantage aux littératures québécoise et française. Il y a un plus grand nombre d'écrivains et d'éditeurs francophones dans l'Ouest canadien, mais je doute fort que les résultats équivaillent au travail qu'écrire et publier exige. Que faudrait-il faire pour améliorer la situation? Peut-être davantage de publicité dans les journaux, à la radio, à la télé? Au Québec, et peut-être même en France? Mais tout cela coûte cher, et ni les éditeurs ni les auteurs ne peuvent se permettre de telles dépenses.

FA - Dans son autobiographie, Gabrielle Roy dit qu'elle a vite compris qu'elle ne pouvait écrire qu'en français. Avez-vous, pour votre part, jamais été tentée d'écrire en anglais ?

MP - Non, je n'ai jamais été réellement tentée d'écrire en anglais. Le *Vancouver Sun* a publié il y a quelques années un petit morceau en anglais dont le héros était un petit chien que j'aimais beaucoup, mais ce n'était que pour me distraire.

FA - Vos 35 premières années de vie ressemblent beaucoup à celles de Gabrielle Roy (c'est-à-dire, enseignement après l'école normale, suivi d'un voyage en Europe à une époque où peu de jeunes gens en avaient l'occasion, et retour au pays), sauf que l'écrivain manitobain a décidé de « s'exiler » au Québec pour entreprendre ce qu'elle appellera plus tard sa « vocation ». Avez-vous eu une semblable tentation de « l'exil » ?

MP - Peut-être au début des années 1950 après un séjour de deux ans en France. Pendant les mois qui ont suivi mon retour, j'ai vécu pour ainsi dire entre deux mondes. La France m'avait séduite, mais des raisons pratiques m'ont ramenée dans l'Ouest. Et depuis, comme le dit Sauvage, sauvageon : « Je suis d'un autre pays » et « quoi que je fasse, mes racines [...] ne s'en dégageront jamais ». Façon de dire que je suis une francophone de l'Ouest, que c'est là mon pays, que c'est là que je me sens le mieux dans ma peau, et que je ne pourrais vivre ailleurs.

FA - Quels ont été les premiers moments d'écriture ?

MP - Je ne saurais me rappeler les premiers moments d'écriture. Le *Muskeg* a été un travail ardu, et écrire est resté pour moi un travail ardu, sauf à certains moments qui deviennent alors de véritables « moments privilégiés ».

FA - Qu'est-ce qui se passait alors ? Qu'entendez-vous par « moments privilégiés » ?

MP - C'est lorsque tout semble démarrer, et tout à coup, on se rend compte que c'est exactement cela que l'on voulait dire, c'est la façon dont on voulait l'exprimer.

FA - Où puisez-vous le matériel de vos livres ?

MP - D'un souvenir, d'un incident, d'un détail qui m'aurait frappée, de circonstances vécues, enfin, de mille choses butinées çà et là.

FA - Comment écrivez-vous ? De façon très disciplinée, à tous les jours ? Dans l'isolement, ou comme Sartre au café ? Avez-vous besoin d'un état d'âme spécial, d'être heureuse ou malheureuse, etc., de savoir que vous avez déjà un éditeur, que vous avez du temps devant vous ? Sur un coup d'inspiration... ?

MP - Je ne suis malheureusement pas aussi disciplinée que je voudrais le croire. Je travaille d'habitude dans la matinée. J'ose à peine dire tous les jours, car il suffit parfois d'un coup de téléphone ou d'une autre bagatelle pour m'arrêter en plein élan.

Je n'ai pas besoin d'un état d'âme spécial, ou de savoir que l'ouvrage en cours trouvera un éditeur bien que, forcément, j'y compte.

L'inspiration vient souvent en écrivant. La page blanche est toujours le même monstre à affronter, mais peu à peu (avec beaucoup de révisions et de corrections) le travail prend vie et le ou les personnages se frayent leur propre chemin.

Et j'écris toute seule chez moi.

FA - Il y a très peu d'écrivains francophones dans l'Ouest canadien : est-ce difficile d'être plus ou moins seule, ou tout au moins de ne pas être solidaire d'un plus grand nombre, de ne pouvoir appartenir à une plus grande communauté d'écrivains ? Est-ce un besoin pour vous ?

MP - Puisque j'ai toujours été seule en ce qui concerne le métier d'écrivain, je ne ressens pas la nécessité d'appartenir à une communauté d'écrivains. D'ailleurs, ceci me serait tout à fait impossible dans un milieu anglophone comme Vancouver. Il y aurait sûrement quelque avantage à parler « écriture » avec d'autres auteurs, mais même en ce cas, écrire est quelque chose de tellement personnel pour moi qu'il me serait difficile d'étaler au grand jour mes sentiments.

FA - Si on parlait un peu de votre œuvre. Vous publiez en 1960, *Dans le Muskeg*, une sorte de roman du terroir qui n'est déjà plus à la mode au Québec depuis la fin des années 1940. Pourquoi avez-vous choisi ce genre, et comment selon vous, transforme-t-il à sa façon ce genre québécois ?

MP - Lorsque j'ai écrit *Dans le Muskeg*, je ne pensais nullement à ce qui était à la mode au Québec à cette époque. J'ai tout simplement raconté, sans m'inquiéter du genre, choisi inconsciemment, l'histoire d'un petit village albertain depuis les années 1920 jusqu'à l'après-guerre et les changements produits par l'écoulement du temps. Je n'accorde aucune importance à ce qui se passait au Québec à ce moment-là, tout comme je ne vois pas la nécessité d'imiter les auteurs québécois. J'admire ces derniers mais je considère comme acquis que la francophonie de l'Ouest ne peut se baser sur la francophonie québécoise. Je reconnais, comme d'autres l'ont fait, qu'il s'agit bien de deux francophonies et que celle de l'Ouest ne peut être calquée sur celle du Québec. Je crois qu'Antonine Maillet a reconnu le même fait puisque son œuvre est acadienne avant tout.

FA - Comment expliquer la longue période de « sécheresse » entre cette première publication et *Maurice Dufault, sous-directeur*, paru en 1983 ?

MP - Il n'y a pas eu de véritable « sécheresse » entre le *Muskeg* et *Maurice Dufault*. Ce dernier a été écrit dans les années 1960 mais n'a pu être publié avant 1983. Le manuscrit gisait au fond d'un tiroir lorsqu'un éditeur s'y est intéressé. Comme professeur de langue et de littérature françaises, je devais me consacrer tout d'abord à cette tâche qui exigeait, comme vous le savez vous-même, tout mon temps. Il me fut donc impossible de songer à un roman au fond d'un tiroir ou même de reprendre l'écriture.

FA - On retrouve ici des thèmes beaucoup plus universels : non-sens de la vie, aliénation, monde vide et désincarné, absurdité, la notion d'engagement, etc. En fait, ce sont des thèmes chers aux écrivains existentialistes. Y avait-il une communion de pensée entre vous et ces penseurs qui ont dominé le monde intellectuel de l'après-guerre ?

MP - Oui, les thèmes rappellent une certaine influence des écrivains existentialistes. Il y avait au moment où le roman a été écrit ce qu'on peut considérer comme une affinité entre ma pensée et celle d'écrivains comme Sartre et Camus que je faisais connaître à mes étudiants. Mais il ne faut pas exagérer, car les étudiants lisaient aussi Alain-Fournier, Saint-Exupéry, Gide, Mauriac, Montherlant, etc.

FA   - Maurice Dufault nous apparaît nettement dans le sillage des héros existentialistes car, pour lui, par exemple, la vie est dénuée de sens, et en fin de compte, si la vie a un sens, celui-ci est à inventer à la mesure de l'être humain, souvent dans les petites choses de la vie.

MP   - Sa vie n'avait pas de sens avant son « expérience » de la mort. Mais c'est souvent ce qui se passe dans la vie : on se laisse vivre et, face à la mort, on se rend compte qu'on a gâché sa vie, qu'on s'est laissé ballotter...

FA   - Qu'est-ce qui a amené la facture narrative toute spéciale que vous donnez à *Sauvage, sauvageon* (1984)?

MP   - Dans *Maurice Dufault*, la facture est très contrôlée. Ce n'est pas le cas avec *Sauvage, sauvageon*. Écrit après avoir pris ma retraite, celui-ci est plus près de mon moi réel. Et dans ce roman, la protagoniste Maxine s'est tout à fait libérée de sa créatrice. Elle a pris en main sa propre destinée et, pour parler franchement, elle « s'est complètement fichée de moi ». Quant à la facture, elle tient de la protagoniste elle-même. C'est le cas de dire que l'on ne crée pas vraiment un personnage, mais qu'il se crée lui-même.

J'ai bien commencé avec l'idée de cette femme qui avait, pour ainsi dire, gâché sa vie. Et puis, elle est revenue vers le passé pour essayer de retrouver pourquoi elle avait agi ainsi, ...parce qu'elle s'était vengée de tant de personnages... Et à la fin, c'est elle-même qui en a souffert. Et voilà! Tout s'est déroulé à partir de là...

FA   - Sentiez-vous le besoin de renouveler le roman, (votre roman), comme on le faisait ailleurs?

MP   - Il me semble que la facture de *Sauvage, sauvageon* s'est développée sans que l'auteur ait fait un effort conscient de renouvellement. C'est-à-dire qu'il n'y a pas eu de plan préconçu. J'ai laissé la protagoniste tracer sa route comme bon lui semblait. C'est de là que sont venus les allusions au théâtre et les changements de technique.

FA   - *Sauvage, sauvageon* suscite de lui-même, par son parallèle événementiel à la biographie de l'auteur, la question du « roman autobiographique », un peu comme on parle de *Rue Deschambault* pour Gabrielle Roy. Que pensez-vous de cette lecture?

MP   - La question du « roman autobiographique » n'a de validité que lorsqu'il s'agit des lieux décrits par Maxine. L'auteur les a connus et y a vécu. Tout le reste est fictif : l'intrigue, les personnages, etc. Le parallèle événementiel dont vous parlez existe seulement au niveau de la mise en œuvre des moyens de création. Le premier impératif de l'écriture n'est-il pas de parler de ce que l'on connaît?

FA   - Comment aimeriez-vous qu'on se souvienne de votre œuvre? Quel aspect vous paraît méconnu?

MP - La compassion. Un désir de compassion que j'ai réellement. Ce n'est peut-être pas assez marqué...

FA - Mais justement, si la compassion n'est pas dans l'œuvre, elle ne peut être reconnue!

MP - Les auteurs sont jugés de différentes façons! Je crains l'eau de rose. Il faut laisser au lecteur le soin de découvrir un certain courant de compassion. Je ne sais comment expliquer cela... Je pense à Bernanos qui a écrit une œuvre assez triste mais qui a dit qu'il avait beaucoup aimé la vie. En effet, son univers est assez noir, et pourtant...

FA - C'est un écrivain catholique.

MP - Je n'écris pas en tant que catholique... J'ai peut-être une vision plus pessimiste que je ne croyais. Quand j'étais jeune, ça se comprend, j'avais un certain idéal. Peu à peu, on se rend compte que non..., voilà où entrent les compromis. Si on réfléchit un petit peu, il y a peut-être davantage de pessimisme que d'optimisme, mais je ne suis pas convaincue d'être complètement pessimiste... Je préfère ne pas trop fouiller dans ces choses-là. Je crois que ça ne donne pas vraiment de bons résultats...

FA - Vous avez peur de ce que vous allez trouver?

MP - Peut-être, mais n'avons-nous pas toujours peur de fouiller le passé, de trouver quelque chose dans les petits recoins de la conscience?

FA - Sartre appellerait cela de la mauvaise foi, un certain refus de la lucidité...

MP - On peut fort bien être lucide sans aller remuer bien des choses auxquelles on ne peut rien changer. Et je ne suggère pas que j'en ai. Je pense simplement en général. Là aussi, je reviens à ce que je disais plus tôt, — aux gens qui réfléchissent un tout petit peu, je crois qu'ils se retrouveraient plus pessimistes en face de la vie, parce qu'il ne faut pas oublier que ça se termine par la mort aussi... »

Ouvrages de Marguerite Primeau

Dans le muskeg, Montréal, Fides, 1960.
Contes et scénarios, New York, Holt, 1960, (en coll. avec K. Brearley et R. R. Jeffels).

Maurice Dufault, sous-directeur, Saint-Boniface, Éditions des Plaines, 1983.

Sauvage, sauvageon, Saint-Boniface, Éditions des Plaines, 1984.

Le Totem, Saint-Boniface, Éditions des Plaines, 1988.

Études critiques et recensions

E. D. Blodgett, « Primeau, Marguerite, *Maurice Dufault, sous-directeur*, Éditions des Plaines, Saint-Boniface », dans *Bulletin du CEFCO*, 15, oct. 1983.

Émile Chartier, « Primeau (Marguerite-A.), *Dans le muskeg* », dans *Lectures*, 7, 7, 1961.

Diane-Monique Daviau, « De deux sortes de vertige : *Le Totem* », dans *Lettres québécoises*, n° 52, hiver 1988-1989, p. 36-37.

Paul Dubé, « La métaphore théâtrale dans *Sauvage, sauvageon* de Marguerite Primeau », dans *Héritage et avenir des francophones de l'Ouest*, Muenster, Saskatchewan, St. Peter's Press, 1986.

Carol J. Harvey, « Marguerite A. Primeau, *Sauvage, sauvageon* », dans *Le Bulletin du CEFCO*, n° 21, octobre 1985, p. 30-31.

Reine Malouin, « Marguerite Primeau, *Dans le muskeg*, roman historique », dans *Vie française*, 15, 7-8, mars-avril 1961.

André Renaud, « *Dans le muskeg.* By Marguerite Primeau », dans *Humanities Association of Canada Bulletin*, 33, April 1961.

Gaston Rioux, « Marguerite-A. Primeau- *Dans le muskeg* », dans *Revue de l'Université d'Ottawa*, juillet-septembre 1962.

Florent Sylvestre, « Primeau, Marguerite-A., *Dans le muskeg* (roman) », dans *Culture*, sept. 1961.

Jules Tessier, « La dialectique du conservatisme et de l'innovation dans l'œuvre de Marguerite Primeau », dans *Les Outils de la francophonie*, Saint-Boniface, CEFCO, 1988.

Adrien Thério, « *Maurice Dufault, sous-directeur* de Marguerite Primeau », dans *Lettres québécoises*, n° 32, hiver 1983-1984, p. 60.

NOTE

---

1. Jules Tessier, « La dialectique du conservatisme et de l'innovation dans l'œuvre de Marguerite Primeau », dans *Les Outils de la francophonie*, Saint-Boniface, CEFCO, 1988, p. 202.

UNE LANGUE DOUBLEMENT DOMINÉE :
LE FRANÇAIS EN NOUVELLE-ANGLETERRE

LOUISE PÉLOQUIN
Université de Paris IV

CE TEXTE SE VEUT UNE AMORCE d'analyse des mécanismes de la domination linguistique. Trop souvent, ce fait social est examiné de façon hâtive et superficielle. Par exemple, le recul ou la quasi-disparition des langues régionales en France est expliquée par l'action uniformisante de l'État français et de ses institutions politiques et scolaires. De même, l'annexion de mots anglo-américains à la langue française et l'utilisation, de plus en plus fréquente, de l'anglo-américain lors de colloques, congrès et réunions internationales sont dues à l'impérialisme linguistique et culturel de l'Amérique du Nord. Il est très commode, en effet, de proposer une analyse de ces faits en se polarisant sur les influences extérieures au produit culturel dominé. Une telle explication de la domination linguistique et culturelle n'est pas erronée, d'ailleurs. Cependant, elle ne dévoile qu'une partie du phénomène de la domination. Nous croyons qu'un examen des comportements à l'intérieur même du groupe dominé éclaircit aussi l'existence d'une domination linguistique. C'est-à-dire que la santé d'une langue dominée dépend, en très grande partie, des attitudes valorisantes ou stigmatisantes de sa propre communauté linguistique, car c'est elle qui résiste ou qui succombe aux forces assimilatrices de la société dominante. Comme l'exprime Bourdieu, « la dépossession symbolique [de la langue dominée] ne peut s'accomplir que si les dépossédés collaborent à leur dépossession[1] ».

Qui sont les Franco-Américains ?

Les Franco-Américains sont caractérisés par trois éléments principaux : l'origine canadienne-française, la langue maternelle française et la religion catholique. Seuls les Franco-Américains des six États de la Nouvelle-Angleterre (Connecticut, Maine, Massachusetts, New Hampshire, Rhode Island et Vermont) seront considérés ici.

« Établis pour la plupart au cœur ou à la périphérie des grands centres industriels de la Nouvelle-Angleterre, les Franco-Américains constituent une population surtout urbaine, provenant d'une immigration canadienne-française à peu près constante de la province de Québec qui a duré 75 ans environ, de 1850 à 1925[2]. » Les mauvaises conditions de travail dans les chantiers navals et dans l'industrie du bois de construction, la surpopulation, la diminution de la superficie de la terre cultivable disponible, l'absence d'un bon système de transport de l'Est canadien au Nord-Ouest, sont les raisons essentielles de l'exode des Canadiens français vers les États-Unis. La Nouvelle-Angleterre offrait du travail, notamment dans ses usines textiles, des salaires plus élevés et la proximité géographique du pays natal.

Ce qui a démarqué les Canadiens français de beaucoup d'autres groupes de migrants venus en Amérique est la volonté de créer leur micro-société à l'intérieur des États-Unis. Dans les villes industrielles d'accueil, les immigrants canadiens-français se sont groupés en enclaves ethniques appelées *Petits Canadas*. Ils y ont établi leurs propres paroisses, où ils pouvaient suivre le culte dans leur langue, avec des prêtres francophones. Ils ont formé des sociétés d'entraide. Ils ont ouvert des écoles paroissiales où leurs enfants étaient assurés de recevoir une instruction catholique et francophone, sans pour autant délaisser les exigences scolaires de l'État américain. De nombreux journaux français ont également été fondés pour informer, instruire et divertir la communauté ethnique. En un siècle environ, 300 églises francophones, 200 écoles paroissiales et 300 journaux ont été fondés. À partir du ghetto canadien-français, tout un univers franco-américain s'est développé, un champ d'action social et linguistique fait sur mesure pour maintenir, voire renforcer les pratiques culturelles spécifiques du groupe minoritaire.

Le nombre de Franco-Américains habitant la Nouvelle-Angleterre aujourd'hui est estimé à un million de personnes, pour une population totale de près de 12 millions d'habitants dans les six États. Depuis les premières vagues migratoires des Canadiens français dans cette région des États-Unis, l'attachement à la langue a influencé directement l'augmentation ou la diminution des effectifs francophones. Dans les limites de ce texte, nous ne pouvons pas nous livrer à une étude approfondie de l'évolution de la langue française en Nouvelle-Angleterre. Nous avons donc choisi une étape de ce fait français, les années suivant la Seconde Guerre mondiale, quand la conscience collective franco-américaine a été atteinte par la dévalorisation de la langue ethnique. Au cours des années 1950-1970, à l'époque où la mobilité sociale du groupe franco-américain a provoqué son exode des *Petits Canadas*, où beaucoup d'anciens quartiers ont été rasés à la suite des programmes gouvernementaux de rénovation urbaine, la communauté linguistique de tradition francophone a perdu sa densité géographique. La bilinguisation graduelle des institutions ethniques telles que la paroisse et les sociétés mutuelles, et la dispersion des membres de la communauté ont rendu la conscience collective franco-américaine perméable aux influences de sa société d'accueil anglo-américaine. Ce sont les conséquences de cette perméabilité qui nous intéressent ici. L'ascension sociale de la communauté franco-américaine a entraîné certains de ses membres (dont le nombre n'a jamais été calculé avec une rigueur scientifique) à collaborer à la dévalorisation du français hérité des immigrants québécois.

La langue ethnique a donc subi une double domination linguistique en Nouvelle-Angleterre, au cours des années 1950-1970 : celle de la société d'accueil assimilatrice et celle des Franco-Américains propagateurs des jugements de valeurs dominants. Nous traiterons de ce dernier aspect de la domination linguistique en retenant trois de ses composantes :

1) la langue des Franco-Américains étalonnée au *français standard*;
2) et 3) les milieux familial et scolaire où naît l'image de la langue dominée et où sont inculquées les notions de valorisation et de stigmatisation.

Précisons enfin que nous ne décrirons pas en détail les spécificités phonétiques, lexicales et syntaxiques du parler franco-américain, semblable à la langue du Québec, étant issu d'elle. Nous choisirons plutôt de montrer comment certains Franco-Américains ont eux-mêmes contribué au recul de la francophonie. Pour ce faire, nous présenterons des textes concernant cette communauté ethnique et des données recueillies sur le terrain, à l'occasion d'entretiens avec des Franco-Américains.

1) La langue des Franco-Américains étalonnée au « français standard »

Chez les communautés linguistiques francophones et anglophones de la Nouvelle-Angleterre, comme c'est partout le cas, la perception d'une langue est « fondée sur un jugement accepté sur la langue[3] ». Au cours des vagues migratoires de la première moitié de ce siècle, la perception de la langue française était si favorable chez les immigrants que toutes les institutions des *Petits Canadas* ont été créées pour maintenir et promouvoir la francophonie. Quand les grandes migrations du Québec se sont ralenties et que la communauté ethnique s'est enracinée dans le pays d'adoption, le jugement favorable à l'héritage linguistique a cessé de faire l'unanimité, parce que de nombreux Franco-Américains ont adopté les perceptions mentales du groupe anglo-saxon qui régentait les scènes économique, politique et sociale en Nouvelle-Angleterre. Ce dernier ne méprisait aucunement la langue et la culture françaises. Au contraire, de tout temps, il a été prestigieux de saupoudrer son discours de mots français et d'afficher sa connaissance de la littérature, de la musique et de l'art français. Par contre, le groupe anglo-saxon n'admettait qu'une seule variante linguistique comme véhicule des produits culturels français : la « norme idéale [...] représentée par le parler soutenu de la bourgeoisie cultivée de la région parisienne[4] ». Par ses expressions québécoises, ses anglicismes et ses spécificités phonétiques, le parler des Franco-Américains n'était pas jugé conforme aux représentations mentales du *bon français* et était donc dévalorisé par la société dominante : « les touristes... anglais qui ont entendu quelques bribes de français à Paris, s'étonnent parfois de la prononciation franco-américaine. Ils s'empressent de dire qu'on parle un patois dans les centres franco-américains[5] ».

Confronté à l'image idéalisée du parisien, le français des Franco-Américains a reçu une *valeur sociale* négative, étiquetée arbitrairement d'après *l'ordre établi* par le groupe dominant anglo-saxon. Le *déclassement*[6] de la langue ethnique a influencé le comportement de nombreux Franco-Américains[7]. Sachant que la défense et le maintien de leur français les marquaient de façon désavantageuse sur la scène sociale dominante, ceux-ci ont choisi d'adopter les jugements du groupe anglo-saxon. Les Franco-Américains partisans du « mythe du pur *Parisian French*[8] » ont cherché à échapper à la stigmatisation attachée au « patois franco-américain ». Ayant réussi à s'élever dans l'échelle socio-économique par rapport à la position de travailleurs immigrants occupée par leurs parents et grands-parents, ces Franco-Américains étaient soucieux de cultiver une image sociale favorable et de ne pas passer pour des arriérés ou des incultes auprès du groupe dominant. Puisque l'image des productions linguistiques se répercutait sur l'image du locuteur[9], la communauté francophone a forcément été atteinte par le *déclassement* de son outil linguistique. Il s'ensuivit que le fait même de faire partie de la population descendant des Canadiens français était en soi stigmatisant pour beaucoup de Franco-Américains participant à la hiérarchie sociale dominante. Ceux-ci auraient pu modifier leur performance linguistique francophone pour suivre le modèle du français parisien. Cependant, par crainte de ne jamais répondre aux exigences de l'idéal fixé par le *vrai* français, et sans doute aussi par conscience du caractère facultatif de la francophonie aux États-Unis, ces Franco-Américains ont choisi d'abandonner la pratique de la langue dominée. Il faut préciser que cet abandon n'a pas été le fait de tous. La langue française a quand même pu survivre jusqu'à nos jours, comme en témoignent les centaines de milliers de parlants français en Nouvelle-Angleterre aujourd'hui. Par contre, selon l'estimation d'une interviewée de 50 ans, *toute une génération* de Franco-Américains aurait ainsi cessé de parler français.

2) *Le milieu familial*

La stigmatisation du français parlé par les Franco-Américains s'est effectuée, dans un premier temps, à l'extérieur de la communauté ethnique, dans le champ d'action social géré par le groupe anglo-saxon dominant. Petit à petit, des Franco-Américains ont accepté et ont même préconisé le déclassement de leur parler par rapport au français parisien. La collaboration à la dépossession du français s'est d'abord limitée aux lieux d'interaction extra-ethnique, comme les milieux professionnels, par exemple. En revanche, dans les lieux réservés à la vie ethnique franco-américaine, comme la famille et la paroisse, la langue des ancêtres était toujours valorisée comme moyen privilégié de communication. Cependant, à mesure que les *convertis* aux jugements de la société dominante se sont multipliés, les perceptions stigmatisantes de la langue ethnique se sont installées au sein même des institutions qui avaient créé et maintenu la francophonie en Nouvelle-Angleterre.

Le milieu familial a traditionnellement été le berceau de l'amour de la langue française. Un devoir primordial de la mère franco-américaine était justement d'accomplir son rôle de professeur de français. Une interviewée de 60 ans nous a affirmé par exemple : « Je dois beaucoup à ma mère en ce qui concerne le goût du français. » Le désir de parler français et le prix élevé accordé à la francophonie ont donc leurs racines dans le foyer franco-américain.

Pendant les années 1950-1970, de nombreuses familles franco-américaines ont délaissé leur action pédagogique francophone. Au lieu d'inculquer à leurs enfants « le goût du français », certains parents « n'ont pas voulu transmettre cet héritage » et cela par « honte d'être Francos..., à cause d'un complexe d'infériorité par rapport à leur langue » nous a expliqué une interviewée de 40 ans. Les mécanismes de la double domination linguistique du français en Nouvelle-Angleterre se sont accélérés quand les Franco-Américains ont ainsi apporté la condamnation de leur langue dans leurs propres familles. Un interviewé de 45 ans explique pourquoi il n'a jamais parlé français à ses enfants : « La fierté de mon héritage, je n'en avais pas. Ça me disait rien de pouvoir parler français. » Puisque l'héritage linguistique des Franco-Américains était dénigré, tant à l'intérieur du groupe ethnique qu'à l'extérieur, l'indifférence quant au maintien d'une ambiance francophone au foyer était compréhensible. Faire l'effort de transmettre à ses enfants une langue stigmatisée ne semblait pas du tout rentable. Le devoir parental consistait plutôt à se concentrer sur le perfectionnement de l'anglais. Dans l'idée de ces parents, les deux langues ne pouvaient pas coexister sans que l'une ne nuise à l'autre. Pour éviter que la pratique du français, même réduite au champ d'action familial, ne freine la maîtrise de l'anglais, il valait mieux renoncer à sa langue maternelle[10]. De cette manière, les enfants seraient linguistiquement armés pour faire face à la société anglophone dominante et progresser dans l'échelle sociale. Il est quand même frappant de constater que l'unilinguisme était ainsi préféré au bilinguisme. Nous pourrions dire que certains Franco-Américains ont choisi d'être borgnes et même aveugles à leur avoir culturel francophone, en rejetant la langue française.

D'autres parents franco-américains ont adopté un comportement moins radical. Ils maintenaient la francophonie au foyer, mais insistaient pour que la performance linguistique de leurs enfants soit conforme aux normes du *bon* français. Un interviewé de 75 ans a connu des parents qui *corrigeaient* leurs enfants en disant « ne parle pas français ; si tu ne parles pas comme il faut, ne le parle pas ». Parler *comme il faut* signifiait parler selon l'idéal francophone de la société dominante. Vraisemblablement, ces parents soucieux de la *qualité* du français parlé par leurs enfants croyaient contribuer à la vitalité de la francophonie en Nouvelle-Angleterre. Mais en réalité, une attitude intolérante par rapport aux particularités linguistiques franco-américaines a conduit à étouffer le désir de parler français chez les enfants. L'encouragement parental a donc eu un effet opposé à l'intention de conserver le français.

Pour poursuivre l'analyse de la domination linguistique dans le milieu familial, nous pouvons nous interroger sur la performance linguistique des parents eux-mêmes. Parlaient-ils le français dit *parisien* ? Il est évident que, comme toute communauté linguistique, la franco-américaine n'était pas uniforme en ce qui concerne les variantes linguistiques. Les pratiques langagières des uns et des autres se rapprochaient plus ou moins du français *standard*, selon le niveau de scolarité du locuteur, son appartenance socio-économique et tant d'autres variables sociologiques. Il n'entre pas dans nos propos d'établir ici une grille de mesure pour situer les performances linguistiques franco-américaines par rapport au *parisien*. Sans posséder un catalogue exhaustif de la communauté linguistique franco-américaine, nous pouvons néanmoins avancer le fait que la majorité des parents ne parlaient pas *parisien*. Leur parlure était celle des immigrants canadiens-français. Ces Franco-Américains n'étaient donc pas les locuteurs francophones sur lesquels les jeunes pouvaient prendre modèle afin de parler le français parisien. Pourquoi cette insistance à parler *comme il faut* ? Tout simplement, les enfants étaient censés apprendre le français *standard* à l'école et l'utiliser à l'intérieur du milieu familial. Une interviewée de 50 ans nous a décrit cette situation que l'on rencontre encore parfois : « Les élèves ayant des parents de langue maternelle française étudient le français comme langue *étrangère*. Le français scolaire est standard, le français du peuple (franco-américain) ne l'est pas, et les gens trouvent que leur français est inférieur au français du livre (manuel scolaire). Quelques-uns des parents essaient de forcer leurs enfants à étudier le français à l'école secondaire, ces élèves se rebellent. »

Nous voici à la charnière du troisième point de mire de la double domination linguistique en Nouvelle-Angleterre, le milieu scolaire. Nous avons essayé de montrer brièvement comment des parents franco-américains se sont dépossédés de leur langue ethnique en minimisant la valeur de leur propre parler ou tout simplement en abandonnant le français. Dans les deux cas, les jeunes n'ont pas pu participer au maintien de la francophonie en Nouvelle-Angleterre, soit parce que le français ne leur avait pas du tout été transmis, soit parce qu'ils *se rebellaient* contre l'imposition d'une langue artificielle dite *standard*, qui leur était étrangère.

3) *Le milieu scolaire*

Pour terminer notre aperçu du français, langue dominée en Nouvelle-Angleterre, examinons le rôle du milieu scolaire. Précisons d'emblée que nous ne traiterons ici que des écoles publiques. Dans l'introduction, nous avons mentionné qu'environ 200 écoles paroissiales avaient été construites en un siècle par les immigrants canadiens-français. Créées pour répondre aux souhaits du groupe ethnique, ces écoles ont travaillé à la reproduction de la communauté francophone. Pendant la première moitié de ce siècle et, dans certains cas, jusqu'aux années 1960, le programme d'études des écoles franco-américaines était bilingue. La journée scolaire se déroulait moitié en français, moitié en anglais. Même quand ce régime bilingue a été abandonné, les cours quotidiens de français ont été maintenus conformément à l'idéologie des fondateurs des *Petits Canadas*, c'est-à-dire dans une ambiance propice à la promotion de la langue des ancêtres. Par conséquent, quand nous parlerons de l'école en tant que participante à la domination linguistique, il ne s'agit en aucun cas des écoles paroissiales.

Les écoles paroissiales n'ont jamais scolarisé la totalité des jeunes Franco-Américains, soit parce qu'elles n'étaient pas implantées dans toutes les municipalités de la Nouvelle-Angleterre, soit parce que tous les parents n'avaient pas les moyens de payer l'école privée, même peu coûteuse. Quelles que soient les situations particulières, de nombreux enfants franco-américains ont toujours fréquenté des écoles publiques où ils pouvaient suivre des cours de français. Là, ils sont entrés en contact avec une langue *étrangère*, le français épuré de tout régionalisme. Le parler des Franco-Américains était encore une fois la cible de jugements dévalorisants. Comme l'exprime Bourdieu : « Le système d'enseignement contribue pour une part déterminante à cette opération de déclassement en rejetant les modes d'expression populaires... à l'état de *jargon*... et en inculquant la reconnaissance de la légitimité de la langue légitime [11]. »

Il fallait que les élèves franco-américains apprennent la langue *légitime*, le français *standard*. Pour ce faire, la francophonie à laquelle appartenaient les élèves était ignorée, rejetée et même ridiculisée. Plutôt que d'utiliser la compétence francophone existante pour la renforcer et éventuellement y intégrer le *standard*, les professeurs de français des écoles publiques préféraient la nier [12]. Dans son article « La langue franco-américaine », Robert A. Fischer affirme : « À l'école, en particulier, l'enfant franco-américain s'est heurté à l'obstacle du français normatif. La langue de l'institutrice a été différente... de la langue apprise par l'enfant au foyer [13]. » Nous pouvons comprendre comment tout *goût du français* développé chez les jeunes, dans leur famille, a pu être annihilé à l'école. Le français des familles franco-américaines était un outil de communication vivant et, dans ces foyers immunisés aux jugements de la société dominante, un lien avec les compatriotes d'origine canadienne-française et avec l'histoire et la culture du peuple français en Amérique du Nord [14]. La langue artificielle enseignée dans les cours de français n'avait aucun rapport avec le parler ethnique. Sans aucun doute, les élèves franco-américains ne trouvaient qu'un intérêt réduit à étudier une langue *standard* stérilisée qui ne rappelait pas leur propre vécu francophone.

L'écrivain Jack Kérouac (1922-1969), Franco-Américain aux ancêtres bretons, père de la génération *Beat* et auteur du célèbre *On the Road* (*Sur la route*), publié aux États-Unis en 1957, rapporte, dans un roman autobiographique, ses expériences de Franco-Américain en cours de français à l'école publique : « Je sors mon livre de français et lis tous ces drôles de mots français que nous n'employons jamais en canadien français. Je dois les chercher dans le glossaire à la fin du livre, et je prévois les moqueries du professeur de français, Mr. Carton, quand il me demandera de me lever pour lire avec mon accent un long passage en prose[15]. » Cette citation nous fait comprendre comment les élèves franco-américains ont pu se sentir aliénés dans leurs cours de français, puisque leur performance linguistique pouvait provoquer la raillerie publique[16]. L'auto-défense psychologique menait le plus souvent à un dégoût pour la langue française ou du moins au refus de s'en servir dans les champs d'action dominés par le français *légitime*. Dans le cas de Kérouac, la stigmatisation de la langue franco-américaine l'a sans doute marqué du point de vue littéraire. À l'exception de quelques mots français saupoudrés dans ses écrits, son œuvre est anglophone. Il avait conscience de la nécessité de s'exprimer en anglais pour poursuivre une carrière de romancier aux États-Unis. Mais vraisemblablement, la dévalorisation de sa langue maternelle française l'avait empêché de l'utiliser pour s'exprimer en tant qu'écrivain. À la limite, nous pourrions dire que la domination linguistique en Nouvelle-Angleterre nous a privés d'œuvres francophones en Amérique du Nord !

Jusqu'à maintenant, nous avons parlé très généralement des professeurs d'écoles publiques, sans mentionner leur appartenance ethnique. Nous ne disposons pas de chiffres concernant le pourcentage d'Anglo-Saxons, d'Irlandais, de Franco-Américains dans le corps professoral des années 1950-1970. Néanmoins, nous pouvons souligner le fait que le système scolaire était géré par le groupe ethnique dominant. Par conséquent, les valeurs et les opinions des Anglo-Saxons balisaient le programme d'études des écoles[17]. Tant à l'embauche qu'au moment de la titularisation, les professeurs devaient montrer leur respect de *l'ordre établi* afin de s'intégrer au système scolaire et de s'assurer la sécurité de l'emploi. En ce qui concerne l'enseignement du français, l'objet d'étude était, bien évidemment, la langue *standard*. Donc, les professeurs franco-américains qui enseignaient le français dans les écoles publiques devaient se soumettre à la dévalorisation des produits linguistiques francophones de leur groupe ethnique. Certains d'entre eux ont essayé d'insérer, dans leurs cours, l'étude de la langue et de la culture franco-américaines. Mais ces expériences ont été rapidement supprimées par les dirigeants du système scolaire. En outre, beaucoup d'enseignants franco-américains ont conclu que, pour poursuivre une carrière universitaire et même secondaire, il fallait s'aligner sur la langue de Paris et se polariser sur les produits culturels de la France. Une interviewée de 45 ans, professeure de français dans une université, nous a exposé la difficulté d'être *porte-parole* de la culture franco-américaine car « les gens qui sont au pouvoir... les professeurs des grandes universités américaines » l'ont traditionnellement perçue « comme étant vraiment inférieure ». Ne voulant pas s'identifier à une autre culture *inférieure*, de nombreux enseignants franco-américains se sont conformés au statu quo scolaire et ont rempli leur rôle de transmetteurs et de défenseurs des produits culturels considérés comme *légitimes*. Ils ont donc renforcé la domination de la francophonie chez les jeunes Franco-

Américains, en sanctionnant leurs produits francophones *hérétiques* et en *consacrant* le *bon usage* de la langue française[18].

Conclusion

> « Pour mettre en place une langue,
> il (faut) plusieurs générations mais
> il (suffit) d'une seule pour la
> perdre[19]. »

Dès le début de leur immigration en Nouvelle-Angleterre, les Canadiens français ont construit tout un univers ethnique pour *mettre en place* leur langue française dans la société d'accueil anglophone. Pendant les décennies, les forces assimilatrices du pays hôte n'ont guère eu d'effet sur la communauté francophone. Le foisonnement d'institutions ethniques, journaux, clubs sociaux, cercles littéraires, etc. en est la preuve. Cependant, les années qui ont suivi la Seconde Guerre mondiale ont apporté des changements dans le groupe ethnique. Les nouveaux héritiers de la langue française étaient, pour la plupart, natifs des États-Unis et connaissaient un mode de vie moins rigoureux, moins servile, moins communautaire que celui des bâtisseurs des *Petits Canadas*. La génération 1950-1970 était donc plus vulnérable aux influences de la société dominante et moins disposée à se replier sur son groupe ethnique, comme l'avaient fait ses prédécesseurs. C'est dans un tel climat que de nombreux Franco-Américains ont précipité l'affaiblissement de la communauté linguistique francophone en Nouvelle-Angleterre. Leur acceptation de la stigmatisation du parler franco-américain, à cause de ses divergences par rapport au français *standard* ou *parisien*, a été le premier geste de collaboration à la domination linguistique. La transmission des jugements dévalorisants aux milieux familial et scolaire a propagé les ravages faits à la langue française chez les Franco-Américains. Le recul de la francophonie en Nouvelle-Angleterre, après la Seconde Guerre mondiale, est dû à *la trahison*[20] linguistique des héritiers du français, aussi bien qu'à la domination institutionnelle des détenteurs du pouvoir à l'échelle économique, politique, scolaire et sociale. La communauté francophone a donc subi une double domination linguistique : celle qui a été exercée par le groupe dominant anglo-saxon et celle qui émanait des Franco-Américains eux-mêmes, gagnés aux jugements des dominants.

Les perspectives d'avenir ne sont cependant pas uniquement pessimistes, pour ce qui est du français aux États-Unis. Tout d'abord, il faut noter le renouveau d'intérêt pour les groupes minoritaires et la passion pour la généalogie qui ont conduit à la célébration de la diversité ethnique aux États-Unis. La génération de *Racines* est née[21]. Par la suite, la conscience collective du pays entier est devenue plus ouverte aux différences culturelles et linguistiques. En Nouvelle-Angleterre, la langue française des Franco-Américains a subi « une réévaluation » qui a eu pour effet de « modifier profondément la relation que ses utilisateurs entretiennent avec elle[22] ». Qui plus est, les nombreux organismes ethniques se chargent de faire connaître les produits culturels franco-américains, la littérature, la musique et les traditions populaires, par exemple. Les observateurs de la scène sociale franco-américaine ont été témoins, ces dernières années, de la multiplication de clubs fondés pour étudier la généalogie, l'histoire du peuple français en Amérique du Nord, ou tout simplement pour se réunir et se divertir dans une ambiance francophone. Il existe même une association d'écrivains franco-américains. Un élément positif considérable à ajouter à ces perspectives est le fait que les institutions culturelles, scolaires et sociales de la société dominante anglophone encouragent de plus en plus les activités franco-américaines.

Tous ces faits montrent que la langue française n'est pas perdue chez les Franco-Américains, malgré la dégradation de la francophonie entre 1950 et 1970. Le regain d'intérêt pour la langue française, perçu autant à l'extérieur de la communauté francophone que parmi les francophones eux-mêmes, constitue un motif d'espoir, une conjoncture favorable au maintien de cet idiome.

NOTES

1. Pierre Bourdieu et Luc Boltanski, « Le fétichisme de la langue », dans *Actes de la Recherche en Sciences sociales*, Paris, n° 4, juillet 1975, p. 8 et 9.

2. Thomas-M. Landry, « La Franco-Américanie en réaction », dans *Le Travailleur*, 25 novembre 1972, p. 1.

3. Pierre Léon, « Attitudes et comportements linguistiques, problèmes d'acculturation et d'identité », dans *Études de linguistique appliquée*, sous la direction de Ch. P. Bouton, n° 15, juillet-septembre 1974, Paris, Didier, p. 87.

4. Albert Valdman, « Français standard et français populaire : sociolectes ou fictions ? » dans *The French Review*, Vol. 56, No. 2, December 1982, p. 221 et 218.

5. Josaphat Benoit, *L'Âme franco-américaine*, Montréal, Albert Lévesque, 1935, p. 124.

6. Pierre Bourdieu et Luc Boltanski, *op.cit.*, p. 5.

7. Il est intéressant de noter que, dans son étude sur la psychologie sociale du bilinguisme (1967), le psycholinguiste W. E. Lambert avait trouvé que « la condamnation du français canadien est non seulement tout à fait générale dans la communauté anglophone, mais presque aussi unanime chez les francophones du Québec ». Cité à la page 338 dans *Sociolinguistique* de William Labov, Paris, Minuit, 1976.

8. Marguerite Saint-Jacques Fauquenoy, « Le Québec à la recherche de son identité », dans *Études de linguistique appliquée*, *op.cit.*, p. 105.

9. Cf. Pierre Bourdieu et Luc Boltanski, *op.cit.*, p. 16.

10. Cf. Jeanne Castille, *Moi, Jeanne Castille de Louisiane*, Paris, Luneau-Ascot, 1983. Aux pages 67 à 69, l'auteure décrit le même raisonnement tenu par de nombreux Acadiens en Louisiane : « Posséder l'anglais ? Oublier le français », p. 68.

11. Pierre Bourdieu et Luc Boltanski, *op. cit.*, p. 5.

12. Dans son article « D'une linguistique appliquée à l'autre », paru dans *La Scolarisation des enfants étrangers en France*, (sous la direction de Louis Porcher, Paris, CREDIF, 1978), Daniel Coste écrit : « Si l'école veut que les enfants s'expriment dans la langue qu'ils apprennent, il lui faut tenir largement compte des moyens

d'expression qu'ils maîtrisent déjà et de la manière dont ils s'en servent ». (p. 58) Cela n'a pas été le cas des élèves franco-américains.

13. Robert A. Fischer, « La langue franco-américaine », dans *Vie française* (Actes du premier colloque de l'Institut français du Collège de l'Assomption, niveau universitaire), Québec, Le Conseil de la Vie française en Amérique, 1980, p. 48.

14. Dans *Sociolinguistics* (Middlesex, England, Penguin Books, 1974, p. 80), Peter Trudgill souligne que « la langue... n'est pas simplement un moyen de communiquer des messages. Elle est aussi très importante comme symbole d'identité et d'adhésion communautaire ». La traduction est de nous.

15. Jack Kérouac, *Vanité de Duluoz*, Paris, Christian Bourgeois, 1979, p. 38.

16. Cette intolérance par rapport aux spécificités phonétiques du parler franco-américain a sans doute marqué les élèves. Comme le souligne Henri Gobard dans *L'Aliénation linguistique* (Paris, Flammarion, 1976, p. 57), « en refusant par principe le droit légitime à l'accent linguistique, on aboutit à dévaloriser, à inférioriser objectivement ».

17. Pierre Bourdieu, *Ce que parler veut dire*, Paris, Fayard, 1982, chapitre 1 : « La production et la reproduction de la langue légitime ». À la page 58, par exemple, l'auteur souligne : « en tant que marché linguistique strictement soumis aux verdicts des gardiens de la culture légitime, le marché scolaire est strictement dominé par les produits linguistiques de la classe dominante... » En ce qui concerne notre cas précis, nous pourrions ajouter que *les produits linguistiques de la classe dominante* véhiculaient leur système de classification des composantes culturelles minoritaires.

18. Voir Pierre Bourdieu et Luc Boltanski, *op.cit.*, p. 28.

19. Ouvrage collectif, *Langue dominante, langues dominées*, Paris, Edilig, 1982, p. 28.

20. Nous devons cette expression à Jeanne Castille qui, en se référant aux Acadiens des années 1920, affirme : « La trahison venait donc d'éléments honteux de mon peuple, qui sont à l'origine de la quasi-disparition du français écrit et lu en Louisiane. » Moi, *Jeanne Castille de Louisiane*, *op.cit.*, p. 65.

21. Voir *Langue dominante, langues dominées*, *op.cit.*, p. 35. Robert Lafont constate que c'est « partout dans le monde le fait des jeunesses que la reprise de conscience ethnique. On peut y voir la grande mutation idéologique de la fin du XXᵉ siècle, à l'échelle planétaire ».

22. Pierre Bourdieu, *Ce que parler veut dire*, *op.cit.*, p. 40.

LE PASSÉ LOUISIANAIS, CRÉATION ET RECRÉATION :
LA RÉVOLUTION DE 1768 VUE PAR TROIS DRAMATURGES

MATHÉ ALLAIN
Université Southwestern (Louisiane)

La Louisiane, qui n'hésita pas à emprunter à Chateaubriand l'image qu'elle se faisait d'elle-même, sut se fabriquer un passé. Il faut aussi dire qu'elle y fut aidée par la nature même de son histoire, cette histoire si riche en personnages hauts en couleur et en événements dramatiques dont l'écrivain Charles Testut disait en 1849 qu'elle contenait « dans ses courtes pages et dans sa marche rapide, de quoi faire bien des volumes ». Car, ajoutait-il, on y trouve « de nombreux épisodes qui ne le cèdent en rien à ces temps chevaleresques d'un autre âge[1] ». Cette histoire, bariolée et pittoresque, a inspiré des écrivains divers, français, américains et autres, et surtout des dramaturges, qui en ont porté de nombreux épisodes à la scène, principalement la scène lyrique. Les filles à la cassette, ces jeunes filles honnêtes mais peu fortunées envoyées comme « épouseuses » en 1731, inspirèrent au début du siècle deux charmantes opérettes, *New Moon* et *Naughty Marietta*[2]. Les filles moins respectables qui avaient déjà ému l'abbé Prévost furent évoquées dans deux *Manon*, celle de Massenet et celle de Puccini[3]. Plus récemment, l'extraordinaire carrière du démagogue Huey Long, arrêté à l'apogée de son pouvoir par la balle d'un assassin, a inspiré à Floyd Carlisle un puissant drame musical, *Willie Stark*. Les dramaturges louisianais du siècle dernier eux aussi se penchèrent sur leur passé, et trois d'entre eux, Thomas Wharton Collens, Alfred Lussan et Placide Canonge, tirèrent de l'insurrection de 1768 des pièces patriotiques destinées à aiguiser l'orgueil ethnique de leurs compatriotes et à leur donner une haute idée du passé national[4].

Il est à noter que les trois écrivirent à quelques années d'intervalle seulement. Collens produisit *The Martyr Patriots* en 1835 ; Lussan, *Les Martyrs de la Louisiane* en 1839 ; et Canonge, *France et Espagne* en 1850. Ces pièces correspondent à une époque où les Louisianais cherchaient, une génération ou deux après la vente de la Louisiane aux États-Unis, à se redéfinir, à trouver au sein du creuset américain une identité qui leur permette de rester bons citoyens d'un pays protestant, anglophone et puritain tout en préservant leur spécificité culturelle de catholiques francophones ouverts à tous les plaisirs de l'existence.

Que les trois aient choisi comme sujet ce qu'on appelle, un peu pompeusement, la Révolution de 1768, est en soi-même révélateur. L'événement en question est une émeute populaire qui s'insère dans la grande ligne des révoltes blanches des XVIIe et XVIIIe siècles, soulèvements de colons contre un gouvernement métropolitain jugé trop tatillon, trop contraignant, et surtout trop mercantiliste. Nombreux aux Antilles, où il arriva que les planteurs français chassent ou emprisonnent un gouverneur trop zélé, ces soulèvements culminèrent avec la Révolution américaine, la première à atteindre son but[5].

Les grandes lignes de la Révolution de 1768 sont assez simples. La Louisiane avait été cédée par la France à l'Espagne en 1762. Les colons français se soulevèrent contre le premier gouverneur envoyé par le roi d'Espagne, mais durent se soumettre lorsque Charles III en envoya un second qui, soutenu par des forces militaires nombreuses et bien armées, réprima la révolte et fit exécuter les meneurs[6]. Par contre, les motivations et machinations qui forment la toile de fond sont beaucoup moins simples et donnent libre cours à l'imagination littéraire et à la reconstruction du passé.

La Louisiane, qui avait été établie uniquement dans le but de contenir l'expansion des colonies anglaises et de protéger la Nouvelle-France, n'avait aux yeux de la France qu'une importance stratégique[7]. Elle perdit sa valeur quand le Canada devint anglais à l'issue de la guerre de Sept Ans. La France offrit donc la colonie à l'Espagne pour qui elle représentait un tampon entre les colonies britanniques et l'empire espagnol. Ni l'une ni l'autre couronne ne s'intéressait particulièrement à ce vaste territoire qui s'étendait du golfe du Mexique aux Grands Lacs, de la rive droite du Mississippi aux colonies espagnoles de l'Ouest.

L'indifférence de l'Espagne se manifesta par les longs délais qui précédèrent la prise de possession. Ce n'est que quatre ans après la cession que débarqua à La Nouvelle-Orléans un gouverneur espagnol, officier de marine de formation et administrateur colonial de profession, Don Antonio de Ulloa, qui jouissait d'une jolie réputation de mathématicien et d'astronome, ayant collaboré, quand il était encore élève officier, à l'expédition que Louis Godin et Charles de la Condamine conduisirent en Amérique du Sud pour mesurer le méridien terrestre. Mais cet homme intègre et cultivé était aussi un fonctionnaire méticuleux, suivant aveuglément les règlements et exigeant de ses administrés une soumission égale. Il était presque inévitable que des affrontements se produisent entre lui et les Créoles louisianais habitués à un gouvernement considérablement plus laxiste. De plus, il serait desservi par sa personnalité : sa réserve allait passer pour de la morgue, et son repli sur lui-même pour de l'arrogance. Finalement, il arrivait en Louisiane avec un détachement de 90 hommes (dont beaucoup désertèrent immédiatement), une force insuffisante pour imposer la volonté espagnole à des colons qui, depuis quatre ans, s'étaient convaincus que la France ne les abandonnerait jamais.

S'étant rendu compte de l'hostilité des habitants et de la faiblesse de ses troupes, Ulloa ne remplaça pas le pavillon français qui continua à flotter sur La Nouvelle-Orléans. Il établit un étrange gouvernement bicéphale où il partageait les responsabilités avec Charles Aubry, le gouverneur français qui disposait d'un contingent militaire important. Cette situation ambiguë permit plus tard aux rebelles de soutenir que la couronne espagnole n'avait jamais légalement pris possession de la colonie et qu'ils n'avaient jamais cessé d'être sujets du roi de France.

Les relations entre gouverneur et habitants restèrent réservées mais polies jusqu'au moment où Ulloa promulgua un décret qui interdisait la contrebande avec les colonies anglaises ainsi que le commerce plus ou moins licite avec les îles. Or, selon les négociants louisianais, ce trafic était indispensable à la prospérité de la colonie. Sur ces entremises, Jean Milhet, un des plus riches négociants de la ville qui avait été envoyé en France plaider la cause des colons auprès de Louis XV, revint avec de tristes nouvelles : on avait opposé un refus catégorique à leurs requêtes. Sur ce, Ulloa, qui avait quitté la capitale pour aller attendre sa fiancée à l'embouchure du Mississippi, après six mois d'absence revint en ville avec sa jeune épouse, une Péruvienne richissime, de haute naissance et de grande beauté. Les habitants qui s'attendaient à de superbes fêtes furent profondément déçus par l'absence de réceptions. L'exaspération s'exacerbant de part et d'autre, les colons déposèrent devant le Conseil Supérieur, le tribunal de dernière instance qui avait aussi des fonctions administratives, une pétition demandant le retour à la liberté commerciale. Ulloa refusa d'accéder à la demande, des bandes armées surgirent aux abords de la ville et le gouverneur se réfugia à bord d'une frégate espagnole, puis le 1er novembre 1768 leva l'ancre pour La Havane, à la grande jubilation des Néo-Orléanais.

Leur joie devait être de courte durée. Charles III ne pouvait guère tolérer une insolence aussi flagrante, et pour une fois, la lourde bureaucratie espagnole se mit en marche rapidement. En juillet 1769, débarquait à La Nouvelle-Orléans, Don Alejandro O'Reilly, soldat de fortune irlandais au service de l'Espagne depuis une dizaine d'années qui s'était distingué en réprimant, avec une efficacité brutale, un soulèvement madrilène. Ferme au point de paraître inflexible, c'était l'homme apte à mater une colonie rebelle. Et lui arrivait sur une frégate escortée de vingt autres vaisseaux chargés de troupes, d'artillerie et de munitions. L'insurrection avait réussi, mais la révolution était perdue.

La résistance étant futile, La Nouvelle-Orléans se soumit immédiatement et les meneurs cherchèrent à faire la paix avec le nouveau gouverneur. Procédant précautionneusement, O'Reilly reçut trois d'entre eux, les garda poliment à dîner, puis quelques jours plus tard, après la prise de possession officielle et un *Te Deum* solennel, les convia, ainsi que quelques autres à se rendre chez lui où il les fit arrêter pour haute trahison. L'arrestation des principaux conspirateurs fut suivie d'une amnistie générale de la population et d'un procès qui dura plus de deux mois. Les principaux accusés étaient Chauvin de La Frénière, procureur général de la province, Joseph Villeré, un grand planteur qui était aussi capitaine de milice dans la région dite des Allemands, Pierre Marquis, ancien officier du régiment suisse, Jean-Baptiste de Noyan, officier de marine et neveu du grand Bienville, trois fois gouverneur de la province, le riche négociant Joseph Milhet et Pierre Caresse qui avait mené les milices acadiennes manifester contre Ulloa. Ces six meneurs furent condamnés à mort ; deux, moins coupables, à dix ans de prison ; trois autres, à six. Comme il n'y avait pas de bourreau en Louisiane, les « Martyrs » furent fusillés au lieu d'être pendus comme leur sentence le prévoyait.

Il est fort clair que la Révolution de 1768 tirait son origine de griefs économiques plutôt que philosophiques et que l'amour de la liberté, l'attachement passionné à la France, le patriotisme brûlant pour une Louisiane indépendante n'y jouèrent aucun rôle. Mais il est aussi évident que la liberté commerciale n'enflamme pas l'imagination et n'inspire guère de lyrisme. Très vite, les meneurs devinrent, dans l'imaginaire louisianais, des patriotes assoiffés de liberté et d'indépendance, des précurseurs de l'indépendance américaine, de véritables George Washington. Et très vite les Louisianais trouvèrent l'interprétation qu'il leur fallait dans un pamphlet publié à Londres en 1773, *La Louisiane ensanglantée*[8].

L'auteur était un certain Jean Bochart de Champigny qui avait composé les chapitres sur la Louisiane dans *Histoire philosophique et politique des établissements des Européens dans les deux Indes*, l'énorme compilation sur l'expansion européenne dirigée par l'abbé Guillaume-Thomas Raynal[9]. Dans ce pamphlet destiné à servir de suite aux chapitres de l'*Histoire des deux Indes*, comme l'explique Champigny, l'auteur vante les « vertus patriotiques de ces généreux Français que les Espagnols ont sacrifiés à leur ressentiment[10] ». Il souligne l'ambiguïté de la situation politique, où rien ne donnait à croire aux colons français qu'ils fussent devenus espagnols, et insiste sur la conduite modérée et courtoise des insurgés. À son arrivée, dit-il, Ulloa fut fort bien reçu. « Politesse, égards, prévenance, rien ne fut épargné », mais hélas, l'Espagnol révéla bientôt un caractère dont les traits dominants étaient « la fourberie, la duplicité, et l'hypocrisie.[11] »

Car il fallait bien un repoussoir à ces nobles héros, à ces « Martyrs », et les Espagnols, à en croire Champigny, se montrèrent aussi lâches, faux et cruels que les Français furent braves, loyaux et généreux. Les dramaturges qui cherchaient à rallier les Louisianais derrière une version héroïque de leur passé acceptèrent avec enthousiasme l'interprétation de Champigny et, pour expliquer l'échec de la révolte, eurent recours à un procédé au moins aussi vieux que *La Chanson de Roland* : la trahison. Dans chaque pièce, le héros est honteusement vendu par un homme en qui il a toute confiance. Dans les *Martyrs de la Louisiane*, un inconnu qui reste anonyme, un Français qui s'est vendu pour « mille doublons d'Espagne » (III,iii), à la fois espion et agent provocateur, pousse Villeré, qui lui a offert une hospitalité généreuse, à quitter la plantation où il est en sécurité et à retourner à La Nouvelle-Orléans où il sera promptement arrêté (II,iii). Dans *France et Espagne*, le traître est un officiel espagnol, don José, qui rapporte à O'Reilly des propos injurieux prétendument tenus contre Mme O'Reilly afin de perdre Pierre Marquis et lui enlever sa fiancée, Léonie. Quand Léonie refuse de sauver Marquis en se donnant à l'Espagnol, don José dissimule la lettre de grâce du roi d'Espagne, assurant ainsi l'exécution des conspirateurs. Dans *The Martyr Patriots*, Villeré fait confiance au métis indien, Garidel, qu'il a recueilli, élevé, protégé, sauvé, mais qui hait tous les Blancs. C'est Garidel qui l'attire dans un traquenard où le noble Créole est saisi par les Espagnols, et c'est Garidel qui, plus tard, le poignarde avec une dague empoisonnée. Collens présente un second traître dans la personne du gouverneur Aubry, dépeint comme un vendu qui a trahi ses compatriotes pour l'or espagnol. Mais il est puni par où il a péché, car un soldat espagnol l'assassine pour lui voler ces gains mal acquis.

O'Reilly occupe une place d'honneur dans ce triste panthéon. Placide Canonge, dans *France et Espagne*, en fait un fourbe qui attire les conspirateurs chez lui sous prétexte d'un bal masqué. Lussan lui prête toutefois quelques velléités de compassion au moment où le gouverneur se demande : « Un peuple est-il coupable,/ Alors qu'il ressaisit le droit impérissable,/ De conserver ses lois, son nom, sa liberté ? » Et il est tenté, brièvement, de pardonner. Mais il se reprend. La condamnation des rebelles, dit-il, est un mal nécessaire : « Ils ont tiré le glaive,/ Ils le feraient encor ; que leur destin s'achève !/ Et la raison d'État, pure de passion,/ Prononce, par ma voix, leur condamnation. » (I,ii) Quand La Frénière l'interpelle : « L'acte qui nous ravit ainsi la liberté,/ Comment le nommez-vous ? » O'Reilly répond, non sans regret, « Une nécessité ! » (I,iv) Mais une fois sa décision prise, il se montre inaccessible à la pitié. Parmi les Espagnols, tous ne sont pas des monstres. Dans le personnage de Gálvez, futur gouverneur et héros de la prise de Bâton-Rouge pendant la Révolution américaine, Lussan présente le Castillan cher à la tradition romantique : noble, intègre, fier et brave. Il refuse de livrer à O'Reilly les secrets intimes de ses amis les Villeré. Lorsque O'Reilly lui jette à la figure : « L'homme à qui j'ai donné le rang et la puissance/ Et mes ordres royaux, et richesse et renom/ Cet homme m'appartient ! » Gálvez rétorque : « Oui, l'homme ! L'honneur, non ! » (I,i) Devant la mise en jugement des rebelles, Gálvez s'exclame : « Je ne veux pas signer, c'est un assassinat ! », et brise son épée qu'il jette aux pieds d'O'Reilly (III,iv). De même, le commandant de la frégate à bord de laquelle on emprisonne Villeré accepte mal d'être transformé en geôlier et exprime son mépris pour le « barbouilleur de papier » qui veut, « [...] cet impudent coquin,/ Enrôler dans sa clique un honnête marin ! » (IV,iii) Mais la noblesse de Gálvez et du commandant qui tous les deux admirent Villeré sert surtout à rehausser le prestige du Créole sans pour autant diminuer la réprobation générale attachée à l'Espagnol. Dans ces pièces, l'Espagnol apparaît comme « l'autre », celui dont l'altérité permet de définir la spécificité créole. « The arrogant Spaniard/ His morals, manners, character, all vary/ From our own », s'écrie La Frénière dans la pièce de Collens qui fait du procureur général un patriote rêvant d'une Louisiane autonome.

> Spaniards we can never be, nor Englishmen,
> But shall we be without a name ? Or what
> Nation will ye call yourselves ? Old Europe
> Has not a name to fit ye. Then let our
> Country be Louisiana ! Let's be Americans ! (p. 7)

Lussan aussi prête à La Frénière des sentiments patriotiques. Puisque la France a abandonné la Louisiane, proclame le rebelle, il ne reste à la population qu'un appui, celui

> […] que rien ne peut changer
> Qu'un peuple porte en soi : l'horreur de l'étranger !
> Elle, qui faisait dire à nos nobles ancêtres :
> Notre sol est sacré ! Français ! ou pas de maîtres !
> Imitons leur exemple : Espagnols ni Français !
> Soyons un peuple aussi, soyons Louisianais ! (« Prologue »)

Attendant son exécution, Villeré de Lussan rêve aussi d'une Louisiane indépendante : « C'eût été beau pourtant : cinquante ans d'existence./ Et prendre tout à coup son rang comme puissance; ». Et il réfléchit à haute voix :

> Ni reine, ni sujette, être la cité libre;
> Entre les continents maintenir l'équilibre;
> ……..
> Dominer par la paix sur la terre et les ondes;
> Devenir le joyau que convoitent les deux mondes. (IV,iv)

Abattu par la balle d'une sentinelle trop zélée, c'est à la Louisiane qu'il consacre ses dernières pensées : « Je te devais mon sang… toi… que j'ai tant chérie…/ Louisiane adorée… ô ma noble patrie… » (IV,iv)

Or il n'existe aucune évidence historique que les rebelles de 1768 aient nourri des sentiments indépendantistes. Bien au contraire, dès qu'ils eurent chassé Ulloa, ils envoyèrent à Versailles des « Représentations au roi Louis XV, » réitérant leur fidélité à la France et leur désir de vivre sous le joug d'un monarque si indulgent envers leurs activités commerciales, fastes et néfastes. Le seul meneur à avoir fait montre de tendances séparatistes et républicaines était le Suisse Pierre Marquis qui, en effet, considéra la possibilité d'une république louisianaise. Mais lorsqu'il en souleva la question, les colons s'opposèrent violemment à cette idée et publièrent un véhément « Mémoire contre la République ». Par contre, entre 1830 et 1850, lorsque ces trois pièces furent écrites, la société créole se sentait menacée par la montée de ceux qu'elle appelait avec mépris « les Américains ». La Nouvelle-Orléans connaissait, il est vrai, une prospérité sans précédent depuis l'entrée de la Louisiane dans l'union américaine. Une gravure de l'époque représente un aigle américain planant, les ailes étendues, au-dessus du port de La Nouvelle-Orléans avec la fière inscription : « Under my wings, everything prospers. » Et en effet, les Créoles s'enrichissaient, mais en même temps ils voyaient leur culture s'effriter et leur spécificité fondre dans le grand creuset américain. C'est pourquoi ils se tournèrent vers leur passé et tissèrent autour d'une simple émeute de colons le mythe de la Révolution. Ce n'était pas à établir la vérité historique que s'efforçaient les dramaturges du XIXe siècle, mais à forger une identité créole. Ils y réussirent si bien qu'aucune monographie historique, si érudite soit-elle, n'a vraiment supplanté leur interprétation dans l'imaginaire louisianais.

NOTES

1. Charles Testut, *Les Veillées louisianaises. Série de romans historiques sur la Louisiane*, La Nouvelle-Orléans, Imprimerie de H. Meridien, 1849, p. v.

2. *New Moon* (1928), musique de Sigmund Romberg; *Naughty Marietta* (1910), musique de Victor Herbert.

3. L'abbé Prévost, *Histoire de Manon Lescaut et du Chevalier des Grieux*, éd. Jules Janin, Paris, Garnier, 1923; *Manon* (1884), musique de Jules Massenet; *Manon Lescaut* (1893), musique de Giacomo Puccini.

4. Thomas Wharton Collens, *The Martyr Patriots or Louisiana in 1769*, La Nouvelle-Orléans, L. Dillard, 1836; Alfred Lussan, *Les Martyrs de la Louisiane*, Donaldsonville, Louisiane, E. Martin et F. Prou, 1839; Placide Canonge, *France et Espagne ou la Louisiane en 1768 et 1769*, La Nouvelle-Orléans, 1850.

5. Voir Charles Frostin, *Les Révoltes blanches à Saint-Domingue aux XVIIe et XVIIIe siècles (Haïti avant 1789)*, Paris, L'École, 1975.

6. Pour l'histoire détaillée de la Révolution de 1768, voir David Ker Texada, *Alejandro O'Reilly and the New Orleans Rebels*, Lafayette, Center for Louisiana Studies, 1970; John Preston Moore, *Revolt in Louisiana : The Spanish Occupation, 1766-1770*, Bâton-Rouge, The Louisiana State University Press, 1976; et Carl A. Brasseaux, *L'Officier de Plume : Denis-Nicolas Foucault, Commissaire-Ordonnateur of French Louisiana, 1762-1769*, Ruston, Northwestern University Press, 1987.

7. Pour la fondation de la Louisiane, voir Mathé Allain, *Not Worth a Straw : French Colonial Policy and the Early Years of Louisiana*, Lafayette, Center for Louisiana Studies, 1988.

8. [Jean Bochart de] Champigny, *La Louisiane ensanglantée avec toutes les particularités de cette horrible catastrophe rédigées sur le serment de témoins dignes de foi*, Londres, 1773, réédité à La Haye en 1776 sous le titre *État présent de la Louisiane*.

9. Guillaume-Thomas Raynal, *Histoire philosophique et politique des établissements des Européens dans les deux Indes*, Genève, Jean-Léonard Pellet, 1770.

10. *État présent*, p. 37.

11. *État présent*, p. 38.

NAISSANCE ET RENAISSANCE
DE LA SOCIÉTÉ ACADIENNE LOUISIANAISE[1]

CARL A. BRASSEAUX
Université Southwestern (Louisiane)

L'*EVANGELINE* DE HENRY WADSWORTH LONGFELLOW, dont la parution remonte à 1847, popularisa l'histoire des Acadiens expulsés de la Nouvelle-Écosse par le gouvernement anglais en 1755. La grande diffusion de ce poème, qui fit l'objet, au siècle suivant, de 270 éditions, contribua par son lyrisme romantique à donner une vision fausse de l'exode de ce peuple et de son établissement en Louisiane. Au XXe siècle, les historiens louisianais évitèrent l'étude de ce tragique événement, se bornant à le mentionner occasionnellement.

Cette négligence devint de plus en plus difficile à accepter après la Seconde Guerre mondiale quand les érudits prirent conscience de l'immense richesse des archives relatives aux Acadiens, en France, en Angleterre, en Espagne, au Canada et en Louisiane. Ces documents permettent de recréer une réalité bien différente de celle d'*Evangeline*. Loin d'être le peuple simple, pastoral et idyllique, dominé par l'Église catholique et passivement soumis au gouvernement colonial, dont Longfellow s'était fait le chantre, les Acadiens formaient une société complexe et indépendante qui se suffisait à elle-même.

L'adaptation à l'environnement fut le catalyseur immédiat qui précipita la transformation socio-culturelle des Acadiens, comme par ailleurs celle des autres sociétés qui se formèrent à la frontière américaine.

Non seulement l'environnement frontalier domina-t-il la lutte que menèrent les Acadiens pour leur survie culturelle en Louisiane au XVIIIe et au début du XIXe siècle, mais il influença aussi les facteurs économiques et sociaux qui aidèrent à forger la communauté acadienne. Les facteurs sociologiques, particulièrement l'interaction avec des groupes rivaux, tempérèrent peu à peu l'impact de l'environnement, mais le submergèrent rarement. La survie du peuple acadien dépend de l'existence de frontières fixes entre eux et les autres groupes. La politique régionale influença les forces sociologiques qui exigeaient le maintien de ces limites. Peuple dominé, généralement sans contrôle efficace sur sa destinée, les Acadiens considérèrent que la politique était une nécessité désagréable, et s'engagèrent dans des négociations diplomatiques avec les représentants de l'élite gouvernante. Le manque d'autodéfense aurait pu facilement avoir des conséquences désastreuses et menacer leur existence culturelle. Mais bien avant la dispersion, les Acadiens avaient appris à présenter un front commun contre les administrateurs locaux, généralement inamicaux, souvent même hostiles.

Poussés par un instinct de conservation, ils n'oublièrent pas les leçons apprises en Acadie dans leurs confrontations avec les représentants espagnols et américains.

Les ramifications socio-culturelles de la politique acadienne influencèrent aussi les activités économiques régies non seulement par l'environnement physique, mais aussi par l'image que le groupe se faisait de lui-même. L'existence d'une agriculture commerciale est généralement un baromètre précis pour mesurer les aspirations sociales du fermier, car le revenu que cette sorte d'entreprise agricole produit est nécessaire au paysan qui veut faire l'étalage de ses richesses et monter ainsi dans l'échelle sociale. Par contre, la persistance de petites fermes et de « vacheries » familiales, alors que les conditions permettaient l'extension des opérations agricoles, indique clairement que les petits propriétaires sont satisfaits de leur statut socio-économique.

La culture traditionnelle s'épanouit naturellement parmi les Acadiens qui pratiquaient une agriculture de subsistance pour la plupart. Jusqu'en 1865, la majorité des Acadiens louisianais refusèrent de s'engager dans le système de plantation qui se développait rapidement à travers le sud de l'État. Ainsi que leurs ancêtres, ces « habitants » se contentaient d'une vie modeste mais convenable et ne cherchaient pas à acquérir de grandes richesses.

Comme ils tenaient à préserver les mœurs de leurs ancêtres en les adaptant à leur nouvel environnement subtropical, ils réagirent contre les forces sociologiques et culturelles qui auraient pu détruire l'équilibre de leur organisation sociale. La société acadienne moderne doit son existence à cette stabilité remarquable dont les causes remontent au début de l'établissement des premiers pionniers à la frontière canadienne.

La mentalité de frontière des Acadiens se forgea dans les forêts, les marais et les prairies qui s'étendaient le long de la Baie de Fundy où, en 1604, Pierre du Guay, sieur du Monts, avait établi une colonie française à Port-Royal. L'Acadie souffrit, dès ses origines, de son isolement géographique et de la négligence d'une mère patrie préoccupée de guerres européennes plutôt que de colonisation américaine. L'instabilité qui régnait dans la région exacerba ces problèmes qui retardèrent le peuplement et le développement de l'économie. En temps de paix, les administrateurs se disputaient constamment tout en rivalisant d'efforts pour dominer l'économie de la région. Pendant les nombreuses guerres européennes du XVIIIe siècle, les ennemis des Français attaquaient régulièrement les nouveaux postes et s'en emparaient parfois : les forces anglaises et hollandaises envahirent l'Acadie dix fois au moins entre 1604 et 1713[2].

Ces changements fréquents de domination, les querelles intestines et l'isolement influencèrent profondément le développement de la société acadienne. Ce furent les leçons de la frontière, plutôt que l'exemple de leurs voisins de la vallée du Saint-Laurent et de la Nouvelle-Angleterre, qui déterminèrent la nature de cette société qui était séparée à la fois de la mère patrie et des autres colonies européennes d'Amérique. Forcés à ne dépendre que d'eux-mêmes pour survivre dans un environnement peu propice, les premiers colons d'Acadie adoptèrent avec enthousiasme les mœurs des Indiens Mic-Mac adaptées au climat et à l'environnement. Les Acadiens apprirent aussi des Indiens la pratique des occupations saisonnières qui permettent aux populations isolées de se suffire à elles-mêmes.

Cette auto suffisance par les activités non agricoles qui suivaient le rythme des saisons (chasse, pêche, trappe) engendrèrent chez eux un vif sentiment d'indépendance, sentiment renforcé du fait que ces terres leur appartenaient. En 1755, l'Acadien n'acceptait le joug d'aucun maître, et n'avait que de vagues souvenirs du système féodal de la propriété terrienne[3].

Le nouveau système de propriété encouragea l'individualisme des propriétaires acadiens. Ils gardaient jalousement leurs droits de propriété et les maintenaient envers et contre tous, même au sein de la famille. Maître de sa petite ferme, l'Acadien ne baissait les yeux devant personne et ne tolérait aucune ingérence dans ses affaires. Dès 1700, l'Acadien en était venu à regarder l'Église et le gouvernement comme des maux nécessaires qu'il acceptait à cause des services qu'ils étaient à même de lui rendre. Mais si les administrateurs s'écartaient le moins du monde des normes usuelles, l'Acadien considérait leur geste comme un empiétement scandaleux sur sa liberté personnelle et y opposait une négation péremptoire. En fait, les Acadiens n'hésitaient jamais à s'élever contre les autorités locales, laïques ou religieuses, et à porter plainte devant les pouvoirs supérieurs. L'irrévérence dont ils faisaient montre envers administrateurs et missionnaires reflétait leur conscience de l'abîme croissant qui séparait les colons nés dans le pays des nouveaux venus. Les facteurs physiques, politiques et sociologiques transformèrent donc des paysans français en Américains de frontière dans l'espace d'une seule génération[4].

L'évolution sociale ne se borna pas à cette mutation. De 1604 à 1632, la colonie n'avait été peuplée que d'aventuriers et de coureurs de bois. En 1632, quelque trois cents paysans français, venus principalement de la région de Lachaussée au Poitou, s'installèrent à Port-Royal où ils supplantèrent rapidement les coureurs de bois et s'affirmèrent comme le groupe prédominant de la colonie. En moins de dix ans, les nouveaux arrivés s'acclimatèrent à la frontière aussi bien que leurs prédécesseurs, mais ils préférèrent une vie sédentaire, s'adonnèrent à l'élevage et pratiquèrent l'agriculture pendant la belle saison, très brève au Canada. La différence culturelle entre ces deux groupes démographiques est d'autant plus importante que les immigrants de 1632 absorbèrent de nombreux coureurs de bois comme ils absorbèrent la plupart des célibataires qui arrivèrent dans les années 1640 et 1650, s'enrichissant aussi de leur esprit indépendant et aventurier[5].

Le contexte social se resserra lorsque les enfants de ces immigrants se marièrent entre eux et fondèrent de nouveaux établissements où se perpétua l'endogamie. Les colons acadiens constituaient en effet une immense famille dont les liens étaient d'autant plus étroits qu'ils poursuivaient les mêmes activités économiques, parlaient la même langue et partageaient les mêmes valeurs, et qu'ils se sentaient différents de leurs administrateurs européens.

Ainsi que le fait remarquer Noami Griffiths, à partir de 1671, les Acadiens se considérèrent comme un peuple à part[6].

Ce sentiment de cohésion leur était indispensable dans la lutte contre les éléments canadiens, car le système de digues qui protégeaient les terres cultivées contre le mascaret demandait la coopération de toute la communauté. Mais cet état d'esprit les soutenait aussi dans leurs fréquentes disputes avec les autorités locales. Ils firent preuve d'une grande solidarité, surtout pendant les périodes de domination étrangère de 1654 à 1670 et de 1710 à 1755, périodes pendant lesquelles la colonie fut régie par le gouvernement de Londres. Pour se protéger des administrateurs anglais souvent hostiles, les colons acadiens présentèrent un front commun au gouvernement provincial et souvent, par le biais d'atermoiements et de subterfuges, réussirent à faire échouer les desseins de leurs ennemis.

Ils montrèrent clairement leur opposition à toute politique risquant de nuire à leur intérêt ou de troubler leur société, quand ils refusèrent absolument de se mêler aux hostilités opposant Anglais et Français en Amérique du Nord. Cette neutralité volontaire datait de 1713 lorsque la France céda l'Acadie à l'Angleterre par le traité d'Utrecht. Soucieuses de leur sécurité, les forces d'occupation anglaises, commandées par le gouverneur Richard Phillips, tentèrent d'imposer un serment d'allégeance absolue à la population francophone de la région. Mais les Acadiens avaient vu la colonie, maintenant rebaptisée Nouvelle-Écosse, changer de main trop souvent pour croire à la permanence du régime anglais. D'ailleurs, la faiblesse militaire de ce gouvernement exposait les sujets anglais aux représailles des Indiens de la région, amis et alliés des Français. Sachant aussi que Phillips n'avait pas les ressources nécessaires pour forcer leur soumission, les Acadiens refusèrent catégoriquement, non seulement de prêter serment, mais aussi, jusqu'en 1717, de discuter les termes auxquels ils consentiraient de donner leur allégeance à l'Angleterre. Lorsqu'ils offrirent des termes, ils proposèrent l'allégeance à condition que le gouvernement anglais garantisse leur neutralité en cas de conflit franco-anglais. Phillips trouva ces conditions inacceptables.

L'impasse persista jusqu'en 1730, date à laquelle le gouverneur réussit par ruse à leur faire signer le serment. Phillips assura aux colons intransigeants que le gouvernement anglais avait accepté leur demande de neutralité absolue. Ainsi les Acadiens revinrent-ils sur leur décision et signèrent-ils, se croyant victorieux. Mais cette victoire n'était qu'apparente, car Phillips, sujet à d'énormes pressions de la part de ses supérieurs, présenta la liste des signataires au *Board of Trade* en affirmant que les Acadiens abandonnaient leur demande de neutralité en temps de guerre. Par cette rouerie, c'est-à-dire les soi-disant « conventions de 1730 », le gouverneur réussit à satisfaire et à tromper tout le monde[7].

Grâce à la ruse de Phillips, la colonie vécut dans une fausse atmosphère de paix pendant les années 1730 et le début des années 1740. La réduction des tensions n'était qu'une façade due au fait que le régime colonial disposait de ressources militaires limitées et ne pouvait exercer qu'un contrôle minime sur la population dont il n'était le maître que de nom. Les administrateurs de la Nouvelle-Écosse se sentirent de plus en plus frustrés dans leurs efforts pour gouverner efficacement ces sujets francophones auxquels ils appliquaient des termes comme « rebelles ingouvernables » et d'autres épithètes peu flatteuses. Les Anglais croyaient donc fermement que le farouche esprit d'indépendance des Acadiens et leur refus entêté de s'allier à l'un ou à l'autre des rivaux coloniaux révélaient que, dans leur cœur, l'allégeance de ces soi-disant neutres allait à l'ennemi héréditaire des Britanniques. Il n'est donc guère étonnant que, malgré la stricte neutralité observée par les Acadiens au cours des escarmouches de frontières, les administrateurs et les chefs militaires de la Nouvelle-Écosse aient eu des doutes sérieux sur la fidélité de leurs sujets français.

Même les plus incrédules furent convaincus que cette crainte était justifiée, lorsqu'en 1750 l'armée et les missionnaires français essayèrent d'effrayer les Acadiens pour les forcer à se réfugier dans le territoire français à la frontière entre la Nouvelle-Écosse et le Canada. Voyant la colonie apparemment menacée et sachant que les puissances coloniales se mobilisaient en prévision d'une guerre pour le contrôle de l'Amérique du Nord, le nouveau gouverneur britannique Charles Lawrence, ancien officier colonial particulièrement sceptique quant à la neutralité acadienne, décida de résoudre le problème une fois pour toutes. Il fit venir secrètement une armée de volontaires de la Nouvelle-Angleterre et fortifia les frontières, bloquant toute évasion. Il exigea ensuite un serment d'allégeance absolue. Lorsque les chefs acadiens refusèrent, Lawrence les fit emprisonner et ordonna l'expulsion de la population acadienne tout entière[8].

Les ordres de Lawrence furent exécutés sans pitié. De septembre à novembre 1755, six mille des douze mille Acadiens de la Nouvelle-Écosse furent déportés dans les colonies britanniques d'Amérique. Les déportés arrivèrent en Nouvelle-Angleterre au moment où les forces anglaises venaient d'essuyer des revers assez sévères au cours des conflits frontaliers qui suivirent la dispersion des Acadiens et précédèrent de peu la guerre de Sept Ans. Terrifiés à l'idée de représailles françaises et indiennes, les colons anglais de la Nouvelle-Angleterre, saisis d'une francophobie violente, trouvèrent dans la population acadienne le bouc émissaire rêvé[9].

Plongés dans un environnement étranger et hostile, les exilés puisèrent dans leurs traditions les ressources qui leur permettraient de survivre. Les sempiternelles disputes frontalières du début de la colonisation leur avaient donné l'habitude des litiges. Ils exigèrent donc d'être traités en prisonniers de guerre, demandant avec insistance que le gouvernement les loge et les nourrisse pendant toute la guerre. L'environnement peu accueillant qu'ils avaient connu en Acadie les avait formés à une endurance patiente et ils acceptèrent leur sort avec fatalisme chaque fois qu'il était clair que les protestations amèneraient des persécutions pires encore. Or la solidarité étroite qui existait parmi eux, tissée par les liens du sang et étayée par leur fond culturel commun, leur donna la force de supporter les humiliations et les souffrances et de croire inébranlablement qu'ils seraient un jour réunis dans un climat de liberté.

Cette union et cette solidarité préservèrent donc la culture acadienne dispersée mais non pas effritée. À la fin de la guerre de Sept Ans, les exilés purent quitter les colonies anglaises. La plupart se réjouirent à l'idée de rebâtir leur existence, qu'il s'agisse de ceux qui étaient détenus à Halifax ou de ceux qu'on avait emprisonnés depuis 1755. Ils pensèrent d'abord retourner en Nouvelle-Écosse, mais quand le gouvernement britannique l'interdit, les expatriés durent chercher un refuge ailleurs. La France était si lointaine que seuls les Acadiens emprisonnés en Angleterre purent y chercher asile. Par contre, la Louisiane, où régnait une culture française régie par un gouvernement peu tyrannique leur offrait de grandes terres incultes et présentait tous les avantages possibles pour ces déportés à la recherche d'une nouvelle vie.

Donc, à partir de 1764, les Acadiens commencèrent à quitter l'empire britannique pour se diriger vers la Louisiane; en moins de quatre ans, la vallée inférieure du Mississippi mérita le nom de « Nouvelle-Acadie » que lui donnèrent les exilés. Deux cent trente et un atteignirent la Nouvelle-Orléans à la fin de février 1765 et fondèrent cette Nouvelle-Acadie. Commandés par Joseph Broussard, dit Beausoleil, le héros légendaire de la résistance acadienne (1755-1758), les immigrants s'établirent le long du bayou Têche, dans la région des Attakapas [10].

Peu après arrivèrent des rescapés des camps de concentration de la Nouvelle-Écosse. Tout comme leurs prédécesseurs, ces nouveaux immigrants mirent le cap sur la Louisiane en passant par Saint-Domingue. Ils atteignirent La Nouvelle-Orléans au début de l'année 1765, mais ne furent pas autorisés à s'installer sur n'importe quelle terre. Le gouvernement provisoire de la colonie (qui avait été cédée par la France à l'Espagne mais n'avait pas encore de gouverneur espagnol) avait fait banqueroute; l'aide apportée aux colons acadiens du poste des Attakapas avait épuisé le Trésor et le gouvernement dut donc placer les nouveaux arrivés à Saint-Jacques de Cabannocé sur les bords du Mississippi.

Antonio de Ulloa, le premier gouverneur espagnol, continua à installer les immigrants le long du bas Mississippi. Il espérait créer une chaîne de forteresses sur la rive gauche du « Père des Eaux » pour protéger des incursions anglaises et indiennes sa frontière la plus vulnérable. Comme il n'avait pas assez de troupes pour ces postes, il décida d'établir les Acadiens près des forteresses. Il espérait que ces nouveaux colons s'organiseraient en milice et renforceraient les troupes régulières. Ulloa commença l'exécution de ce projet grandiose au début de l'année 1766, alors qu'une nouvelle vague acadienne touchait les côtes de la Louisiane. À la fin de septembre, deux cent vingt-quatre exilés atteignirent La Nouvelle-Orléans après avoir traversé le Maryland et furent envoyés d'office au nord des paroisses Saint-James et Ascension. Au moins six cent cinquante réfugiés en provenance de la Baie de Chesapeake et de Pennsylvanie suivirent. Les chargements étaient immédiatement dirigés sur l'avant-poste espagnol le plus récent si bien que le peuplement acadien se fit constamment vers l'amont et se concentra en 1766 à Saint-Jacques de Cabannocé, puis en 1767 à Saint-Gabriel, et finalement en 1768 à San Luis de Natchez [11].

Ces réfugiés du Maryland et de la Pennsylvanie (huit cents en tout) établis d'office dans des postes isolés se trouvèrent contrariés dans leurs aspirations de rassemblement et en tinrent rigueur à l'administration espagnole. Ils avaient choisi d'émigrer en Louisiane pour y recréer leur culture et y réunir leurs familles. Comme Ulloa avait encouragé les premiers arrivés à faire venir leurs parents des colonies britanniques, les Acadiens avaient toutes les raisons du monde de croire qu'ils pourraient réaliser ce rêve. Ils se montrèrent fort mécontents quand les nouveaux arrivants furent envoyés dans des postes de plus en plus éloignés et s'insurgèrent contre ce qu'ils considéraient être une trahison espagnole. Dans leur colère croissante, ils se joignirent en grand nombre aux mécontents créoles qui chassèrent Ulloa de la Louisiane.

Les erreurs d'Ulloa servirent de leçon à ses successeurs qui adoptèrent une attitude conciliante à l'égard des Acadiens qui maintenant formaient le groupe ethnique le plus important du sud de la Louisiane. Les Acadiens, dans les postes isolés, obtenaient généralement la permission de rejoindre leurs parents dans d'autres établissements en prouvant qu'ils avaient de bonnes raisons pour demander un transfert. Lorsque 1 598 exilés arrivèrent de France en 1785, l'intendant Martin Navarro, qui avait été l'adjoint d'Ulloa pendant la révolte de 1768, décida d'être conciliant et autorisa les immigrants à s'installer où ils le voudraient [12].

Vers la fin du XVIIIe siècle, le régime espagnol eut de moins en moins d'influence sur les Acadiens. Par inadvertance, il contribua à raffermir le caractère indépendant des nouveaux colons, car les réfugiés du Maryland et de la Pennsylvanie, qui avaient été de petits cultivateurs et des éleveurs de porcs en Acadie, s'établirent, sur les ordres d'Ulloa, le long du Mississippi où ils purent perpétuer leur mode de vie traditionnel. La terre des levées naturelles sur lesquelles ils s'établirent était une des plus riches d'Amérique du Nord, mais le défrichement difficile de ces terrains les força à continuer leurs traditions de petites exploitations, au moins pendant le XVIIIe siècle. La faible densité de la population, l'étendue des terres, l'abondance des animaux sauvages et la topographie des lieux militèrent contre l'élevage du bétail sauf pour la consommation personnelle. Les ventes à l'extérieur étaient réduites au minimum.

Les immigrants de 1785 qui partageaient les traditions des réfugiés du Maryland et de la Pennsylvanie purent ainsi perpétuer leur mode de vie puisqu'ils eurent une liberté de choix pleine et entière. Ils décidèrent naturellement d'occuper les terres libres le long du Mississippi et de son confluent, le bayou Lafourche. Eux aussi devinrent bientôt de petits propriétaires prospères qui s'adonnaient à l'élevage porcin.

La même liberté avait été accordée par Ulloa aux premiers arrivés commandés par Broussard. Ceux-là qui, avant la dispersion, avaient surtout pratiqué l'élevage du bétail et la trappe, choisirent les vastes prairies, ou « savanes », près du bayou Têche où d'immenses troupeaux sauvages leur permirent de continuer leurs occupations traditionnelles. L'activité économique sur les bords du Têche resta donc fondamentalement semblable à celle de l'Acadie, mais les terres basses et humides et le climat semi-tropical forcèrent les exilés à changer certaines cultures. Avant la dispersion, ils avaient cultivé les choux, les navets et le blé qui formaient la base de leur alimentation. Les longs étés et l'humidité de la Louisiane rendaient ces cultures impossibles. Les vêtements acadiens avaient toujours été de lin ou de laine, l'un et l'autre presque introuvables sur la frontière louisianaise. Les exilés durent donc trouver d'autres ressources céréalières, maraîchères et textiles, et les trouver rapidement. Le maïs remplaça le blé dont les immigrants avaient essayé la culture sans grand succès, et forma bientôt la base de l'alimentation des Acadiens et de leurs animaux. Le coton, plus facile à laver et mieux adapté au climat, remplaça rapidement le lin et la laine [13].

Le climat humide et chaud de la Louisiane influença profondément la culture matérielle des Acadiens, et spécialement la construction des maisons. Les maisons d'Acadie étaient conçues pour protéger du froid et retenir la chaleur. Unissant des principes d'architecture européens et indiens, les maisons étaient donc petites, construites de « poteaux-en-terre » avec des murs faits de plâtre pour économiser le bois dont on faisait grande consommation pendant l'interminable hiver du Canada. Ces techniques de construction adaptées au climat septentrional n'étaient guère praticables en Louisiane où le bref hiver ne comporte qu'une quinzaine de jours de gelées. Les nappes d'eau très proches de la surface du sol, les inondations fréquentes et les termites interdisaient les « poteaux-en-terre » et les caves dans lesquelles les Acadiens emmagasinaient leurs provisions d'hiver.

La construction des maisons dut donc être entièrement transformée. Les Acadiens percèrent des portes et des fenêtres dans la façade et à l'arrière pour créer des courants d'air pendant la canicule. Ils construisirent des galeries extérieures pour protéger l'intérieur de l'action directe du soleil et pour empêcher les pluies torrentielles d'emporter le plâtre. Les bardeaux de bois, plus aptes à renvoyer la chaleur, remplacèrent le chaume. Pour protéger la maison de l'humidité du sol, des inondations et des termites, les Acadiens empruntèrent aux Créoles la construction exhaussée, la maison étant érigée sur des cales de cyprès. Finalement, de petits bâtiments secondaires servirent à l'entrepôt des provisions, remplaçant la cave, impossible à creuser. Les Acadiens gardèrent néanmoins les grandes lignes de la maison normande que leurs ancêtres avaient introduite dans le Nouveau Monde. Ils conservèrent aussi certaines vieilles techniques de construction française et celles qu'ils avaient apprises sur la frontière canadienne, comme l'utilisation de plâtre et de boue pour les murs intérieurs, les serrures en mortaise et les charnières en bois.

La cuisine se transforma pour s'adapter au nouvel environnement. Les produits semi-tropicaux avaient nécessairement remplacé les anciennes cultures. On les accommoda d'abord à la façon ancestrale : légumes et viandes bouillis, céréales cuites au four, et œufs et poissons frits. Puis le gombo remplaça la soupe, le pain de maïs celui de froment ; les patates douces et les fèves se substituèrent aux navets et aux choux, et la « barbue » (ou poisson-chat) à la morue.

La topographie et le climat marquèrent donc la culture matérielle acadienne, transformation évidente dans l'architecture, la cuisine et l'artisanat. Cette nouvelle culture, formée d'éléments anciens et d'adaptation aux nouvelles circonstances, persista pendant le premier siècle de l'établissement acadien en Louisiane. Mais les immigrants furent rapidement confrontés à une série de barrières sociologiques et culturelles qui, elles aussi, eurent un impact important et durable bien que plus subtil.

La première et la plus importante fut l'auto-frontière. Les exilés vinrent en Louisiane pour y reconstruire un certain univers et un certain mode de vie. Ils adaptèrent leurs activités traditionnelles au nouvel environnement, adaptation facilitée par le hasard providentiel qui permit à certains groupes de s'établir sur des terres assez semblables à celles qu'ils avaient abandonnées. En moins de six ans, ils connurent un niveau de vie à peu près comparable à celui qu'ils avaient atteint avant l'exil. Cette modeste prospérité leur permit d'abord de créer une nouvelle Acadie à l'image de l'ancienne. Mais l'accumulation de richesses due à un travail assidu risquait de désagréger leur culture, car il se créa une élite économique qui menaça de détruire l'unité acadienne. La société louisianaise devenait un système de castes dans lequel l'appartenance ethnique décidait du statut social. Les Acadiens formaient les couches les plus basses de la société blanche ; aussi ceux d'entre eux qui devenaient prospères cherchaient-ils à se faire accepter par les classes supérieures, c'est-à-dire par un groupe de culture et d'ethnie différentes. Les Acadiens risquaient donc de voir leur société privée de ses chefs absorbés par d'autres groupes, une conséquence de leur ascension économique et sociale [14].

C'était un phénomène tout nouveau pour eux. Bien que la vieille Acadie eût connu une stratification économique, la richesse n'y signifiait pas un statut social élevé. En Louisiane, à la fin du XVIIIe siècle, la position sociale commençait à dépendre du nombre d'esclaves possédés. La tradition d'indépendance des Acadiens et leur récente captivité chez les Anglais les incitèrent à rejeter ce système. Ils se rappelaient qu'ils avaient été captifs en terre étrangère, comme les Noirs, et ils savaient que l'élite de la colonie les plaçait à peine au-dessus des esclaves dans l'échelle sociale. Les premiers colons acadiens de la Louisiane n'achetèrent donc guère d'esclaves, même dans les années 1770, époque à laquelle ils connurent une certaine prospérité. Leur société resta pastorale comme elle l'avait été avant la dispersion.

La deuxième génération ne partagea pas les sentiments égalitaires de ses parents. Surtout dans les zones marécageuses, dès les années 1770, certaines familles avaient acheté des travailleurs et des bonnes d'enfants de leurs voisins créoles. L'existence d'un esclavage, même à une échelle des plus modestes, changea la façon de juger des enfants et des petits-enfants de maîtres. Les jeunes Acadiens de familles plus fortunées, qui sans aucun doute enviaient le prestige social des Créoles, commencèrent à voir dans les esclaves noirs non pas des êtres humains, mais des instruments utiles à la promotion sociale et économique. Les esclaves permettaient d'acquérir un plus grand nombre d'esclaves et d'aspirer à une opulence et à un étalage de richesse rivalisant avec ceux des planteurs créoles. Comme ces derniers, les nouveaux riches Acadiens construisirent de fastueuses plantations, parièrent aux courses de pur-sang et envoyèrent leurs enfants dans des pensionnats. La sécurité économique ne leur suffisant pas, ces riches Acadiens marièrent leurs enfants à des familles créoles, ultime confirmation de la position sociale qu'ils voulaient atteindre [15].

Cette apostasie resta cependant très limitée, bien que les planteurs acadiens soient devenus plus nombreux pendant les années troublées qui précédèrent la guerre de Sécession. La plupart des Acadiens gardèrent leurs distances avec les planteurs créoles dont la hauteur les irritait et dont ils rejetaient les valeurs. Hormis la zone de grandes plantations, seule une infime minorité posséda des esclaves, et la plupart des propriétés demeurèrent de petites exploitations. La demeure typique de l'habitant modeste resta la maison de deux pièces construite sur cales que les colons avaient appris à bâtir au XVIIIe siècle.

L'inimitié culturelle aiguë qui divisa les Créoles et les Acadiens à la fin du XIXe siècle facilita le maintien des valeurs traditionnelles. Depuis leur arrivée, les Acadiens avaient cherché à rétablir leur société et y avaient été aidés par leur isolement. Traumatisés par l'exil qu'ils avaient connu si récemment et pris dans le feu-croisé culturel de groupes rivaux, ils préféraient se tenir à l'écart de voisins dont l'influence aurait pu transformer leur culture. Les Acadiens furent exaspérés par les prétentions sociales des Créoles et ces derniers s'insurgèrent contre ce qu'ils considéraient comme de « l'impudence » de la part de ces gens qui refusaient de faire des courbettes devant leurs soi-disant supérieurs. À l'animosité des Créoles envers les nouveaux arrivés s'ajoutait l'hostilité des Indiens, qui n'acceptaient pas leur établissement sur les terres de leurs tribus, et l'inimitié de la population noire encore peu nombreuse mais en voie de développement, qui, peinant dans un esclavage de plus en plus pénible, éprouvait un vif ressentiment envers tous les Blancs.

Les échanges sociaux et culturels qui se produisirent à l'intérieur de la population polyglotte des paroisses du Sud diminua quelque peu les frictions, mais sans les éliminer. Les exilés empruntèrent aux Créoles la passion des chevaux de courses ; les esclaves leur enseignèrent la cuisine africaine ; et leurs voisins indiens leur apprirent les vertus des herbes médicinales de la région. L'interaction culturelle se reflétait dans les relations sociales et les Acadiens soucieux de s'élever dans l'échelle sociale réussirent finalement une certaine fusion avec l'élite créole. Comme les Créoles qu'ils imitaient servilement, les planteurs acadiens abusèrent de leurs esclaves noires et en eurent une progéniture de sang mêlé, de plus en plus nombreuse au début du XIXe siècle. Mais les petits propriétaires acadiens qui formaient la grosse majorité de la population se risquaient rarement au-delà des limites de leur groupe dont les mariages endogames préservèrent l'intégrité et la cohésion. Les pressions internes exigeaient que tous adhèrent aux normes de la culture traditionnelle. Cette conformité, ajoutée à la stabilité des frontières de groupe, permit à cette société, transplantée et ressuscitée, non seulement de résister aux changements mais aussi d'absorber des groupes ethniques aux liens moins étroits. Les étrangers qui se marièrent dans des familles acadiennes furent ainsi assimilés au groupe, et leurs enfants furent toujours élevés en purs Acadiens [16].

L'ethnicité acadienne passa le cap du premier siècle de sa vie en Louisiane (1765-1865), mais le prix de la survie culturelle s'avéra de plus en plus onéreux. Au début du XIXe siècle, les Acadiens établis le long du Mississippi et des bayous Têche et Lafourche cherchèrent à se soustraire à l'entretien obligatoire des levées le long de ces cours d'eau et au manque de terres dans les zones marécageuses. Ils s'isolèrent socialement et culturellement. Avant la guerre de Sécession, de nombreux petits propriétaires durent abandonner leurs plantations trop exiguës pour apporter les revenus nécessaires à leur subsistance. Ces Acadiens devinrent contremaîtres, artisans ou ouvriers de l'industrie sucrière, mais ayant perdu leur indépendance économique, ils furent les premiers à s'américaniser.

La guerre de Sécession arrêta cette désintégration. Les Acadiens s'étaient toujours désintéressés des querelles nord-sud qui dominèrent la politique américaine jusqu'à la guerre et amenèrent ce tragique conflit. Jusqu'aux années 1840, les Acadiens, surtout les petites gens, avaient évité de s'aventurer dans la politique. Mais, pendant cette décennie, le parti démocrate répandit en Louisiane l'idéologie jacksonienne et choisit comme candidat pour le poste de gouverneur un Acadien, Alexandre Mouton. Pour la première fois, des centaines d'Acadiens participèrent activement à la vie politique de l'État et devinrent rapidement la base du parti démocrate dans le sud de la Louisiane.

Ces nouvelles recrues démocrates ne s'intéressaient guère aux événements extérieurs à leur paroisse. La politique nationale les intéressait peu, bien qu'il devint de plus en plus difficile de ne pas en tenir compte pendant les années agitées qui précédèrent la conflagration de 1861. L'esclavage et l'unité nationale étaient des questions brûlantes dont les politiciens se servaient pour soulever un enthousiasme frénétique pendant les barbecues et rallyes qui précèdent toujours les élections en Louisiane.

Le plus prisé des orateurs d'avant-guerre fut le gouverneur Alexandre Mouton dont les harangues passionnées sur le bon droit des sudistes impressionnèrent profondément les Acadiens pauvres et leur firent adopter le point de vue sécessionniste. Aux élections de 1860, il arriva donc, chose surprenante, que la grande majorité des classes les plus déshéritées, influencée par Alexandre Mouton, vota pour des candidats sécessionnistes, alors que la plupart des planteurs acadiens choisirent des modérés [17].

Les pro-sécessionnistes acadiens récoltèrent les raisins de leur colère. Comme les autres États du Sud, la Louisiane rompit ses liens avec le gouvernement fédéral et la guerre s'ensuivit. Les hostilités ne touchèrent pas immédiatement les Acadiens. Les fils de familles se portèrent volontaires dans l'armée sudiste, mais les petits habitants restèrent sur leurs terres. En 1862, la tournure des événements changea et beaucoup de petits fermiers furent mobilisés de force. Il en résulta une haine féroce envers le gouvernement confédéré, aggravée ensuite par les confiscations de bétail et de récoltes. Leurs conscrits désertèrent en masse chaque fois que leurs unités battaient en retraite devant les incursions périodiques des soldats de l'Union dans les paroisses du Sud. Les déserteurs accueillirent les envahisseurs en libérateurs, mais leur joie se mua vite en haine lorsque les nordistes s'avérèrent pires que les confédérés. Alors que les sudistes réquisitionnaient les vivres dans la mesure de leurs besoins, les nordistes mirent systématiquement les exploitations à sac pour priver l'ennemi de ravitaillement.

Les Acadiens se trouvèrent donc à nouveau entre deux feux, non seulement menacés de famine, mais aussi passibles d'emprisonnement ou d'exécution pour désertion. Une fois de plus, victimes d'une cause qui n'était pas la leur, ils virent les fruits de leur labeur saccagés, leurs terres ravagées, et leur patrie en cendres. Une fois de plus, les survivants de l'holocauste se tournèrent vers l'avenir, déterminés à survivre, envers et contre tous.

NOTES

1. Cet article inédit a été traduit par Edmée Montel, Isabelle Deutsch, Barry Jean Ancelet et Mathé Allain.

2. Andrew Hill Clark, *Acadia : The Geography of Early Nova Scotia to 1760*, Madison, University of Wisconsin Press, 1968 ; François-Edme Rameau de St-Père, *Une colonie féodale en Amérique : l'Acadie, 1604-1881*, 2 tomes, Paris, Plon, Nourrit, 1889 ; Naomi Griffiths, *The Acadians : Creation of a People*, New York, McGraw Hill, Ryerson, 1973 ; Émile Lauvrière, *La Tragédie d'un peuple : histoire du peuple acadien de ses origines à nos jours*, 2 tomes, Paris, Plon, 1886 ; John B. Brebner, *New England's Outpost : Acadia Before the Conquest of Canada*, New York, Columbia University Press, 1927.

3. Naomi Griffiths, *op. cit.*, p. 13, 22 ; Carl A. Brasseaux, « Four Hundred Years of Acadian Life in North America », *Journal of Popular Culture*, Vol. XXIII, No. 1, 1989, p. 5.

4. Naomi Griffiths, *op. cit.*, p. 13, 22 ; Carl A. Brasseaux, *The Founding of New Acadia : Beginnings of Acadian Life in Louisiana, 1765-1803*, Bâton-Rouge, Louisiana State University Press, 1987, p. 13-24, 150-166.

5. Naomi Griffiths, *op. cit.*, p. 2, 3, 13, 14, 18 ; Geneviève Massignon, *Les Parlers français d'Acadie : enquête linguistique*, (2 tomes), Paris, C. Klincksieck, 1962, vol. I, p. 70-75 ; Nicole T. Bujold et Maurice Caillebeau, *Les Origines des premières familles acadiennes : le Sud-Loudunais*, Poitiers, Imprimerie l'Union, 1979 ; Rameau de St-Père, *op. cit.*, vol. I, p. 167.

6. Carl A. Brasseaux, *The Founding of* [...], *op. cit.*, p. 2.

7. Rameau de St-Père, *op. cit.*, vol. II, p. 61 ; Naomi Griffiths, *op. cit.*, p. 27.

8. Voir Naomi Griffiths, ed., *The Acadian Deportation : Deliberate Perfidy or Cruel Necessity ?*, Toronto, Copp Clark Publishing, 1969.

9. John B. Brebner, *op. cit.*, p. 134-208 ; Thomas B. Akins, ed., *Acadia and Nova Scotia : Documents Relating to the Acadian French and the First Colonization of the Colony, 1714-1758*, second edition, Cottonport, Louisiana, Polyanthos, 1972, p. 235-409.

10. Carl A. Brasseaux, *The Founding of* [...], *op. cit.*, p. 73-115.

11. *Ibid.* ; Carl A. Brasseaux, *Denis-Nicolas Foucault and the New Orleans Rebellion of 1768*, Ruston, Louisiana, McGinty Publications, Louisiana Tech University, 1987, p. 43-46, 54, 72-79.

12. Oscar W. Winzerling, *The Acadian Odyssey*, Bâton-Rouge, Louisiana State University Press, 1955.

13. Carl A. Brasseaux, *The Founding of* [...], *op. cit.*, p. 121-149.

14. Carl A. Brasseaux, « Four Hundred Years [...] », *op. cit.*, p. 7-9 ; *id.*, « Acadians, Creoles, and the 1787 Lafourche Smallpox Outbreak », *Revue de Louisiane/ Louisiana Review*, VIII, 1979, p. 55-58.

15. Vaughan B. Baker, « Patterns of Slave Ownership in Lafayette Parish, 1850 », *Attakapas Gazette*, Vol. X, 1974, p. 144-148 ; James H. Dormon, *The People Called Cajuns : An Introduction to an Ethnohistory*, Lafayette, Center for Louisiana Studies, 1983, p. 43-51.

16. Donald J. Hebert, *Southwest Louisiana Records*, (33 tomes), Cecilia/Eunice, Louisiana, Hebert Publications, 1974-1990.

17. Carl A. Brasseaux, « The Secession Movement in St. Landry Parish, 1860-1861 », *Louisiana Review*, Vol. VII, 1978, p. 129-154.

GUIDE DU CHERCHEUR EN ÉTUDES FRANCO-AMÉRICAINES

ARMAND CHARTIER
Université du Rhode Island

Nos collègues Yves Frenette de l'Université York (Collège Glendon) et Yves Roby de l'Université Laval ont conçu ce que l'on peut nommer, sans crainte d'exagération, le projet du siècle dans la recherche franco-américaine. L'un et l'autre sont déjà connus pour leurs contributions dans ce domaine : Yves Frenette par ses travaux sur les francophones de Lewiston (Maine) et Yves Roby pour son récent ouvrage sur *Les Franco-Américains de la Nouvelle-Angleterre (1776-1930)* (Sillery, Éditons du Septentrion, 1990) œuvre dense, fouillée et fort recommandable.

Devant l'insuffisance des outils de travail dans ce champ d'étude, MM. Frenette et Roby se proposent de préparer, avec l'aide d'une équipe qu'ils sont à mettre sur pied, un *Guide du chercheur en études franco-américaines* [1], dont voici les trois composantes essentielles telles qu'envisagées dans l'état actuel des choses : instruments de travail, sources et études.

Parmi les instruments de travail, le chercheur trouvera un dictionnaire biographique contenant toutes les références bibliographiques existantes sur des centaines de personnages franco-américains. Une autre subdivision sera consacrée aux almanachs, annuaires, guides et ouvrages (hélas, trop rares) comme le *Dictionnaire de l'Amérique française* de Pierre Savard *et al.* (dont la 2e édition paraîtra d'ici un an ou deux). Une autre section donnera une liste des synthèses, des monographies (livres et articles) et des thèses à contenu franco-américain.

Quant aux sources, l'usager pourra s'attendre à trouver un inventaire systématique des principaux fonds et collections d'archives disponibles aux États-Unis et au Canada : ceux des organismes gouvernementaux de tous les niveaux (national, provincial, régional, municipal, etc.); ceux des institutions religieuses, en commençant par le Vatican, pour ensuite passer aux paroisses et aux diocèses, ainsi qu'aux communautés religieuses, aux institutions d'enseignement et aux institutions à caractère social (hôpitaux, hospices, orphelinats). On étudiera aussi les archives des institutions socioculturelles, industrielles, financières, commerciales et syndicales, sans oublier les archives familiales ou personnelles. De plus, les imprimés seront revus et classés selon les genres : documents officiels (gouvernementaux); journaux francophones; discours, conférences, commentaires; textes littéraires; sources sonores; sources visuelles.

En ce qui concerne les « études », voici comment Frenette et Roby entendent traiter cette documentation : « Nous ambitionnons de présenter la bibliographie la plus complète possible des études produites par les chercheurs des diverses sciences humaines et sociales sur la réalité franco-américaine » (p. 32 du tapuscrit). Le texte se termine par quelques considérations sur le financement et l'organisation de la recherche.

Faut-il préciser qu'un tel projet a de quoi enthousiasmer quiconque a à cœur l'avancement des études franco-américaines? Que ce projet vient à point nommé combler une lacune de plus en plus gênante? Que nous lui souhaitons, enfin, le plus grand succès possible?

NOTE

1. D'après un texte présenté en juin 1990 à Québec, au colloque tenu par la Chaire pour le développement de la recherche sur la culture d'expression française en Amérique du Nord (CEFAN). Ce texte est intitulé : « Ressources : instruments de travail, sources documentaires, aide financière, réseaux scientifiques ».

NIPSYA
DE GEORGES BUGNET
(ÉDITION CRITIQUE)[1]

GAMILA MORCOS
Université de l'Alberta

NIPSYA OCCUPE UNE PLACE DE CHOIX dans l'œuvre du « Canadien bourguignon » qu'est Georges Bugnet. On ne pouvait mieux espérer pour l'établissement du texte définitif de ce roman que la collaboration de Jean-Marcel Duciaume et de Guy Lecomte, deux spécialistes de Bugnet, le premier de l'Université de l'Alberta, le second de l'Université de Bourgogne.

La partie centrale de l'ouvrage, l'édition critique de *Nipsya*, est précédée d'un avant-propos, d'une introduction substantielle, d'une section intitulée « Histoire, géographie, patronymie (*sic*) et toponymie » et d'une rapide chronologie. Elle est suivie d'une liste des variantes, d'un glossaire, de trois textes en appendice et d'une bibliographie limitée à *Nipsya*.

On est prévenu, dès l'avant-propos, que ce volume « répond pour l'essentiel aux critères habituels d'une édition critique mais il s'en distingue du fait de la liberté laissée aux deux auteurs par Bugnet lui-même pour leur permettre d'allier autant que possible la rigueur de la langue et la beauté du style, et d'atteindre, selon ses termes, à *plus de perfection* » (p. 10).

Dans les 26 pages de l'introduction, les auteurs présentent d'abord l'écrivain. Ils mentionnent rapidement les raisons qui l'ont poussé à quitter la France pour s'installer au Canada, évoquent ses espoirs, ses déceptions puis son intégration au milieu albertain et rappellent l'amitié qu'il entretenait avec ses voisins, les Majeau, et avec les prêtres missionnaires de la région du lac Sainte-Anne, le Père Lizée et le Père Blanchet.

Cette introduction, brossée avec brio, met en évidence les rapports étroits entre la vie et l'œuvre de Bugnet : « il a conçu le personnage du Bonhomme Lajeunesse dans *Nipsya*, à l'image du Bonhomme Majeau » (p. 17). « On ne peut manquer de rapprocher le nom du Père Zéphirin Lizée de celui du Père Lozée, figure pittoresque du roman, à qui il ressemblait, dit-on, par l'aspect physique. » (p. 19) Le Père Blanchet, par ailleurs, a été « témoin de rencontres d'Indiens et de Métis en liaison avec Louis Riel, et s'est efforcé d'empêcher leur participation à la lutte des Métis contre le pouvoir britannique.

[...] Georges Bugnet a tiré parti des souvenirs de ce missionnaire » et situe justement l'action de *Nipsya* en 1884-1885 (p. 18-19).

Les auteurs passent ensuite à la genèse du roman. S'appuyant sur une solide documentation, ils précisent la date à laquelle Bugnet entreprend la composition de *Nipsya*, son but et ses motivations, et notent la censure par Mgr Olivier Maurault de « la scène de bain de Nipsya dans la rivière et [de] quelques scènes d'amour » (p. 24). L'accueil du roman en 1924 et de sa traduction anglaise en 1929, ainsi que les interprétations données à *Nipsya* font l'objet d'une analyse minutieuse qui montre l'importance accordée par les critiques à l'aspect psychologique du roman au détriment de sa dimension historique.

La partie suivante comble cette lacune. Une carte correspondant à la géographie et à la toponymie du roman (p. 41), une carte illustrant le second soulèvement de Riel en 1884-1885 (p. 42), et un tableau en deux colonnes mettant en parallèle la chronologie de *Nipsya* et celle de la rébellion appuient les conclusions des auteurs :

> Mais la valeur historique de *Nipsya* n'apparaît pas seulement dans l'exactitude des références aux luttes de Riel et des siens. Ce roman offre aussi une documentation précise sur certains aspects de la vie des Métis et des Indiens Cris, non seulement dans les années 1884-1885, mais au long de toute une période historique qui n'a pris fin qu'avec l'immigration massive des Blancs au début du siècle [...]. C'est pourquoi, après avoir voulu écrire un recueil de « Scènes de l'ouest canadien », Bugnet a pu élargir le cadre spatio-temporel de son projet initial jusqu'à composer ce roman à plusieurs facettes. (p. 27-28)

Notons, au passage, que le choix du terme « chronologie » à la fois comme sous-titre (p. 45) et comme titre de la section suivante (p. 57) prête à confusion, d'autant plus que les mêmes caractères typographiques sont employés dans les deux cas.

Pour l'édition critique proprement dite, les auteurs indiquent les sources des variantes et choisissent « de privilégier, en cas de rédaction multiple, la leçon contenue dans le manuscrit, faisant ainsi du manuscrit le texte de base dans l'établissement du texte définitif » (p. 67). Trois formes sont utilisées pour les appels de notes : la lettre renvoie aux notes au bas des pages ; le chiffre, aux variantes à la fin du texte du roman ; et l'astérisque désigne les mots qui figurent dans le glossaire. « Pour faciliter le recours aux variantes, [ils ont] écarté la mention d'un certain nombre d'anomalies simplement imputables à la distraction : fautes de frappe, omissions ou erreurs d'accents (« évènements » pour « événement ») » (p. 68). Encore faut-il noter que l'exemple donné ne comporte pas d'erreur d'accent, l'orthographe conforme à la prononciation ayant été admise par l'Académie française en 1975.

Le texte définitif de *Nipsya* fait honneur aux auteurs de cette édition critique. Non seulement ont-ils rétabli les passages censurés ou manquants dans les éditions de 1924 et de 1988, mais au long et patient travail de comparaison des variantes, s'ajoutait la charge onéreuse et délicate de retoucher le texte du roman. Selon le vœu de Bugnet, « plusieurs passages devraient être retouchés, abrégés ou supprimés [...] j'en laisse le soin à qui acceptera de réimprimer mon livre » (p. 67). Il suffit de parcourir la liste des variantes pour jauger de la difficulté d'une telle entreprise (Première partie, chap. I, p. 293, note 10 : « Nous retouchons pour plus de netteté cette phrase amorce »; note 11 : « L'adverbe *maintenant* convient mal à la cohérence temporelle »; note 12 : « Nous inversons l'ordre des termes »; etc. Aussi ne faut-il pas s'attendre à dégager de l'étude des variantes une évolution dans la pensée ou dans le style de Bugnet.

Quant aux notes infrapaginales, qu'elles soient d'ordre historique, biographique ou linguistique, elles constituent avec les glossaires un complément précieux au texte et un outil indispensable pour la diffusion internationale de l'ouvrage. L'orthographe du mot « gâs », qui revient à plusieurs reprises, notamment à la page 79, méritait toutefois une note explicative.

Abstraction faite de l'absence de la page de garde après la couverture, l'ouvrage est illustré avec goût, sa présentation est très soignée et les coquilles y sont rares : « Bugnet favorise le *a*nom employé jadis » (p. 55, 2ᵉ paragraphe, dernière ligne); l'accent grave sur le « A » dans les titres anglais (p. 17, note 9; p. 331, [Anonyme] 3ᵉ et 5ᵉ titres, Carpenter, David, 2ᵉ titre); lire p. « 125 » et non « 126 » (p. 23, note 19); « Aurevoir » (p. 229 dernier paragraphe, 4ᵉ ligne). Une dernière remarque : si les éditeurs avaient indiqué à la table des matières les différentes parties de *Nipsya* avec les pages correspondantes, et s'ils avaient ajouté des titres courants, ils auraient facilité la consultation des variantes.

Que l'on ne se méprenne surtout pas sur le ton de ces quelques réserves exprimées plus haut, elles n'infirment en rien la valeur de l'ouvrage. Cette édition critique de *Nipsya* est le fruit d'un travail d'érudits tant par sa documentation que par sa rigueur et sa méthode. Jean-Marcel Duciaume et Guy Lecomte ont réussi à donner au texte définitif de ce roman une cohérence sur le plan de la présentation, ils lui ont surtout insufflé une nouvelle vie grâce à leur connaissance approfondie de l'homme, de l'époque et de l'œuvre.

NOTE

---

1.   Édition critique préparée par Jean-Marcel Duciaume et Guy Lecomte, Saint-Boniface, Éditions des Plaines et Éditions universitaires de Dijon (collection Études canadiennes) 1990, 333 p.

FRAGMENTS D'UNE ENFANCE
DE JEAN ÉTHIER-BLAIS

HUBERT LAROCQUE
Université d'Ottawa

PARVENU À L'ÂGE DES COMPTES, Jean Éthier-Blais détache d'un texte plus vaste, soit dans la vie vécue, soit dans le projet réalisé ou seulement rêvé, des *Fragments d'une enfance* (Montréal, Leméac, 1989, 179 p.) Texte singulier, à l'image de l'écrivain toujours un peu en porte-à-faux, irritant et unique.

Éthier-Blais écrit dans un temps universel où les héros de la Grèce hantent les bords du lac Nipissing. Il n'évoque les personnages de son enfance que par la médiation des héros, des thèmes et des versions grecques de son adolescence. Son père, sa mère se mêlent aux héros des légendes. Dans cette insistance, où entre toutefois une préciosité mythologique, lourde parfois, comme dans le rappel du premier souvenir conscient (p. 17-19), il s'opère à la fois un agrandissement du souvenir et l'aveu d'un malaise. Éthier-Blais déplore maintes fois de n'avoir pas connu son père, que sa mère qu'il tente d'un crayon acharné de cerner par de multiples côtés, lui ait en définitive échappé. Le père, puissant Agamemnon, conducteur d'hommes, règne par l'absence d'une mort précoce. Quant à sa mère, aimée sans doute, on n'arrêterait pas au fil du texte, de relever, à travers les aveux même de cet amour, les signes d'une rancœur, d'un éloignement. Car ce fils chéri, puis cet « orphelin choyé » rêve de ne pas avoir de parents : « J'aimais être loin des miens » (p. 98). Il ne peut plus la voir : « J'ai à peine connu mon père. J'ai oublié ma mère » (p. 29). Et le seul souvenir que sa mémoire lui retrace est un souvenir de dissolution. Sa mère pleure sur un canapé : « J'aurais voulu être à mille lieues de ce corps à demi prostré, j'aurais voulu m'en aller, quitter ma famille, me trouver une autre mère... » (p. 29) Le narrateur est trop policé, peut-être étouffé par une prudence sans doute bourgeoise, mais de tels aveux font de l'accompagnement mythologique plus qu'une complaisance d'érudit, un climat d'Atrides.

Les *Fragments d'une enfance* sont aussi une autobiographie intellectuelle. Que de rappels venus de l'enfance attestant l'amour du français, la fascination du *Petit Larousse* par laquelle commence la vocation de l'écrivain. Le narrateur qui a sur son héros, qui est lui-même, l'avantage du temps et du savoir évalue à distance : « Ma conscience avait accepté l'existence d'un monde autre que le mien. Il y avait des êtres différents de nous ! » (p. 56) Une telle révélation ne fera pas de lui sur le champ un écrivain. Il lui faudra encore vingt ans, dit-il, pour céder à l'écriture : « Mon vrai destin est d'être caché. Mais je savais que la vie, qui n'est pas pressée, m'attendait. Elle viendrait vers moi, voilée. Son attribut serait un livre. » (p. 168) Un simple compte rendu ne me permet pas de suivre au fil du texte les signes de la vocation et de la formation de l'écrivain, mais je signale que c'est l'un des aspects essentiels et émouvants de ces *Fragments*.

Éthier-Blais présente plusieurs traits contradictoires, mais le narrateur de l'autobiographie, qui fait remonter les souvenirs et qui les dote d'un sens recomposé, ne brouille pas les pistes au point que l'on ne puisse apercevoir la ligne de force de cette existence qui est sa fidélité à un destin d'intellectuel. Enfanté par la lecture, nourri par des femmes amoureuses du dictionnaire, vivant de plain-pied dans la familiarité des grands écrivains, Éthier-Blais a échappé aux sirènes du provincialisme subventionné. Sa littérature s'inscrit dans les lois naturelles que Crémazie a énoncées une fois pour toutes et dont aujourd'hui nous pouvons cependant tirer des conclusions inversées. La seule littérature, qu'on l'écrive à Paris, à Montréal ou à Sudbury, c'est la littérature française. Quand Éthier-Blais écrit, on sent la présence vivante d'une bibliothèque immense, sa phrase obéit aux rythmes appris des plus grands, le lexique a une noblesse qu'il tient de l'écriture classique. Cela ne va pas sans quelque préciosité parfois, mais la reconstitution et l'atmosphère, tant d'une enfance que d'une époque, demeurent exemplaires.

Jusqu'à quel point y a-t-il dévoilement du sujet, et comment situer ces *Fragments* sur l'axe vérité-mensonge? Une autobiographie est certes une publication proclamée au grand jour. Mais la présence du lecteur dans ce que l'on a appelé le « pacte autobiographique » n'a ici de réalité qu'implicite. Il est certain qu'au premier degré Éthier-Blais ne ment pas, mais il est aussi vrai que nous sommes soumis à sa seule parole sur lui-même. *Fragments*, le sens du titre se dévoile en ceci que l'anecdote étant à peu près complète, c'est au niveau du sens qu'il faut justifier le titre. Dans cette vie, il y a un fil caché, non au monde, ce qui serait de peu d'intérêt, mais comme volontairement voilé par celui qui raconte à celui dont il parle, c'est-à-dire à lui-même. En d'autres termes, celui qui parle effectue un tri conscient, un arrangement dont il ne réussit pas complètement la synthèse en un mensonge cohérent comme la statue que Chateaubriand et Malraux s'élèvent. Entre ses destins, il est resté comme suspendu entre le refus prudent et la fascination. Mais qu'on examine ce qui me semble la page la plus mystérieuse, celle où la prudence toute bourgeoise qui préside même à l'émotion de ce texte s'oublie pour céder à des entraînements à la fois lumineux et troubles. On y trouvera tous les signes de la pudeur et de l'amour, l'image avouée et voilée en même temps d'une fascination, ainsi que l'analyse lucide d'un choix. On admirera la parfaite maîtrise d'un style qui, attaquant dans son mode habituel (l'allusion érudite) : « Je dirigeai mes pas vers les quelques roulottes qui abritaient les romanichels. Comment un enfant de dix ans porte-t-il ses pas? » (p. 99) —, censure aussitôt par un verbe hiératique l'attrait de l'aventure, de l'amour interdit. Cependant, la suite ne laisse aucun doute et c'est alors que le style atteint cette lumineuse simplicité qui restitue dans une spatialité admirablement construite, comme au fond d'une perspective à la fois physique et morale, une image aussitôt sublimée : « Assis sur une marche, devant la porte d'une roulotte, un jeune homme me regardait venir vers lui » (p. 100). Dans la suite du texte, puisque la seule critique permise de l'autobiographie demeure textuelle, on admirera l'art avec lequel la scène réelle est raturée par la scène écrite. Mais les mots ne trompent pas : « J'avançais prudemment vers un destin... Je marchais lentement, l'air abstrait, le corps aux aguets... » (p. 99) Celui qui parle a bien écrit « un destin », cet article indéfini opposant la scène réelle à l'autre : « Je faisais sans le savoir et tout en le sachant, ma première expérience d'écrivain, allant jusqu'au bout de son destin, qui est de vivre afin de raconter. Il ne me reste rien de cette rencontre... » (p. 100-101) Est-ce la femme de Loth arrêtée au carrefour, ou bien un Rimbaud qui s'embourgeoise en se donnant un alibi esthétique ?

Quoi qu'il en soit, les *Fragments* ont une existence littéraire. Nous n'hésitons pas à dire que c'est le livre le plus élevé qu'ait produit une plume ontarienne. Habileté de la narration, entrelacement harmonieux des composantes descriptives et des passages analytiques, justesse du ton et de l'émotion. À ces qualités se joignent la profondeur de l'intelligence, la pertinence de la réflexion sur l'histoire et la politique. Malgré cela, la préciosité du style en maint endroit, des recherches un peu trop parnassiennes dans le vocabulaire et les connotations marquent chez l'écrivain un embellissement ou une distanciation trop poussés de sa matière. Aussi le grain de l'anecdote demeure parfois trop visible, comme celui d'une personnalité qui n'a pas trouvé son unité entre le réel sacrifié et la sublimation de l'écriture par la musique supérieure des souvenirs pleinement dominés. Nous souhaitons avec impatience d'autres souvenirs qui ne connaissent, comme toutes les grandes œuvres, que les seules censures du style.

DE LA CONTROVERSE À LA CONCORDE
DE ROBERT CHOQUETTE

JEAN-MARC BARRETTE
Université d'Ottawa

O N ACCUSE SOUVENT LES UNIVERSITAIRES de se cantonner dans leur tour d'ivoire. Enfin, voici un historien qui sait se rendre, comme il le dit lui-même, accessible « au grand public » (p. 7). Par ailleurs, Robert Choquette se spécialise dans un domaine fort populaire à l'heure actuelle : la francophonie en Ontario. Il suffit d'évoquer quelques titres : *Language and Religion : A History of English-French Conflict in Ontario* (University of Ottawa Press, 1975; ce texte fut traduit en français en 1977), *Villages et visages de l'Ontario français* (Fides, 1979), *L'Ontario français historique* (Études vivantes, 1980) ou *La Foi gardienne de la langue en Ontario* (Bellarmin, 1987). Nul doute que Choquette occupe maintenant le rang de « spécialiste » de l'Ontario français.

Toutefois, avec ce nouveau livre, *De la controverse à la concorde* (Ottawa, L'Interligne, 1990, 126 p.), le lecteur pourrait douter de l'objectivité nécessaire, si elle existe, pour l'établissement d'une histoire non partisane. Pourquoi ce doute? À cause de la première phrase de l'avant-propos : « Ce livre a été écrit à la demande des autorités du diocèse d'Alexandria-Cornwall. » (p. 7) Puisqu'il s'agit d'une « commande », l'auteur va-t-il vraiment tout nous dire? Le lecteur « grand public » pourra sursauter quelquefois : « les immigrants écossais venus au Canada furent un peuple inculte dirigé par un clergé de bonne qualité » (p. 14)! Certes, l'histoire lui donne raison, mais l'approche utilisée et l'insistance permettent le soupçon :

> La foi chrétienne est par définition une foi historique, car Dieu a envoyé son Fils dans un lieu spécifique et à un moment donné de l'histoire, pour annoncer la libération de l'humanité dans l'espace et dans le temps. Cette libération s'effectue par l'entremise de Son Église, laquelle est présente dans l'Est de l'Ontario depuis le dix-septième siècle. (p. 9)

Choquette trace tout de même un très bon bilan de l'histoire des catholiques établis dans le diocèse d'Alexandria-Cornwall qui a fêté son centenaire en 1990. Ce que le lecteur comprend d'entrée de jeu, c'est que la « controverse » serait liée directement à l'emplacement névralgique du diocèse : au milieu de deux cultures, l'une francophone, l'autre anglophone. De plus, il faut considérer que de majoritaires qu'ils étaient, les anglophones sont devenus minoritaires au tournant du XXe siècle.

Le premier chapitre de ce livre relate donc les événements précédant la fondation du diocèse. Certes, l'historien ne pourra pas faire, en 17 pages, le tour de la question, mais le survol permet de mieux comprendre le contexte historique : à partir du traité de Paris (1763), en passant par la guerre d'indépendance américaine, puis par la colonisation en vague des Écossais catholiques dans les comtés de Glengarry et de Stormont (1784, 1786 et 1803-1804), par l'arrivée des prêtres, et finalement par le développement rapide de Cornwall après la Confédération. Et de là, la venue des francophones : « Le petit hameau de tradition loyaliste et de souche ethnique anglaise, écossaise et irlandaise devint rapidement un centre industriel qui attira une main-d'œuvre à forte dominante canadienne-française. » (p. 26) Choquette entrecoupe même son récit de quelques anecdotes intéressantes, comme le cas O'Connor/Bergin (p. 27-29).

Les trois chapitres suivants sont consacrés au diocèse et à ses évêques, à ses paroisses et aux écoles. Ainsi, Choquette montre la controverse (une histoire de pouvoir et de langue) qui a mené à la naissance du diocèse d'Alexandria. Suivra un panégyrique des évêques qui ont su maintenir le diocèse malgré les pressions de rattachement à d'autres diocèses. Il sera aussi question des problèmes ethnologiques propres à chaque époque. Quant aux premières paroisses, Choquette en explique la fondation, le tout rehaussé de nombreux tableaux retraçant les noms des curés. Finalement, en ce qui concerne l'éducation en français, Choquette rappellera que la région d'Alexandria et de Cornwall a connu les mêmes luttes acharnées que tout l'Ontario.

Quant au dernier chapitre, il traite de « la nouvelle Église », celle qui viendra après Vatican II. Après avoir lu abondamment sur la « controverse », le lecteur s'attendrait ici à ce que l'historien parle de la « concorde ». Mais non. En 1974, lors du sacre de l'actuel évêque, Choquette affirme : « Mgr LaRocque allait cependant s'apercevoir que le démon de la méfiance ethnolinguistique ne se laisse pas exorciser facilement. » (p. 97) Il y aurait donc toujours des problèmes. Et n'oublions pas cette période où « le diocèse d'Alexandria-Cornwall vivait des années difficiles dans les décennies 1970 et 1980. La baisse vertigineuse dans le taux de fréquentation de la messe dominicale et de plusieurs sacrements, se conjuguait avec des difficultés financières et une crise d'identité des prêtres. » (p. 105) Et ce, sans compter qu'en 1986 « un prêtre de Cornwall était accusé d'avoir commis des actes de grossière indécence avec de jeunes hommes » (p. 105). Ou encore la levée de bouclier en 1984, à cause d'un « décret à l'effet que les quatre paroisses bilingues de la ville de Cornwall devenaient des paroisses unilingues » (p. 108). Avec la question de la langue, le feu peut être mis aux poudres rapidement !

Alors, d'où peut venir cette « concorde » ? Peut-être des problèmes scolaires qui se règlent les uns après les autres, ou encore de l'œcuménisme apporté par le concile Vatican II : « En effet, le concile voulait que les protestants passent du rang d'hérétiques à celui de frères séparés [...] On cherchait à mieux se connaître afin de refaire l'unité chrétienne. » (p. 103) Toutefois, la « concorde » semble bien loin dans un pays qui se déchire, surtout si l'on songe qu'Alexandria-Cornwall est si près des autres régions, entre autres celles qui longent le fleuve, où en amont les villes se déclarent unilingues anglaises au moindre soubresaut de l'histoire, et où en aval l'indépendance culturelle semble s'affirmer de plus en plus.

Bref, le titre n'était peut-être pas approprié pour ce livre, mais le contenu historique demeure intéressant, surtout pour les gens de la région d'Alexandria-Cornwall qui pourront retracer les origines de leur paroisse et de leur diocèse.

REFLETS D'UN PAYS
DE ANTHONY MOLLICA ET BERNADETTE LAROCHELLE

Lucien Crustin
Université du Québec à Hull

R*EFLETS D'UN PAYS* (Éditions Soleil, Welland, Ontario, 1990) essaie de donner un panorama aussi complet que possible de la poésie canadienne d'expression française contemporaine. Cette anthologie présente 158 poèmes tirés de l'œuvre de 64 auteurs. De l'aveu même de ceux qui ont choisi les textes, cet ouvrage a nécessité la lecture d'une bonne centaine de recueils et de plus d'un millier de poèmes et de chansons. Destiné d'abord aux élèves du niveau secondaire, aux étudiants et étudiantes des collèges et universités, ce livre devrait aussi intéresser tous ceux qui se passionnent quelque peu pour notre poésie. Regroupés en dix thèmes : Pays, Gens du pays/Ancêtres, Langue, Identité, Lieux, Saisons, Forêt/Arbres, Femmes/Hommes, Enfance/Jeunesse et Amour, ces textes ont une résonance actuelle et universelle. Oeuvre de « justice » aussi, car si on y retrouve des noms québécois comme Clémence DesRochers, Yvon Deschamps, Anne Hébert, Jean-Pierre Ferland, Claude Gauthier, en passant bien entendu par Félix Leclerc, Gilles Vigneault, Raymond Lévesque, Gaston Miron et Michèle Lalonde, on peut aussi y lire et de là y découvrir l'âme tout aussi ardente, tout aussi lyrique et l'art tout aussi original d'écrivaines et d'écrivains dont la seule faiblesse est parfois d'être nés ou de vivre hors Québec ou tout simplement d'être un peu moins connus. Quel bonheur donc que de rencontrer Angèle Arsenault, Herménégilde Chiasson, Cécile Cloutier, Jean Marc Dalpé, Patrice Desbiens, Jean-Lou Déziel, Jacques Flamand, Andrée Lacelle, André Paiement, Pascal Sabourin, Gaston Tremblay et bien d'autres encore que malheureusement nous ne pouvons pas citer, mais que le lecteur aura la joie de découvrir, ainsi que leur pays : l'Acadie, l'Ontario, le Manitoba, la Franco-Colombie... À la fin du volume, figure un chapitre intitulé « Profils » qui nous donne de précieuses notes biographiques et bibliographiques sur chaque nom retenu. Les portraits, bien documentés, sont aussi très vivants et nous aident à apprécier tous ces artistes. Signalons encore que chaque poème est précédé d'une courte présentation dont l'intention pédagogique est d'ouvrir une piste d'interprétation aux lecteurs moins chevronnés. Un outil précieux donc, un choix éclectique, et surtout une fête de la lecture, sans cesse renouvelée.

PUBLICATIONS RÉCENTES
ET THÈSES SOUTENUES

LORRAINE ALBERT
Université d'Ottawa

*P*OUR LA SECTION DES LIVRES, *nous avons retenu les titres publiés en 1989 et 1990 alors que pour les thèses de maîtrise et de doctorat, notre liste inclut les thèses soutenues entre 1988 et 1990.*

Les titres précédés d'un astérisque font l'objet d'une recension dans les pages qui précèdent.

L'Acadie

ALBERT-LÉVESQUE, Anne, *Du haut des terres*, Moncton, Éditions d'Acadie, 1989, 158 p.

ARSENAULT, Georges, *The Island Acadians, 1720-1980*, Charlottetown, Ragweed Press, 1989, 296 p.

ARSENAULT, Guy, *Y'a toutes sortes de personnes : poésie*, Moncton, Michel Henry, 1989, 64 p.

BOURGEOIS, Huguette, *Espaces libres : poésie*, Moncton, Éditions d'Acadie, 1990, 84 p.

BOURNEUF, François Lambert, *Diary of a Frenchman : François Lambert Bourneuf's Adventures from France to Acadia, 1787-1871*, Edited and translated by J. Alphonse Deveau, Halifax, Nimbus, 1990, 118 p.

CHIASSON, Géraldine, *C'était la vie dans l'temps*, Tracadie, N.-B., Chez l'Auteur, 1990, 140 p.

CLAVETTE, Huguette, et Donald POIRIER, *Familles, droit et société*, Moncton, Éditions d'Acadie, 1990, 414 p.

COLLECTIF, *Concerto pour huit voix*, Moncton, Éditions d'Acadie, 1989, 120 p.

CORMIER, Ronald, *Entre bombes et barbelés : témoignages d'aviateurs et de prisonniers de guerre acadiens, 1939-1945*, Moncton, Éditions d'Acadie, 1990, 223 p.

CORMIER, Yves, *Les Aboiteaux en Acadie, hier et aujourd'hui*, Moncton, Chaire d'études acadiennes, Université de Moncton, 1990, 112 p.

CREIGHTON, Helen, *La Fleur du rosier : chansons folkloriques d'Acadie*, sous la direction de Ronald Labelle, Sidney, University College of Cape Breton Press, 1989, 262 p.

DAIGLE, Jean, *Une force qui nous appartient : La Fédération des caisses populaires acadiennes, 1936-1986*, Moncton, Éditions d'Acadie, 1990, 299 p.

D'ENTREMONT, Carmelle, *Les Premiers Pas vers l'alphabétisation, l'éducation de base et le rattrapage scolaire dans le milieu acadien en Nouvelle-Écosse*, Halifax, ministère de l'Enseignement supérieur et de la Formation de la Nouvelle-Écosse, 1990, 120 p.

DIONNE, Joël G., *À la recherche de la lumière intérieure*, Edmundston, Éditions Lavigne, 1989, 125 p.

DIONNE, Raoul, *La Colonisation acadienne au Nouveau-Brunswick, 1760-1860*, Moncton, Chaire d'études acadiennes, Université de Moncton, 1990, 416 p.

Guide des sources archivistiques sur l'industrie forestière du Nouveau-Brunswick, Moncton, Éditions d'Acadie, 1990, 211 p.

HICKEY, Daniel, éd., *Moncton, 1871-1929 : changements socio-économiques dans une ville ferroviaire*, Moncton, Éditions d'Acadie, 1990, 172 p.

JACQUOT, Martine L., *Route 138 : notes de routes*, Wolfville (N.-É.), Éditions du Grand-Pré; Edmundston (N.-B.), Éditions Quatre-Saisons, 1989, 65 p.

LAPOINTE, Jacques, F., *Grande-Rivière : une page d'histoire acadienne*, Moncton, Éditions d'Acadie, 1989, 361 p.

LEBLANC, René, et Micheline LALIBERTÉ, *Sainte-Anne, collège et université 1890-1990*, Pointe-de-l'Église, N.-É., Université Sainte-Anne, 1990, 501 p.

LEBRETON, Clarence, *Le « Caraquet Flyer », Histoire de la « Caraquet Gulf Shore Railway », 1871-1920*, Montréal, Éditions du Fleuve, 1990, 182 p.

LÉGER-HASKELL, Diane, *La Butte à Pétard : l'histoire d'une famille de la vieille Acadie*, Moncton, Éditions d'Acadie, 1989, 105 p.

LEPAGE, Rachelle, *Julie des Hivers : théâtre*, Moncton, Michel Henry, 1989, 77 p.

MAILLET, Antonine, *L'Oursiade : roman*, Montréal, Leméac, 1990, 232 p.

PAQUETTE, Denise, *Souris Baline part en bateau*, Moncton, Éditions d'Acadie, 1990, 24 p.

PICHETTE, Robert, *Pour l'honneur de mon prince...*, Moncton, Michel Henry, 1989.

PICHETTE, Robert, *Les Religieuses pionnières en Acadie*, Moncton, Michel Henry, 1990.

POIRIER, Pascal, *Causerie memramcookienne*, Édition critique par Pierre M. Gérin, Moncton, Chaire d'études acadiennes, Université de Moncton, 1990, 185 p.

La Réception des œuvres d'Antonine Maillet, Actes du colloque international organisé par la Chaire d'études acadiennes les 13, 14 et 15 octobre 1988, publiés par Marguerite Maillet et Judith Hamel, Moncton, Chaire d'études acadiennes, Université de Moncton, « Collection Mouvange », 1989, 339 p.

Rêves inachevés : anthologie de poésie acadienne contemporaine, sous la direction de Fred Cogswell et Jo-Ann Elder, Moncton, Éditions d'Acadie, 1990, 212 p.

RICHARD, Lucien, *Ma corneille et moi : récit vécu*, Moncton, Éditions d'Acadie, 1989, 46 p.

ROBICHAUD, Lise, *Voir l'art : des artistes acadiens en milieu scolaire francophone au Nouveau-Brunswick*, Moncton, Michel Henry, 1990, 95 p.

ROBICHAUD, Norbert, *Journal d'un étudiant*, Moncton, Chez l'Auteur, 1990, 136 p.

ROY, Albert, *Comme à la vraie cachette*, Edmundston, N.-B., Éditions Marévie, 1990, 125 p.

ROY, Réjean, *Périr par le sexe : roman*, Saint-Basile, N.-B., Éditions Quatre-Saisons, 1990, 131 p.

ROY-MICHAUD, Adrienne, *Rêves d'enfant*, Edmundston, Éditions Marévie, 1990, 95 p.

SAINT-PIERRE, Christiane, *Absente pour la journée : roman*, Moncton, Éditions d'Acadie, 1989, 179 p.

SAVOIE, Roméo, *Trajets dispersés : poésie*, Moncton, Éditions d'Acadie, 1989, 85 p.

SHAKESPEARE, William, *Richard III*, traduction d'Antonine Maillet, Montréal, Leméac, 1989, 167 p.

SIMARD, Bertrand, *Les Marmites du diable*, Moncton, Éditions d'Acadie, 1990, 163 p.

SNOW, Claude, *Traiter la tête avec son cœur*, Saint-Jean, N.-B., Chez l'Auteur, 1990, 96 p.

THIBODEAU, Serge Patrice, *La Septième Chute : poésie, 1982-1989*, Moncton, Éditions d'Acadie, 1990, 181 p.

L'Ontario

ALBERT, Pierre, *Le Silence des dieux*, Hearst, Le Nordir, 1990, 60 p.

BOUCHARD, Denis, *Fin de paysage*, Hearst, Le Nordir, 1990, 92 p.

CHARTRAND, Lina, *La P'tite Miss Easter Seals*, Sudbury, Prise de Parole, 1990.

* CHOQUETTE, Robert, *De la controverse à la concorde : l'Église d'Alexandria-Cornwall*, Ottawa, Les Éditions l'Interligne, 1990, 128 p.

CHRISTENSEN, Andrée, *Le Châtiment d'Orphée : poèmes*, Ottawa, Les Éditions du Vermillon, 1990, 120 p.

DALLAIRE, Michel, *Cinéma muet : poésie*, Sudbury, Prise de Parole, 1989, 64 p.

DORAIS, Fernand, *Témoins d'errances en Ontario français*, Hearst, Le Nordir, 1990, 149 p.

LES DRAVEURS, *Par osmose*, Sudbury, Prise de Parole, 1990, 56 p.

* ÉTHIER-BLAIS, Jean, *Fragments d'une enfance*, Montréal, Leméac, 1989, 179 p.

GOSSELIN, Yves, *Les guerres sont éternelles*, Hearst, Le Nordir, 1990, 64 p.

GOSSELIN, Yves, *Programme pour une mort lente*, Hearst, Le Nordir, 1990, 64 p.

GOUMOIS, Maurice de, *François Duvalet*, réédition, Hearst, Le Nordir, 1989, 217 p.

GRAVEL, Hélène, et Madeleine AZZOLA, *Expression dramatique*, Sudbury, Prise de Parole, 1989, 296 p.

HUARD, Julie, *Secrets de lune : poèmes*, Ottawa, Éditions du Vermillon, 1990, 93 p.

ISRAËL, Inge, *Aux quatre terres : poèmes*, Ottawa, Éditions du Vermillon, 1990, 65 p.

JEAN, Sylvie, *Nos athlètes*, Ottawa, Les Éditions l'Interligne, 1990, 127 p.

LAFLAMME, Simon, et Donald DENNIE, *L'Ambition démesurée : enquête sur les aspirations et les représentations des étudiants et des étudiantes francophones du nord-est de l'Ontario*, Sudbury, Prise de Parole, « Collection universitaire : Série Études », 1990, 192 p.

LEBEL, Louise, *L'Inspecteur Martin*, Sudbury, Prise de Parole, 1990, 3 volumes.

MATTEAU, Robert, *D'Homère à Nelligan : rencontres aux pays de la littérature*, Hearst, Le Nordir, 1989, 172 p.

* MOLLICA, Anthony, et Bernadette LAROCHELLE, *Reflets d'un pays : poèmes et chansons*, Ottawa, Centre franco-ontarien de ressources pédagogiques, 1990.

PELLETIER, Jean-Yves, *Nos magistrats*, Ottawa, Les Éditions l'Interligne, 1989, 127 p.

PELLETIER, Louise de Gonzague, *Cheveu-de-Vénus : tableaux*, Ottawa, Éditions du Vermillon, « Collection Parole vivante, 21 », 1990, 72 p.

PELLETIER, Pierre, *Sur les profondeurs de l'île : ballade*, Ottawa, Éditions du Vermillon, 1990, 63 p.

POIRIER, Jacques, *Que personne ne bouge !*, Hearst, Le Nordir, « Collection Poésie », 1989, 56 p.

POIRIER, Jacques, *Nous ne connaissons la mort que de nom*, Hearst, Le Nordir, 1990, 60 p.

POULIN, Gabrielle, *La Couronne d'oubli : roman*, Sudbury, Prise de Parole, 1990, 184 p.

SYLVESTRE, Paul-François, *Terre natale : roman*, Ottawa, Les Éditions l'Interligne, 1990, 160 p.

THÉBERGE, Mariette, *Au cinéma : recueil de poésie*, Sudbury, Prise de Parole, 1990, 80 p.

VICKERS-HUSSAN, Nancy, *Au parfum du sommeil : poèmes*, Ottawa, Éditions du Vermillon, 1989, 69 p.

VILLENEUVE, Jocelyne, *Les Friperies*, Sudbury, Prise de Parole, 1990, 64 p.

L'Ouest canadien

BERGERON, Henri, *Un bavard se tait... pour écrire : récits de la montagne Pembina*, Saint-Boniface, Éditions du Blé, 1989, 205 p.

BOUDREAULT, Jérémie, *Refermer avant d'allumer ou Merlin l'Enchanteur*, Saint-Boniface, Éditions du Blé, 1989, 159 p.

* BUGNET, Georges, *Nipsya*, édition critique par Jean-Marcel Duciaume et Guy Lecomte, Saint-Boniface, Éditions des Plaines, 1990, 333 p.

CHAPUT, Simone, *La Vigne amère*, Saint-Boniface, Éditions du Blé, 1989, 176 p.

COP, Gilles, *Victor*, Saint-Boniface, Éditions des Plaines, 1989, 95 p.

CULLETON, Béatrice, *Le Sentier intérieur*, traduit de l'anglais par Robert Paquin, Saint-Boniface, Éditions du Blé, 1990, 272 p.

DUCHESNE, Hermann, *L'Intégration scolaire : un exemple manitobain*, Saint-Boniface, Presses universitaires de Saint-Boniface, 1990.

FISET, Louise, *Driver tout l'été, 404 BCA*, Saint-Boniface, Éditions du Blé, 1989, 88 p.

FREYNET, Robert, *Louis Riel en bande dessinée*, Saint-Boniface, Éditions des Plaines, 1990.

GOULET, Agnès, *Marie-Anne Gaboury, une femme dépareillée*, Saint-Boniface, Éditions des Plaines, 1989, 83 p.

HOWARD, Joseph Kinsey, *L'Empire des Bois-Brûlés*, traduit de l'anglais par Ghislain Pouliot, Saint-Boniface, Éditions des Plaines, 1989, 515 p.

LAFONTANT, Jean, éd., *Initiation thématique à la sociologie*, Saint-Boniface, Éditions des Plaines, 1990, 420 p.

LÉVEILLÉ, J.-R., *Anthologie de la poésie franco-manitobaine*, Saint-Boniface, Éditions du Blé, 1990, 591 p.

MACKENZIE, Nadine, *Le Sosie de Nijinski*, Saint-Boniface, Éditions des Plaines, 1990, 118 p.

RODRIGUEZ, Liliane, *Parole et musique : précis de phonétique*, Saint-Boniface, Éditions des Plaines, 1990.

SERALINI, Gilles-Éric, *Il n'est source que bonheur*, Régina, Louis-Riel, 1990, 92 p.

VALAIS, Gilles, *Le Fils unique : roman*, Saint-Boniface, Éditions du Blé, 1990, 112 p.

Thèses

ARSENEAULT, Samuel P., *On est venu, c'est pour rester : Caraquet, The Development of an Acadian Identity*, Ph. D., Queen's University, 1988.

BERTRAND, André, *La Bourgeoisie franco-ontarienne de la Côte-de-Sable, 1891-1910 : mythe ou réalité?*, M. A., Université d'Ottawa, 1989.

BOUDREAU, Gérald C., *L'Apostolat du missionnaire Jean Mandé Sigogne et les Acadiens du sud-ouest de la Nouvelle-Écosse, p.v.*, Ph. D., Université de Montréal, 1989, 251 p.

BROUARD, Josée, *Étude de la connexion par connecteurs en écriture discursive chez les élèves francophones ontariens du cycle intermédiaire*, M. A., Université d'Ottawa, 1988.

CLARKE, Patrick, *The Makers of Acadian History in the Nineteenth-Century*, Ph. D., Université Laval, 1988.

GAGNON, Anne C., *The Pensionnat Assomption Religious Nationalism in a Franco-Albertan Boarding School for Girls, 1926-1960*, M. Ed., University of Alberta, 1988.

LEBLANC, Phyllis E., *Moncton, 1870-1937 : A Community in Transition*, Ph. D., Université d'Ottawa, 1989.

LEGAL, Yvette, *La Restructuration rurale en province de Saskatchewan : l'exemple de la paroisse de Saint-Maurice de Bellegarde (1898-1970)*, M. A., Université d'Ottawa, 1989.

LEMELIN, Bernard, *Les Franco-Américains de Woonsocket, Rhode Island et la Première Guerre mondiale*, M. A., Université Laval, 1988.

LEMIRE, Diane, *Une heure plus tard dans les Maritimes : profil des Acadiens et de leurs services en français de radiodiffusion*, M. A., Université du Québec à Montréal, 1988.

ROUET, Damien, *L'Insertion des Acadiens dans le Haut-Poitou, de l'ancien régime à la fin de la monarchie de juillet (1773-1848). Étude d'histoire rurale*, Mémoire D.E.A., Université de Poitiers, 1989, 62 p.

SHARPE, Geraldine, *Bilingualism in the Administration of Justice in New Brunswick from 1963 to 1989*, M. A., Université d'Ottawa, 1990.

YOUNG, John Howard, *The Acadians and Roman Catholicism in Acadia from 1710 to the Expulsion, in Exile, and in Louisiana from the 1760s until 1803*, Ph. D., Southern Methodist University, 1988.

Colloque : *Les 150 Ans d'histoire des Oblats au Canada*.
Les 22 et 23 juillet 1991 à la Faculté Saint-Jean d'Edmonton.
Information :   Guy Lacombe
               Western Canadian Publishers Ltd.
               10336, 114e Rue
               Edmonton (Alberta)
               T5K 1S3
               (403) 488-4767

Colloque : *La Mer dans les littératures d'expression française de la fin du XXe siècle*.
Du 22 au 24 août 1991 à l'Université de Moncton.
Information :   Melvin Gallant
               Département d'études françaises
               Université de Moncton
               Moncton (Nouveau-Brunswick)
               E1A 3E9
               (506) 858-4050

Colloque : *Le Plagiat littéraire*.
Du 26 au 28 septembre 1991 à l'Université d'Ottawa.
Information :   Christian Vandendorpe
               Département des lettres françaises
               Université d'Ottawa
               165, rue Waller
               Ottawa (Ontario)
               KIN 6N5
               (613) 564-6855
               (613) 564-4210

Colloque du CEFCO : *Après dix ans : bilan et perspective*.
Du 17 au 19 octobre 1991 à l'Institut de recherche de la Faculté Saint-Jean de l'Université de l'Alberta.
Information :   Gratien Allaire
               Institut de recherche de la Faculté Saint-Jean
               Université de l'Alberta
               8406, rue Marie-Anne-Gaboury (91e)
               Edmonton (Alberta)
               T6C 4G9
               (403) 465-8758

Colloque : *Perspectives — douances*.
Les 7 et 8 novembre 1991 à l'Université de Moncton.
Information :   Léonard Goguen
               Département des sciences de l'éducation
               Université de Moncton
               Moncton (Nouveau-Brunswick)
               E1A 3E9
               (506) 858-4409

Comment communiquer avec

FRANCOPHONIES
D'AMÉRIQUE

POUR TOUTE QUESTION TOUCHANT AU CONTENU DE LA REVUE,

AINSI QUE POUR LES SUGGESTIONS D'ARTICLE :

FRANCOPHONIES D'AMÉRIQUE
DÉPARTEMENT DES LETTRES FRANÇAISES
UNIVERSITÉ D'OTTAWA
165, RUE WALLER
OTTAWA (ONTARIO)
KIN 6N5
TÉLÉPHONE : (613) 564-9494
(613) 564-4210
TÉLÉCOPIEUR : (613) 564-9894

POUR NOUS FAIRE PART DES NOUVELLES PUBLICATIONS,

DES THÈSES SOUTENUES,

AINSI QUE DES ÉVÉNEMENTS UNIVERSITAIRES (COLLOQUES) :

LORRAINE ALBERT
DÉPARTEMENT DES COLLECTIONS
BIBLIOTHÈQUE MORISSET
UNIVERSITÉ D'OTTAWA
OTTAWA (ONTARIO)
KIN 6N5
TÉLÉPHONE : (613) 564-7024
TÉLÉCOPIEUR : (613) 564-9886

POUR LES QUESTIONS D'ABONNEMENT,

DE DISTRIBUTION OU DE PROMOTION :

LES PRESSES DE L'UNIVERSITÉ D'OTTAWA
À L'ATTENTION DU CHEF DE MARKETING
UNIVERSITÉ D'OTTAWA
603, RUE CUMBERLAND
OTTAWA (ONTARIO)
KIN 6N5
TÉLÉPHONE : (613) 564-9283

BON DE COMMANDE PERMANENTE

Je désire placer une commande permanente pour recevoir :

Francophonies d'Amérique
ISSN : 1184-2487

Bon de commande (s'il y a lieu) ——————————————.

Veuillez expédier ——————exemplaire(s) des prochains numéros de cette revue à l'adresse suivante :

Nom : ——————————————————————————

Adresse : ——————————————————————————

Province/État : ——————————— Pays : —————————

Code postal/ZIP : ——————————————————————

J'accepte les modalités mentionnées ci-dessous.

Signature : ——————————————— Date : —————————

- -

Commandes permanentes — modalités

- Les commandes permanentes ne sont acceptées que pour une période de trois ans. À la fin de cette période, vous recevrez un avis vous demandant de confirmer si vous désirez continuer à bénéficier de ce service.

- Les Presses de l'Université d'Ottawa doivent être informées par écrit en cas de changement d'adresse, de changement dans le nombre d'exemplaires requis ou en cas d'annulation.

- Les envois seront accompagnés d'une facture.

- Tout solde à découvert impayé dans les 30 jours suivant la date de facturation pourrait entraîner la suspension de ce service.

Les Presses de l'Université d'Ottawa
603 Cumberland
Ottawa (Ontario)
K1N 6N5
Canada

Ce numéro
le premier de la revue

FRANCOPHONIES
D'AMÉRIQUE

a été imprimé
par les Ateliers Marc Veilleux
à Cap-Saint-Ignace (Québec),
d'après une maquette de Gilles Robert
en mars mil neuf cent quatre-vingt-onze